D1234405

GUIDE

POUR INVESTIR ET
RÉUSSIR SA RETRAITE
EN FLORIDE

Cet ouvrage a été originellement publié par
Stoddart Publishing Co. Limited
34 Lesmill Road
Don Mills (Ontario)
M3B 2T6

sous le titre:
HOW TO INVEST AND RETIRE
SUCCESSFULLY IN FLORIDA

Publié avec la collaboration de
Montreal-Contacts/The Rights Agency
C.P. 596, Succ. «N»
Montréal (Québec)
H2X 3M6

LES ÉDITIONS QUEBECOR
une division de Groupe Quebecor inc.
7, chemin Bates
Outremont (Québec)
H2V 1A6

Distribution: Québec Livres

Tous droits réservés. Aucune partie de ce livre ne peut être reproduite ou transmise sous aucune forme ou par quelque moyen électronique ou mécanique que ce soit, par photocopie, enregistrement ou par quelque forme d'entreposage d'information ou système de recouvrement, sans la permission écrite de l'éditeur.

GUIDE
POUR INVESTIR ET
RÉUSSIR SA RETRAITE
EN FLORIDE

INCLUANT LES ÉTATS ENSOLEILLÉS DES É.-U.

Sydney Kling, M.A.

TRADUIT DE L'ANGLAIS
par
Francine Prevate
et
Monique Plamondon

Les Éditions Quebecor

Ce livre est dédié à Waynne, notre fils altruiste bien-aimé, et à ses congénères de l'époque du «Baby Boom», qui seront à l'avant-garde des «Snowbirds» du XXIᵉ siècle,

et

à la mémoire de Samantha, une irremplaçable compagne.

Table des matières

APPENDICES

LISTES

CARTES GÉOGRAPHIQUES

PRÉFACE

Il y a six ans, en 1982, paraissait la première édition de ce livre. L'accueil enthousiaste et grandissant que lui ont réservé les Canadiens ayant divers intérêts dans le mode de vie de la Floride et l'attention des médias concernant sa publication m'ont incité à publier une nouvelle édition à jour, révisée et plus complète.

Même si l'histoire d'amour qui lie les Canadiens à la Floride et aux autres États ensoleillés n'a rien perdu de son charme au cours des années, les conditions et circonstances qui l'entourent ont pourtant changé et continuent de le faire. Ainsi, en 1982, il ne coûtait que 1,15 $ canadien pour acheter 1 $ U.S. et, au moment où j'écris ces lignes, la valeur de notre dollar est réduite à environ 1,25 $ pour 1 $ américain.

Pour plusieurs retraités et futurs retraités, ces contraintes financières restrictives menacent d'anéantir leur rêve de fuir nos hivers rigoureux, très froids et enneigés. Tout en tenant compte de cet aspect, j'ai voulu ajouter une section plus longue concernant quatre autres États ensoleillés américains, qui sont peut-être moins familiers à la plupart des Canadiens, soit le Texas, le Nouveau-Mexique, l'Arizona et la Californie.

Ces régions attirent actuellement, en saison hivernale, un nombre croissant de retraités et de visiteurs. Un choix plus diversifié pourrait bien signifier, si vos moyens financiers sont restreints, une excellente occasion de trouver un endroit qui convienne à votre situation financière actuelle et susceptible de satisfaire vos projets de retraite dans un État ensoleillé et agréable. De plus, si vous faites bon usage des conseils qui vous sont prodigués au chapitre 5, l'argent que vous sauverez augmentera vos options, en dépit de notre dollar rétréci.

Au moment où j'écris cette préface, eh oui!, j'entreprends l'avant-dernière année avant ma retraite à l'Institut polytechnique Ryerson. Mon épouse et moi-même avons anticipé fébrilement la liberté de choix que nous offre la retraite. S'il est une chose qu'une planification de retraite à long terme nous a apprise, c'est que nous devons être réalistes et flexibles. Ainsi, après de minutieuses recherches, nous avions trouvé notre résidence d'hiver à Pompano Beach, Floride, il y a environ cinq ans. Nous avons passé nos vacances et une partie de mon congé sabbatique à cet endroit, attendant impatiemment le moment de notre retraite afin de pouvoir y passer tous nos hivers.

Cependant, depuis ce temps, nos besoins et intérêts personnels ont quelque peu changé et, plutôt que de les compromettre, nous avons pris, non sans quelques pincements au coeur, la décision de vendre cette maison de Pompano Beach et de nous installer dans une autre localité qui convient davantage avec notre nouvelle situation. Nous pensons avoir ainsi atteint l'équilibre entre la réalité et la flexibilité. Si vous envisagez d'hiverner au soleil, rappelez-vous l'expérience que nous avons vécue. Elle vous aidera à déterminer quelle localité ensoleillée vous convient davantage, tout en considérant la possibilité de vendre la traditionnelle maison familiale pour vivre dans le cottage d'été rendu habitable l'hiver.

Durant les années 70 et 80, des centaines de milliers de Canadiens, en nombre croissant chaque années, sont devenus des *Snowbirds** - (Oiseaux de neige). Un nombre plus restreint de gens ont juré de ne plus jamais pelleter de la neige et ont immigré en permanence. Chacune de ces personnes est confrontée au problème, plaisant à n'en pas douter, de choisir une maison et un mode de vie en Floride qui conviennent parfaitement à ses besoins individuels. D'autres, par contre, ont acheté des propriétés là-bas, exclusivement comme investissement à court ou long terme.

La Floride n'est pas la «onzième province» du Canada, comme le soulignait la manchette d'un article paru dans un important journal de Toronto. Pour les Canadiens, c'est un État qui fait partie

---

* *Snowbirds,* un terme sympathique et affectueux que les Floridiens et résidants permanents des autres États ensoleillés utilisent pour désigner les gens du Nord qui viennent au soleil à l'automne ou tôt en hiver, pour s'en retourner avec les oiseaux, au printemps. Quelquefois, l'expression se modifie en *Snow Rabbits,* terme qui a la même signification.

d'un pays étranger dont les procédures légales, les douanes, les institutions, les services et l'environnement physique sont, sous plusieurs aspects, très différents des leurs et peu familiers. S'impliquer dans un investissement sûr ou arrêter son choix concernant la maison et le mode de vie recherchés, tout en évitant les nombreuses déceptions imprévisibles, demandent une planification sérieuse et de longue haleine, en plus d'une assistance professionnelle là où elle est disponible.

En tant que planificateur professionnel de retraite, je me suis employé consciencieusement, depuis plus de quinze ans, à analyser les multiples facettes du phénomène de migration des *Snowbirds* canadiens.

Durant cette période, mes investigations m'ont incité à inclure des régions non dépourvues d'intérêt pour des centaines de Canadiens de tout âge, dont l'implication, en Floride ou ailleurs, était au départ synonyme de bons placements au moyen d'investissement dans l'immobilier dans des régions ensoleillées des États-Unis.

Avec mon épouse, Elvereene, ma collaboratrice, j'ai délibérément consacré deux années sabbatiques (1975-1976) et (1983-1984) à mes projets de recherche dans ces régions, mettant à profit les extraordinaires facilités que m'ont procurées plusieurs universités de ces États ensoleillés comme bases opérationnelles. En outre, nous avons passé non seulement deux ou trois mois à chaque été en Floride, au Texas, au Nouveau-Mexique, en Arizona et en Californie, mais aussi nos vacances de Noël.

Durant cette longue période, nous avons parcouru des milliers de kilomètres, traversant et retraversant la Floride et les autres États ensoleillés, visitant la plupart des développements et autres endroits où les Canadiens se regroupent ou investissent. Notre objectif était d'évaluer avec rigueur le mode de vie et les opportunités d'investissement que ces endroits offraient aux Canadiens. Référez-vous aux chapitres 2 et 11 pour une évaluation précise et à jour de régions spécifiques et de la plupart des communautés importantes et des développements qui pourraient vous intéresser en tant que potentiel *Snowbird* ou investisseur.

Au cours de nos périples, nous avons questionné plus de mille *Snowbirds* canadiens. Nous avons discuté avec eux. Nous voulions savoir s'ils étaient satisfaits de leur retraite, en général, et de la façon dont tout se déroulait pour eux. Nous fûmes particulièrement troublés de constater la marge qui existait entre leurs rêves et leurs attentes, et la vie qu'ils menaient.

Même s'il existait, en général, une certaine satisfaction quant au mode de vie des retraités dans les États ensoleillés, plus de 50 % des réponses faisaient mention de surprises non anticipées, et quelques-unes d'entres elles tombaient pile avec cette citation d'un fonctionnaire civil ontarien: «Vivre dans notre maison à Fort Lauderdale, c'est tellement différent que de passer quelques semaines dans un motel ou sur la plage! Nous aurions aimé rencontrer quelqu'un, à Toronto ou ailleurs, qui aurait pu nous renseigner sur quelques-unes des surprises qui nous attendaient, et cela, avant que nous ayons acheté notre condominium. Que de déceptions nous nous serions évitées! Nous aimons la vie en Floride, mais détestons les querelles qui surgissent lors des réunions de condo, et ma femme était prête à retourner à Toronto le jour même où nous avons emménagé, lorsqu'elle trouva une couple de douzaine de coquerelles et de lézards dans notre nouvel appartement.» Les règlements de condominium et la faune subtropicale ne représentent que quelques-unes des surprises désagréables auxquelles doivent s'attendre les Canadiens qui ont planifié de prendre leur retraite en Floride.

Mon épouse et moi-même avons aussi visité plusieurs importants sites domiciliaires dont les terrains avaient fait l'objet d'une publicité agressive pour fins d'investissement en Floride. Nous avons interviewé plusieurs des investisseurs; dans leurs commentaires, tous s'accordaient à dire que lorsqu'ils ont tenté de revendre leurs terrains, ils n'ont pu trouver d'acheteurs prêts à débourser même le montant du prix d'achat initial. Quelques-uns déplorèrent amèrement de ne pouvoir vendre leurs lots sans subir une grande perte financière.

Bouleversés par les nombreux malaises dont on nous avait fait part lors de nos entrevues de 1975-1976, de retour à Toronto nous avons passé deux ans à préparer un cours sur la vie des retraités canadiens en Floride. Pendant de nombreuses années, sous les auspices du Continuing Education Division of Ryerson Polytechnical Institute de Toronto, j'ai enseigné le cours suivant: «Les plaisirs et les déceptions de la vie de retraité en Floride». À la surprise de plusieurs, ce fut l'un des cours les plus populaires et les plus réussis jamais offerts dans cette division, et plus de neuf cents personnes assistèrent aux séminaires. En dépit du fait que la majorité de ceux qui assistaient aux cours avaient entre 50 et 65 ans, plusieurs couples et individus dans la vingtaine et la trentaine s'inscrivirent, spécialement pour découvrir les points à surveiller pour qui veut investir dans l'immobilier en Floride.

J'ai donné des conférences, sur le mode de vie des gens dans les États ensoleillés, dans de nombreuses institutions académiques, à des planificateurs professionnels de retraite et aux employés de plusieurs compagnies, dans le cadre de programme de planification de préretraite offert au personnel. Mon cours suscita beaucoup d'intérêt auprès des médias. J'ai été interviewé à la radio et à la télévision. On voulait connaître «les plaisirs et les déceptions de la vie de retraité en Floride». Mon initiative fut l'objet d'articles parus dans les journaux et magazines à travers le Canada et les États-Unis. Le vaste intérêt du public, s'ajoutant aux encouragements de mon épouse, de ma famille et de mes élèves, m'ont incité à écrire mon premier livre sur les États ensoleillés, en 1982.

Encore une fois, je réitère ma gratitude très spéciale à mon ami et collègue, Adam Fuerstenberg, qui a patiemment déchiffré les brouillons de la première édition de ce livre. Son support constant m'a donné le courage de soumettre le manuscrit à mon éditeur.

Avertissement

Étant donné que les prix changent rapidement, tous les prix cités dans ce livre devraient être utilisés en tant que base de comparaison.

La plupart des problèmes et questions reliés au mode de vie dans les États ensoleillés sont universels. Les études de cas illustrent des points spécifiques, mais la signification de chacun est généralement applicable à toutes les localités de ces régions ensoleillées.

LES TREIZE ÉTATS ENSOLEILLÉS

(La Floride, le Texas, le Nouveau-Mexique, l'Arizona et la Californie sont les plus populaires auprès des retraités canadiens.)

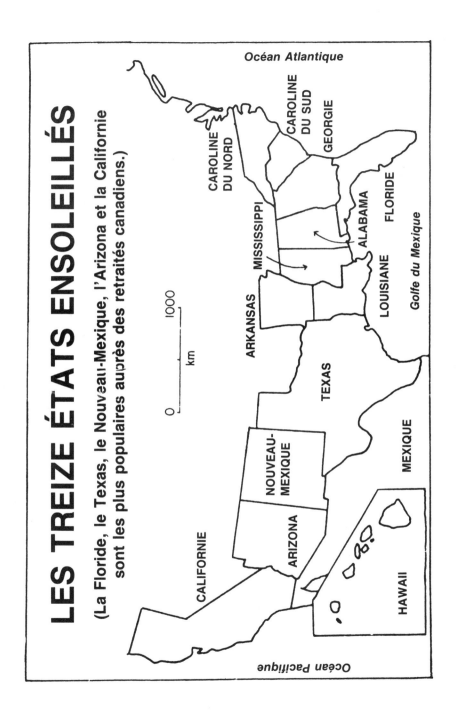

21

CHAPITRE 1

Qui devrait lire ce livre, et pourquoi?

Alors, vous rêvez de passer vos hivers en Floride au moment de votre retraite? Peut-être avez-vous entendu parler de fantastiques occasions dans la vente de terrains et de propriétés et vous aimeriez alors investir dans l'immobilier pour vous protéger contre l'inflation? Peut-être aussi désirez-vous seulement bénéficier d'un coin de paradis?... La Floride semble exercer depuis longtemps un attrait particulier pour les Canadiens de tout âge car plus de deux millions d'entre eux visitent chaque année cet État ensoleillé.

Ce livre n'a pas pour but de mousser l'idée qu'il y a «plaisir à vivre sous le soleil de la Floride» et je me défends bien de vouloir convertir qui que ce soit à aspirer d'y vivre sa retraite ou d'y investir dans l'immobilier; en fait, ce volume aura un attrait particulier pour au moins six catégories de Canadiens dont l'implication et les intérêts en Floride, en Arizona, en Californie, au Nouveau-Mexique et au Texas sont basés sur des motivations diverses.

Qui devrait lire ce livre?

- Les Canadiens qui envisagent d'hiverner ou de vivre en permanence leur retraite en Floride ou dans tout autre État ensoleillé de l'ouest et du sud des États-Unis.
- Les retraités qui hivernent actuellement en Floride et qui voient l'inflation comme une menace à leur sécurité.
- Les Canadiens de tout âge qui pensent acheter un immeuble dans les États ensoleillés, pour fins d'investissement.
- Les Canadiens, physiquement handicapés, qui croient encore que prendre des vacances ou passer l'hiver en Floride est un rêve irréalisable.
- Les agents immobiliers qui sont au service de certaines ou de toutes les catégories de personnes ci-haut mentionnées.
- Les conseillers en planification de la retraite ou préretraite.

Il existe un nombre incalculable de livres et d'innombrables articles qui exposent, avec graphiques à l'appui, les joies de vivre et d'investir dans l'immobilier en Floride. Plusieurs d'entre eux se présentent comme des produits de relations publiques et offrent davantage que les simples abrégés d'information obtenus du gouvernement de l'État et des Chambres de commerce locales ou du matériel de brochures d'entrepreneurs et agents immobiliers, avides de mettre en marché leurs propriétés. Il existe aussi présentement sur le marché plusieurs livres traitant de la retraite en Floride. La plupart sont vraiment surannés. J'ai récemment noté qu'un livre, imprimé en 1985, présentait des prix de logements qui étaient dépassés depuis au moins cinq ans.

De plus, tous ces livres sont écrits pour les Américains et aucun ne se concentre sur les points et problèmes que doivent envisager les Canadiens qui considèrent prendre leur retraite ou investir dans l'immobilier en Floride, en Arizona ou dans toute autre région ensoleillée. Aucun ne répond à ces questions significatives:

- Pendant combien de temps un visiteur, en hiver, peut-il demeurer aux États-Unis? (chapitre 3, page 101)
- Tout en hivernant en Floride, un *Snowbird* peut-il occuper un emploi à temps partiel? (chapitre 3, page 103)
- Quelles sont les limites des couvertures du plan d'assurance-maladie provincial dans l'éventualité que des services médi-

caux soient requis lors d'un séjour aux États-Unis? (chapitre 4, page 108)

- Quelles sont les implications face à l'impôt si un résident canadien vend sa maison en Floride? (chapitre 8, page 217)
- Existe-t-il des services adéquats et accessibles, le long des autoroutes, pour les personnes confinées à un fauteuil roulant qui se rendent en Californie ou en Floride en automobile? (chapitre 12, page 329)
- Avec quelle attention les gouvernements fédéral et provinciaux canadiens supervisent-ils le marketing concernant la vente de terrains ou de propriétés en Floride ou dans les autres États ensoleillés? Les lois protègent-elles vraiment le consommateur? (chapitre 10, page 274)
- Les Canadiens peuvent-ils emmener leurs animaux domestiques aux États-Unis? (chapitre 6, page 154)
- Les retraités canadiens qui visitent les États-Unis bénéficient-ils des mêmes privilèges d'escompte dont profitent les retraités américains? (chapitre 5, page 128)
- Le coût de la vie en diverses parties de la Floride est-il plus ou moins élevé que chez nous? (chapitre 8, page 234)
- Pourquoi l'Arizona, la Californie, le Nouveau-Mexique et le Texas attirent-ils un nombre croissant de *Snowbirds* canadiens? (chapitre 11, page 195).

Ces questions sont un maigre échantillon de ce que vous propose «COMMENT INVESTIR ET RÉUSSIR VOTRE RETRAITE EN FLORIDE».

J'espère que les individus ou les couples qui planifient actuellement leur retraite trouveront ce livre stimulant et profitable. Plusieurs ont la chance de participer à des programmes ou cours de planification de préretraite, donnés sur les lieux de leur travail ou ailleurs, ou ils ont peut-être pensé à leur retraite et lu à ce sujet à un moment donné. Vivre dans les régions ensoleillées est l'une des options que plusieurs considèrent, et ils analysent soigneusement leur objectif quant au mode de vie qu'ils préféreraient adopter à la retraite. Un sondage chez les gens qui ont assisté à mes cours sur «les plaisirs et les déceptions de la vie de retraité en Floride» indique que plusieurs d'entre eux ont prudemment étudié plusieurs options de retraite et se sont inscrits au séminaire pour savoir s'ils devaient continuer à considérer la Floride dans leurs projets.

Ce livre fournira à ces individus une évaluation utile et critique des aspects positifs et négatifs du mode de vie des retraités dans les États ensoleillés et les aidera à rendre plus facile cette décision cruciale. Certains ont déjà acheté leur maison de rêve en Floride et ce livre peut les convaincre qu'ils ont fait le bon choix. À d'autres qui se questionnent au sujet de leur investissement en Floride ou en Arizona, il fournira des techniques qui leur feront peut-être éviter une seconde erreur.

Malheureusement, bien des gens d'âge mûr sont enclins à se soucier de planifier peu leur retraite où s'y préparent de façon inadéquate. La seule idée de la retraite qui s'annonce trouble certaines personnes qui ne réalisent pas qu'elles passeront probablement au moins le quart de leur vie à la retraite et que ce jour qu'elles appréhendent viendra tôt ou tard, même si elles cherchent délibérément à l'oublier. Pour ces personnes, la retraite pourrait bien être une mauvaise expérience et la Floride ou l'Arizona pourrait bien ne pas leur apporter une solution facile et rapide. D'autres, aussi fautifs, assument faussement que «planifier sa retraite» c'est se soucier uniquement de sa situation financière en vue de s'assurer un revenu de retraité adéquat. Mais, «l'homme ne vit pas seulement de pain», et ces gens seront, dans une grande mesure, non préparés à affronter les défis que leur ménageront leurs temps libres et leurs heures de loisirs. Un condominium sans hypothèque avec vue sur le golfe du Mexique n'est pas nécessairement le passeport pour une retraite heureuse et satisfaisante. Pour le bénéfice de ce groupe de personnes, une section, au chapitre 9, est consacrée aux techniques favorables au développement d'une planification de retraite accessible et positive.

Le chapitre 5, avec ses conseils pour économiser davantage, s'adresse particulièrement aux retraités qui passent actuellement l'hiver dans le Sud, mais dont la sécurité financière est menacée par des revenus fixes et des prix à la hausse. Mettre nos conseils en pratique peut faire toute la différence entre continuer de profiter des avantages d'un hiver dans le Sud ou être forcé de demeurer au Canada durant les longs et pénibles mois d'hiver.

De jeunes individus qui songent à investir dans l'immobilier dans les États ensoleillés américains afin de faire de bons placements qui leur rapporteront en ces temps incertains ou qui commencent déjà une planification à long terme de leur retraite pourront aussi bénéficier de ce livre.

Plus de 20 % des étudiants inscrits à mon cours se classent dans cette catégorie. Si vous appartenez à ce groupe, les chapitres 7 et 8, centrés sur l'investissement dans l'immobilier et les terrains et traitant des taxes et items qui y sont reliés, seront pour vous d'un intérêt tout particulier.

Au lecteur confiné à un fauteuil roulant qui hésite à prendre des vacances ou à passer l'hiver dans le Sud, les pages 329-330 ouvriront des horizons nouveaux: elles lui indiqueront qu'il est possible d'aller quand même en Floride ou ailleurs, à condition de suivre les informations et suggestions données.

Ce livre sera aussi profitable au personnel des agences immobilières qui ont affaire à toutes ou à certaines de ces catégories de gens. Il fournira aux intéressés un aperçu utile touchant certains besoins spécifiques de clients éventuels et, de ce fait, leur permettra de sauver beaucoup de temps et d'efforts.

De plus en plus de gens inscrivent la Floride, le Texas, l'Arizona et la Californie dans leurs plans de retraite et s'adressent aux responsables du personnel de leur compagnie pour être informés sur les avantages et les désavantages de ces options. Ce livre peut alors servir de ressource utile pour ces conseillers qui ne sont peut-être pas familiers avec les États ensoleillés et leur mode de vie.

Tout au long de ce volume, je vous recommanderai des entreprises d'affaires et commerciales qui offrent des services spéciaux et des escomptes et dont vous aurez avantage à tenir compte en planifiant votre retraite en Floride. Ces recommandations ne devraient pas être analysées en tant que réflexions sur des compagnies ou organismes compétitifs; elles sont toutes basées sur nos propres expériences ou sur celles des centaines d'étudiants qui ont assisté à mes séminaires. Vous pouvez vous y fier puisque aucune n'a été commanditée ou payée, ni même sollicitée.

Ceux d'entre vous qui maintenant planifient soigneusement leur retraite ont atteint le stade où ils doivent répondre à la question clé: «La Floride, l'Arizona ou la Californie devraient-elles être incluses dans mes plans de retraite?» Vous pouvez alors commencer à ébaucher un plan complet de retraite, un plan dans lequel vous reconnaissez que la vie de retraité dans l'un des États ensoleillés n'est qu'une des nombreuses options disponibles et qu'elle pourrait même être inappropriée dans votre cas. Mais abordons la discussion et passons au chapitre 2.

CHAPITRE 2

La Floride, c'est beaucoup plus que des plages sur l'océan et des palmiers!

La Floride a séduit plus de retraités canadiens, plus de touristes canadiens, plus d'individus et d'investisseurs canadiens que tout autre État américain. Peu importe ce que ces groupes dissemblables recherchaient, ils semblent l'avoir trouvé, alors que leurs contemporains continuent de suivre leurs traces vers les États ensoleillés, et cela en nombre sans cesse croissant.

Malheureusement, plusieurs investisseurs individuels et retraités n'étaient conscients que de l'image touristique que présentait cet État et ils réalisèrent trop tard qu'en achetant un condominium ils avaient investi dans la mauvaise localité, ou qu'ils avaient fait un mauvais choix lors de l'achat de la maison de leur retraite.

L'image touristique de la Floride laisse entrevoir une température chaude, des plages sablonneuses au bord de l'océan et agrémentées de palmiers, des motels, des attractions touristiques locales, le Epcot Center et, bien sûr, Disney World. L'univers

COMTÉS ET
CENTRES URBAINS
DE LA FLORIDE

COMTÉS

1	ALACHUA	23	GULF	45	NASSAU
2	BAKER	24	HAMILTON	46	OKALOOSA
3	BAY	25	HARDEE	47	OKEECHOBEE
4	BRADFORD	26	HENDRY	48	ORANGE
5	BREVARD	27	HERNANDO	49	OSCEOLA
6	BROWARD	28	HIGHLANDS	50	PALM BEACH
7	CALHOUN	29	HILLSBOROUGH	51	PASCO
8	CHARLOTTE	30	HOLMES	52	PINELLAS
9	CITRUS	31	INDIAN RIVER	53	POLK
10	CLAY	32	JACKSON	54	PUTNAM
11	COLLIER	33	JEFFERSON	55	ST. JOHNS
12	COLUMBIA	34	LAFAYETTE	56	ST LUCIE
13	DADE	35	LAKE	57	SANTA ROSA
14	DE SOTO	36	LEE	58	SARASOTA
15	DIXIE	37	LEON	59	SEMINOLE
16	DUVAL	38	LEVY	60	SUMTER
17	ESCAMBIA	39	LIBERTY	61	SUWANNEE
18	FLAGLER	40	MADISON	62	TAYLOR
19	FRANKLIN	41	MANATEE	63	UNION
20	GADSDEN	42	MARION	64	VOLUSIA
21	GILCHRIST	43	MARTIN	65	WAKULLA
22	GLADES	44	MONROE	66	WALTON
				67	WASHINGTON

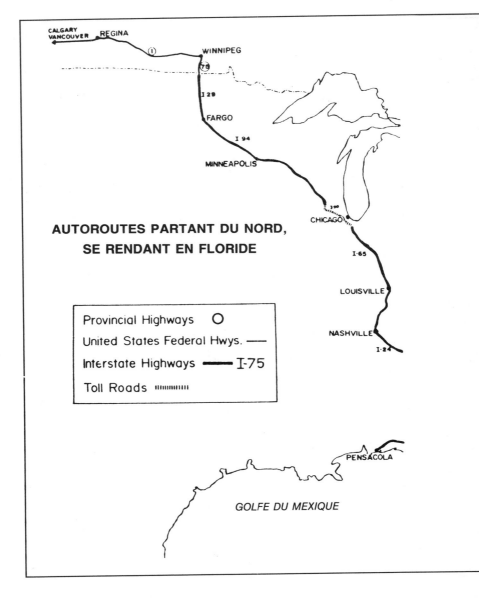

CALGARY
VANCOUVER REGINA

WINNIPEG
①
I 29

FARGO

I 94

MINNEAPOLIS

I-90

CHICAGO

I-65

LOUISVILLE

NASHVILLE

I-24

**AUTOROUTES PARTANT DU NORD,
SE RENDANT EN FLORIDE**

Provincial Highways	O
United States Federal Hwys.	—
Interstate Highways	I-75
Toll Roads	ⅿⅿⅿⅿⅿ

PENSACOLA

GOLFE DU MEXIQUE

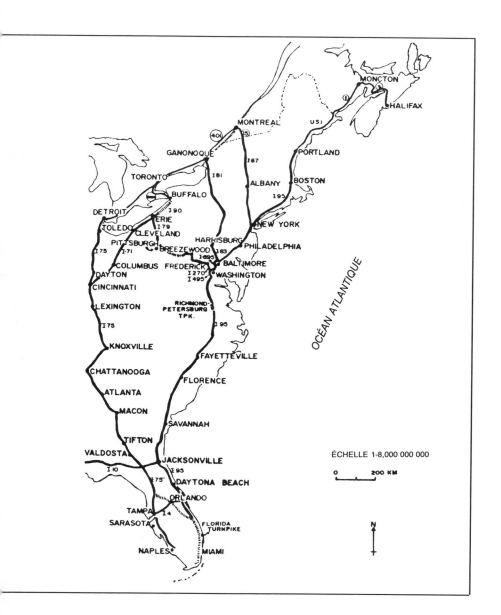

du touriste n'est pourtant qu'une des facettes, et mineure si l'on veut, de la diversité qui constitue l'État.

Il existe au moins cinq régions importantes en Floride et chacune d'elles possède son ensemble de possibilités de retraite et d'investissement, son climat, ses modes de vie, ses paysages, ses caractéristiques culturelles, et aussi ses problèmes.

Ce chapitre est divisé en deux parties. Dans la première, nous exposons comment la température hivernale qui varie dans chaque région peut influencer votre décision quant à l'endroit que vous adopterez.

La seconde partie fait état des caractéristiques de ces cinq régions distinctes et vous décrit leurs villes et leurs agglomérations en tenant compte de deux perspectives: celle des investisseurs individuels qui considèrent l'achat de terrains ou de propriétés en Floride comme des placements lucratifs, et celle d'un retraité ou d'une personne qui planifie sa retraite et qui veut savoir quelles localités de Floride méritent d'être étudiées plus à fond en vue de ses plans de retraite.

Ce chapitre n'a rien d'un tour guidé à travers les attractions touristiques de la Floride. Il a plutôt été conçu pour aider le lecteur de plusieurs façons. Pour ceux qui ont déjà fait la connaissance de la Floride en tant que touristes, une première lecture servira à établir une certaine familiarité avec les régions individuelles et leurs communautés.

Les personnes familières avec une région ou un secteur donné apprendront à connaître d'autres localités qui sont peut-être plus appropriées à leurs besoins. Les lecteurs intéressés seulement aux possibilités d'investissement découvriront quelles régions et quelles localités ils devront analyser plus en détail. Comme plus de Canadiens sont intéressés plutôt par les condominiums et les maisons mobiles que par les maisons unifamiliales, on a insisté davantage sur la location et le coût de ces deux types de demeures dans chacune des cités ou villes. Les listes détaillées de parcs de maisons mobiles sont incluses, étant donné que la plupart d'entre eux sont rarement annoncés dans les journaux et que très peu d'agents immobiliers en dressent la liste.

Finalement, quand vous aurez lu les chapitres 7 et 8, qui traitent de logement, de financement hypothécaire, de taxes et de coûts des services, je vous recommande fortement de les relire: ils vous éclaireront davantage dans le choix des communautés que vous devrez examiner minutieusement lorsque vous visiterez la Floride.

L'État de la Floride est plus vaste que le sud de l'Ontario et sa population est d'environ onze millions de résidants permanents. Si l'on ne tient pas compte des Keys, la Floride a la forme d'un boomerang; les distances du nord au sud et de l'est à l'ouest sont d'environ 740 kilomètres (460 milles). De la frontière de la Georgie à Key West, la distance en voiture est approximativement de 885 kilomètres (550 milles). Pensacola, dans le Panhandle, est à plus de 1370 kilomètres (850 milles) de Key West.

Étant donné que l'État forme une péninsule, aucun point en Floride n'est situé à plus de 100 kilomètres (60 milles) de l'eau salée, et ce facteur sert à modérer les températures hivernales. Même si le terrain est généralement assez plat le long des côtes, les régions montagneuses de l'intérieur de la Floride centrale et le secteur nord-ouest de Funiak Springs, dans le Panhandle, atteint des altitudes maximum de plus de 100 mètres (325 pieds) au-dessus du niveau de la mer.

La Floride centrale occupe la portion centre de la péninsule. Des collines basses et des centaines de lacs d'eau douce, de toutes superficies, lui confèrent un aspect qui rappelle davantage la campagne de certaines banlieues du Québec, plutôt qu'un paysage de l'Atlantique ou des côtes du golfe de Floride. Le Lac Okeechobee, qui y est situé, est si grand qu'il est en évidence sur toutes les cartes de la Floride.

Le secteur nord du Panhandle est aussi accidenté que le centre de la Floride, mais dans les régions côtières les plages et les marécages dominent. Il y a des îles dans le golfe du Mexique, qui s'étendent sur presque toute la longueur de cette région floridienne.

Quant aux régions plates de chacune des côtes, elles sont presque similaires, si ce n'est que la côte Atlantique est bordée de plus d'îles et de récifs de corail. Lagunes, baies et marais sont des caractéristiques communes le long des côtes de l'Atlantique et du golfe du Mexique.

Les Keys de la Floride sont une longue bande d'îles de corail de forme plate qui gisent à proximité de la côte, à l'extrémité sud-est et des parties sud de l'État.

Les Everglades occupent un immense morceau du secteur le plus au sud de la péninsule. La plupart des Everglades sont si basses qu'elles sont inondées en tout temps, sauf durant les mois les plus secs de l'hiver. Alligator Alley (SR84) et Tamiami Trail sont deux autoroutes qui traversent les Everglades d'est en ouest; si vous voyagez sur l'une de ces routes, vous serez sûrement impressionné par cet endroit désolé et plat qui sert de refuge à la vie animale.

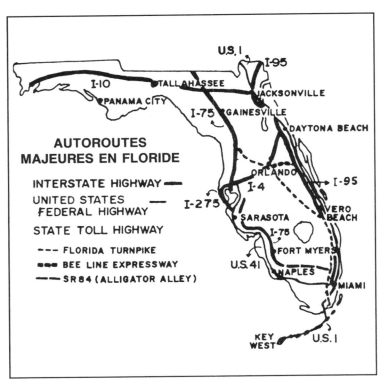

• Le climat

Si j'arrête sur la rue une centaine de personnes, de quelque ville canadienne que ce soit, et leur demande: «Pourquoi tant de Canadiens se rendent-ils en Floride durant l'hiver?», presque tous me répondront: «À cause de la température chaude.» Le climat de la Floride est effectivement la plus grande ressource économique et physique de l'État. C'est à cause de lui que des millions de nouveaux résidants y habitent en permanence, que les *Snowbirds* (ceux qui y résident durant l'hiver seulement) et les touristes y affluent. Entre 1965 et 1985, la population de la Floride a doublé, et chaque année l'État est l'hôte de plus de trente millions de visiteurs. Même si le climat estival est relativement uniforme à travers tout l'État, celui de l'hiver varie selon les diverses régions, et ces fluctuations peuvent jouer un rôle significatif lorsqu'il s'agit de loisirs et d'investissement. Ces variations deviendront apparentes à mesure que vous poursuivrez la lecture de ce chapitre.

Durant les mois d'hiver, il y a une différence de température en moyenne de 8 °C (14 °F) entre le Panhandle et Miami (voir page 39). Les mois les plus frais dans les secteurs centre et nord de l'État sont décembre et janvier, alors que janvier, février et parfois même décembre sont les plus frais dans les Keys et dans les secteurs les plus au sud de l'Atlantique et des côtes du golfe. Les statistiques climatiques démontrent que la température minimum moyenne durant les mois les plus froids varie entre 7 °C (45 °F), près de la frontière de la Georgie, à environ 13 °C (55 °F) dans le sud. Toutefois, à l'exception des Keys, aucun endroit sur le territoire est immunisé contre les températures froides ou le gel.

Des vagues de froid surviennent lorsque le *jet-stream* est poussé vers le sud par des masses d'air froid en provenance du nord canadien. Les préposés aux prévisions atmosphériques à la télévision, en Floride, ne manquent pas de mettre l'accent sur ce fait lorsqu'ils expliquent à leurs téléspectateurs les chutes de température. Ce n'est tout de même pas de notre faute! Des vagues de froid surviennent à chaque année, mais elles durent rarement plus de quelques jours. Occasionnellement elles sont plus intenses et réussissent à abaisser les températures nocturnes du sud en dessous du point de congélation. Cependant, même durant les plus sévères vagues de froid, les températures diurnes augmentent étonnamment.

L'hiver le plus froid et le plus neigeux jamais encore enregistré fut celui de 1977 et, cette année-là, le mois de janvier fut très froid. Pour la première fois des traces de neige furent relevées à Miami Beach et à Palm Beach, et presque un demi-pouce de neige tomba à Tampa. Un ami qui enseigne à l'université de South Florida a conservé une boule de neige au congélateur et me l'a lancée lorsque je l'ai visité durant mon congé de février. En ce mois de janvier 1977, Orlando enregistra une température de −7 °C (20 °F) West Palm Beach, −3 °C (27 °F), à l'intérieur de l'État, au sud-ouest de Miami, −7 °C (20 °F). Et pendant 17

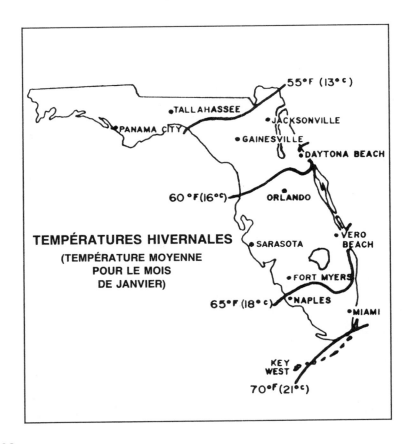

jours, des températures en dessous du point de congélation survinrent dans les régions intérieures, près de la frontière de la Georgie. L'hiver de 1981-1982 fut, en revanche, le plus doux de l'histoire, mais des vagues de froid recouvrirent la péninsule entière durant certaines périodes de décembre et janvier. Un climatologue, qui a analysé les données de température depuis cinquante ans, m'a avoué qu'il n'existait aucune méthode pour prédire la température hivernale. Un hiver froid n'est pas nécessairement suivi d'un hiver doux.

Quatre lignes de température moyenne et stable divisent la Floride en cinq régions climatiques hivernales. Si vous demandez une garantie absolue de temps chaud non affecté par des vagues de froid, la ligne de 21 °C (70 °F) restreint votre choix aux Keys de la Floride. Les localités le long de la côte du golfe, aussi loin vers le nord que la région de Naples, et celles de la côte de l'Atlantique, au sud de Vero Beach, se maintiennent dans une température moyenne de 18 °C (65 °F). Entre la ligne de 18 °C (65 °F) et celle de 16 °C (60 °F) au nord, les hivers sont doux mais pas aussi chauds que dans les régions du sud; l'impact des vagues de froid y sera ressenti plus intensément et le froid durera un peu plus longtemps. Les villes de la côte du golfe, entre Fort Myers et New Port Richey, celles de la Floride centrale, de Sebring à Sanford, et les localités de la côte atlantique, aussi loin vers le nord que New Smyrna Beach, sont incluses dans cette zone de température. Au nord de cette ligne de température, les hivers sont variables. Cependant, même dans le Panhandle, il y a peu de neige et de glace et la température y est suffisamment froide pour immobiliser les *Snowbirds* qui hivernent dans cette région de la Floride où le coût de la vie est plus bas.

La température estivale est à peu près uniforme à travers l'État. Les étés sont chauds et humides et commencent plus tôt pour se terminer beaucoup plus tard que ceux du Canada. Même si les températures estivales se maintiennent quotidiennement autour de 32 °C (90 °F), la Floride n'est nullement sujette aux vagues de chaleur périodiques qui ne sont pas rares ailleurs et même au Canada. Des brises en provenance de l'intérieur des terres et qui alternent avec de fortes brises marines rendent les régions côtières moins humides que celles de l'intérieur. Les orages électriques qui surviennent normalement en après-midi, presque à tous les deux jours en été, sont suivis d'une chute prononcée de la température. Une perte d'humidité alliée à une température moins élevée rendent alors, ordinairement, le reste de la journée assez confortable. Un nombre croissant de Canadiens passent maintenant leurs vacances d'été dans cet État: la température est chaude, ensoleillée et les prix hors saison sont plus bas.

Il serait impensable, en décrivant le climat estival, de ne pas parler des ouragans. Les *Snowbirds* ne seront jamais victimes d'ouragans, à moins qu'ils ne visitent leur demeure en Floride durant la saison même des ouragans, c'est-à-dire de juin à la fin d'octobre. D'intenses tempêtes tropicales accompagnées de vents dévastateurs soufflant à plus de 160 kilomètres/heure (100 milles) et de pluies torrentielles, pouvant entraîner des accumulations moyennes de 15 à 20 centimètres sur une période de 24 heures, affectent les régions côtières qui sont habituellement inondées, mais chacune des localités de ces régions a mis sur pied des procédures d'évacuation d'urgence. Alors que les ouragans se déplacent vers l'intérieur des terres, ils se dissipent et se transforment en pluies abondantes.

Durant toute année donnée, les risques que les vents aient force d'ouragan sont de un sur sept à Key West et à Miami, un sur dix à Palm Beach, un sur vingt à Melbourne, un sur trente à Daytona Beach, un sur douze à Fort Myers, un sur vingt à Tampa Bay et un sur dix à Pensacola.

La plupart des résidences étant la propriété des *Snowbirds* ou des investisseurs, elles seront inoccupées durant la saison des ouragans. Il serait donc crucial au printemps d'assurer la sécurité de sa demeure et de voir à ce qu'elle soit adéquatement assurée contre les dommages causés par le vent et les inondations.

ÉVALUATION DES CINQ RÉGIONS:
CE QUE LEURS VILLES OFFRENT

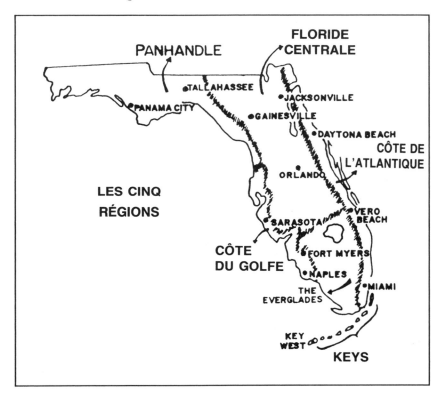

• La Floride centrale

Pour la plupart des Canadiens, la Floride centrale c'est Epcot Center et Disney World, ou encore l'endroit d'où provient leur jus de pamplemousse matinal. La région n'a jamais suscité le même intérêt chez les retraités et les investisseurs que Fort Lauderdale, West Palm Beach, Sarasota ou Clearwater, qui sont situés sur ou près des côtes.

La région centrale s'étend de la frontière de la Georgie au nord, jusqu'à Sebring, près du Lac Okeechobee, au sud. Sa frontière ouest est délimitée par une ligne courbe tracée de Live Oak, sur l'Interstate 10, jusqu'à l'ouest de Brooksville, Lakeland et Sebring. À l'est, la limite est le territoire inhabité situé à l'ouest de l'Interstate 95; il faut souligner que toutes les villes côtières sont exclues de ces limites.

L'épine dorsale de la Floride centrale est constituée de faibles collines arrondies et de centaines de lacs d'eau douce qui s'étendent de Lake City à Sebring. La région entière est contenue à l'intérieur de l'État et possède quelques-unes des plus hautes élévations de la Floride, c'est-à-dire que certains sommets peuvent atteindre jusqu'à environ 100 mètres (325 pieds) au-dessus du niveau de la mer.

Si vous roulez sur l'Interstate 75, prenez n'importe quelle sortie de l'autoroute, au nord de Gainesville, et visitez des villes comme Watertown ou Starke. Il vous semblera être en Georgie rurale tellement les maisons les plus anciennes paraissent sortir directement de *Autant en emporte le vent*. Quant aux petites municipalités de cette région à la population clairsemée, elles sont entourées de forêts de pins et de chênes recouverts de mousse. Ce secteur rural de la Floride centrale n'attire pas encore tellement les touristes.

Gainesville, une cité de 85 000 habitants, est une ville universitaire située au milieu d'un plaisant environnement rural. Étant le foyer de l'université de la Floride, la plupart de ses consommateurs sont des étudiants. Les coûts du logement, des divertissements et des aliments sont modérés et il existe une diversité d'activités culturelles que n'offrent pas la plupart des autres villes. Tous profitent des services universitaires. Le département de musique possède une tour munie d'un carillon et la troupe University of Florida Players présente un programme complet de pièces de théâtre. En outre, les nombreuses librairies et boutiques de livres contribuent à faire de Gainesville une oasis culturelle. Elvereene et moi avons apprécié chacune de nos visites dans cette jolie ville.

Son inconvénient majeur: la fraîcheur de sa température en hiver, qui est à peine un peu plus douce que dans le Panhandle. Peu de Canadiens ont découvert Gainesville et, pour cette raison, c'est un endroit idéal où passer l'hiver si votre budget est limité et si vos intérêts, pour occuper vos temps libres, sont d'ordre culturel. La communauté fournit un excellent éventail de services pour les personnes âgées et l'hôpital universitaire est l'un des meilleurs de l'État. À proximité on trouve plusieurs parcs de maisons mobiles, toutes offertes à prix modiques. Ceux-ci incluent Britanny Estate, Buck Bay M.H. Community, Meadowbrook, Salt Spring Village, Turkey Creek Forest, Whitney Mobile Home et RV Park.

Je ne recommande pas la région de Gainsville à ceux qui sont intéressés par l'investissement: le marché de location en hiver est plus limité qu'en d'autres régions situées plus au sud.

Le pays des *Snowbirds* commence au sud de Gainesville, dans la région d'Ocala. Ocala, avec une population de 40 000 habitants, est le centre touristique de ce secteur. À proximité, Silver Springs attire des milliers de touristes avec sa fameuse croisière en bateau (Jungle Cruise), sur la rivière Silver. Plusieurs lacs d'eau douce, près de la ville, font équipe avec de beaux tilleuls. L'Ocala National Forest, à quelques milles plus loin, a été aménagé pour le camping, et on peut y loger au coût de 6 $ à 10 $ U.S. par soir. C'est aussi le territoire par excellence des chevaux ordinaires ou pur-sang et de magnifiques fermes d'élevage rappellent la région de Bluegrass, au Kentucky. Les touristes peuvent visiter plusieurs de ces fermes.

Même si la température hivernale est beaucoup plus fraîche qu'en d'autres régions plus au sud, les prospecteurs immobiliers ont été attirés par les terrains à bon marché. On y a développé d'immenses agglomérations, privées et indépendantes, qui logeront un jour de cinq à quinze mille personnes. La plupart de ces centres urbains ne comportent que des maisons unifamiliales vendues à partir de 40 000 $ U.S. La Deltona Corporation en est le promoteur. On lui doit également Citrus Springs, Marion Oaks et Pine Ridge (un centre équestre).

Dans la région d'Ocala, on trouve plusieurs parcs de maisons mobiles, pour adultes seulement. Les prix sont fort variés. Soulignons, entre autres, Foxwood Mobile Home Park, Lady Lake

Mobile Home Park, Marion Landing, Oak Bend, Oak Run, Pine Manor Mobile Home Park, Rolling Greens, Rundelay, Sharpes Ferry Mobile Home Park, Smith Lake Shores, Stonebrook et Spanish Oaks Mobiles Home Village. Ocala est un bon endroit pour se renseigner sur les maisons mobiles puisqu'il existe cinq manufacturiers de ces habitations à travers la ville. Vous pouvez examiner à loisir les modèles qu'ils offrent en vente, sans subir de pression de la part des vendeurs, et même voir les artisans à l'oeuvre sur la ligne d'assemblage. L'usine Nobility Homes Inc., adjacente au Sheraton Inn, est située à l'intersection des autoroutes Interstate 75 et U.S. 40.

Un intéressant centre urbain portant le nom de «On Top Of The World» est présentement en pleine expansion. Le lotisseur Sidney Colen a déjà construit dans l'État quelques-uns des meilleurs condominiums pour adultes à revenus moyens. Si ce développement s'avère aussi prometteur que le complexe du même nom déjà construit à Clearwater, les *Snowbirds* devraient tenter d'en savoir plus long à ce sujet. Cependant, à cause des règlements uniformes dans tous les développements signés Colen et qui prohibent la location d'unités, ce complexe ne sera d'aucun intérêt pour les investisseurs. M. Colen est plus qu'un promoteur: il s'implique personnellement dans les opérations journalières de «On Top Of The World» et il semblerait qu'il interviewe personnellement tous les acheteurs éventuels d'unités neuves ou déjà occupées et il n'hésiterait pas à refuser une vente à tout individu intéressé mais qui ne cadrerait pas avec l'ensemble de la communauté. Son attitude paternaliste et autocrate a outragé des sociologues et quelques éléments des médias, mais sa profonde implication personnelle a produit des résidences parmi les mieux construites, les mieux gérées, et à prix modérés, en Floride.

Brookville, à l'ouest de l'Interstate 75, sur la route 98, possède une population de 7 000 habitants. C'est un petit centre urbain plaisant, situé dans une région où le coût de la vie est l'un des plus bas de l'État et qui a attiré quelques retraités. Un bon nombre de maisons mobiles et d'îlots de maisons conventionnelles se trouvent à proximité de la ville, entre Brooksville et Weeki Wachee. C'est une partie belle et paisible de la Floride, vraiment rurale, mais qui offre peu de services, outre les activités extérieures. Les possibilités de magasinage local sont plutôt pauvres, ce qui oblige les gens à se rendre à Tampa ou à Ocala pour les services essentiels. Les agglomérations de maisons mobiles telles que Brookridge West, Clover Leaf Farms Mobile Home Park et Three Seasons Mobile Home Park, offrent cependant des activités sociales et récréatives typiques. Les prix des terrains et des maisons mobiles sont beaucoup plus bas que dans les localités de la côte du golfe, au sud et à l'ouest.

Leesburg, Eustie, Tavares, Mount Dora et Apopka sont de petites villes attrayantes sur la route 441, entre Wildwood (à l'Interstate 75) et Orlando. Elles sont situées dans un environnement de terrains légèrement valonneux, de fermes d'agrumes et d'innombrables lacs d'eau douce où la pêche est reconnue pour être la meilleure des États-Unis. Les nombreux campements de pêche attestent de cette réputation méritée.

C'est une région à prédominance rurale avec tous les avantages de la vie rurale. L'autoroute 441 permet un accès rapide aux services culturels et médicaux, tout comme au magasinage, à proximité d'Orlando. Les conseillers professionnels de retraite classent cette région comme l'une des meilleures en Floride pour les retraités parce que les coûts de logement et autres nécessités sont généralement bas et que la qualité du mode de vie et ses opportunités sont égales sinon supérieures à celles des communautés localisées près ou le long des côtes. Le pourcentage de crimes est aussi beaucoup plus bas et le rythme de vie est plus calme.

Traditionnellement, ce secteur de la Floride centrale attirait des retraités de la Nouvelle-Angleterre. Une ville charmante comme Mount Dora peut sembler familière à quiconque a déjà passé ses vacances dans les régions rurales du Massachusetts et du New Hampshire. Durant ces dernières années, des retraités venus de divers endroits des États-Unis se sont installés dans cet environnement et de plus en plus de Canadiens commencent à investir dans l'immobilier local ou viennent passer l'hiver dans les nombreux centres pour adultes récemment développés.

Même si le climat est plus frais qu'à Sarasota ou à Fort Lauderdale, la température se maintient en moyenne à près du 16 °C (60 °F) en janvier. Ce n'est pas beaucoup plus frais qu'à Clearwater, et certainement beaucoup plus doux qu'à Gainesville ou dans le Panhandle.

La poussée immobilière d'Orlando et de ses banlieues est en plein essor. L'immobilier local constitue un attrayant investissement autant pour les *Snowbirds* que pour les jeunes en quête de bons placements. La demande de location est forte dans la région d'Orlando, aussi bien de la part de ceux qui veulent y passer l'hiver que des émigrants qui sont attirés par les offres d'emploi de la région métropolitaine la plus florissante de la Floride.

Parmi les centres domiciliaires où les prix sont modérés, nous retrouvons plusieurs regroupements de maisons mobiles. Hawthorne, près de Leesburg, est une grande agglomération qui, à l'origine, était commanditée par l'Association américaine pour personnes retraitées et l'Association nationale des professeurs retraités. Tout comme d'autres centres huppés pour adultes, Hawthorne offre d'extraordinaires programmes sociaux et récréatifs de nature à satisfaire les intérêts de chacun des résidants. Cependant, Hawthorne est obsédé par la sécurité. Ma femme et moi avons visité l'endroit en nous faisant passer pour un couple à la recherche d'un foyer. La sécurité était si restrictive que nous n'avons pas eu la permission de nous y promener et de parler aux résidants pour découvrir jusqu'à quel point ils appréciaient vivre dans cette localité. Heureusement, nous n'avons pas rencontré autant de restrictions lorsque nous avons enquêté sur la plupart des autres centres urbains de la Floride.

Même s'il existe plusieurs excellentes agglomérations de maisons mobiles dans le secteur, il est impossible d'en dresser la liste complète. Toutefois, les *Snowbirds*, aussi bien que les investisseurs, pourront commencer leurs recherches par celles qui suivent: Audubon Village, Britanny Estates, Chain O'Lakes Mobile Home Park, Coachwood Mobile Home Colony, Conway Shores Mobile Village, Corley Island Mobile Manor, Country Squire Mobile Home Park, De Anza Mid-Florida Lakes, Leesburg Lake

Shore Mobile Home Park, Cypress Creek et Sunlake, toutes dans Leesburg ou tout près; Country Club Mobile Manor, Haselton Villa et Sharp's Mobile Park, à Eustis; El Red Mobile Manor, Tiki Village Mobile Home Park et Lake Frances Estates, à Tavares; Dora Pines Mobile Homes, à Mount Dora; The Hills, Rock Springs Mobile Home Park, Valencia Estates Mobile Home Park et Zellwood Station, près d'Apopka; et, finalement, The Forest, à proximité de Lake Mary.

Zellwood Station, sur la route 441, à quelques milles au nord d'Apopka, est un intéressant développement situé sur une ancienne plantation d'agrumes de 700 acres formant un emplacement magnifique. L'entrepreneur a investi des millions de dollars pour dessiner et construire un superbe centre domiciliaire qui, malheureusement, fut dès le début touché par des problèmes financiers et une mauvaise administration. Zellwood Station, à l'origine, se spécialisait dans la location de terrains; plus tard, on y érigea quelques structures de condominiums. En janvier 1982, elle fut achetée par un important promoteur qui favorisait plutôt les maisons mobiles et qui lui a redonné sa vocation première: la location de lots. Ayant maintenant atteint la stabilité financière et étant pourvu d'une bonne administration, Zellwood Station est l'un des meilleurs développements domiciliaires pour adultes en Floride.

Forest mérite aussi quelques commentaires: c'est un centre de maisons mobiles établi sur le boulevard Lake Mary, près de l'Interstate 4, au nord d'Orlando. Les résidents sont tous propriétaires de leur terrain et maison. Comme le développement est situé dans une forêt de pins et que l'extérieur des habitations est rustique, ça semble hors de contexte en Floride. Des morceaux d'écorce remplacent les typiques parterres floridiens dans un emplacement qui, à première vue, semble davantage convenir à certaines régions forestières du Québec et de l'Ontario. Son magnifique centre récréatif a été conçu pour se fondre à l'ambiance rustique. Si les bois et forêts font partie de vos rêves de retraite, visitez Forest.

Le long de l'Interstate 4, sur la route de Daytona Beach, vous trouverez Sanford, Deltona et De Land, petits centres qui offrent d'excellents services pour répondre aux besoins des retraités et fournissent également de bonnes opportunités d'investissement. Nous sommes particulièrement enchantés de cette région et la recommandons aux *Snowbirds* qui ne sont pas très enthousiastes quant à la congestion et aux prix élevés qui sont le lot des régions côtières adjacentes.

Orlando, la plus grande ville de la Floride centrale, a une population de 135 000 habitants. La croissance rapide de ses centres de banlieue, tel Winter Park, donne à la région du grand Orlando métropolitain une population de plus de 500 000 résidents. Depuis que Disney World s'y est installé au début des années 70, l'essor immobilier qu'ont connu les deux côtes a surpassé celui d'Orlando et du reste de la Floride centrale. La région n'a été découverte que récemment par les *Snowbirds* canadiens. L'immobilier local et le développement industriel n'ont pas eu à expérimenter le cycle de montée et de retombée si familier au reste de la péninsule floridienne. La croissance ici a été raisonnablement ordonnée et Orlando est le centre urbain le plus stable financièrement. L'indice du coût de la vie indique que vivre à Orlando (comté de l'orange), ça coûte beaucoup moins cher qu'à Fort Lauderdale, à West Palm Beach, à Sarasota, à St. Petersburg et dans les autres grandes villes du sud de la Floride. Le climat hivernal d'Orlando est raisonnablement modéré en dépit de coups de froid occasionnels.

La variété complète d'alternatives de logement (dont il sera question au chapitre 7) est maintenant disponible à des prix modérés. Des maisons mobiles double largeur coûtent environ 35 000 $ U.S. et de grands condominiums à deux chambres se vendent à partir de 45 000 $. Même si quelques édifices à appartements sont élevés, la plupart des habitations sont des villas meublées de un ou deux étages, entourées d'un jardin, que l'on peut louer à partir de 400 $ par mois. À l'encontre des appartements au Canada, vous pouvez souvent prendre possession de ceux-ci sans avoir à signer de bail ou encore en obtenant un bail à court terme.

Disney World a entraîné la création de plusieurs autres centres d'intérêt comme Epcot Center, Sea World et Circus World, mais il existe beaucoup plus, dans la région d'Orlando, que les pièges à touristes habituels. Le Central Florida Civic Theatre (Théâtre civique de la Floride centrale) présente, l'année durant, des pièces de théâtre et l'Orchestre symphonique de Floride, de réputation internationale, s'y produit régulièrement. Les amateurs de baseball peuvent assister à l'entraînement des Twins du Minnesota en vue de la saison régulière. Le sol montagneux de la Floride centrale rend les terrains de golf beaucoup plus compétitifs que ceux des régions plates de la côte.

L'Université de la Floride centrale, le Collège Rollins, le Collège de la communauté Seminole et les comités d'éducation locaux offrent aux adultes, et à des coûts minimes, une grande variété de cours éducatifs, tous orientés en fonction des besoins et intérêts d'adultes sérieux.

Les hôpitaux et services médicaux spécialisés sont parmi les meilleurs en Floride, et la région d'Orlando possède au moins seize de ces hôpitaux.

Présentement, la région d'Orlando fait activement campagne pour attirer les *Snowbirds*. Si vous désirez en savoir plus long sur ce secteur de la Floride centrale et êtes âgés d'au moins 55 ans, la meilleure période pour le faire est entre la fête du Travail et le 15 décembre. À cette époque, les commerces locaux et les gouvernements municipaux coopèrent pour offrir un programme appelé «*Senior Season*». Des escomptes spéciaux sont alors accordés dans les hôtels, restaurants et lieux d'amusements et un long programme d'événements divertissants allant d'un Jamboree de musique country jusqu'aux Olympiques de l'âge d'or, est à l'affiche. C'est un excellent moyen de découvrir si le mode de vie qu'offre la région répond à vos besoins. Pour plus d'informations, écrivez à Senior Season, P.O. Box 15009-B, Orlando, Florida, 32858.

Il existe beaucoup trop de développements immobiliers dans la région d'Orlando pour que nous puissions en dresser la liste et porter un jugement. Communiquez à ce sujet avec la Chambre de commerce de chaque région; si vous leur indiquez vos intérêts, elles vous feront parvenir information et littérature suffisantes pour vous aider dans votre quête d'un lieu approprié.

Au sud de l'Interstate 4 est sise une grande ville, Lakeland, de même que plusieurs autres petites localités qui sont devenues des havres de retraite, autant pour les Canadiens que les Américains. Citons Haines City, Kissimmee, Winter Haven, St. Cloud, Lake Wales, Avon Park et Sebring.

Lakeland, sise au coeur d'une des régions majeures pour la production des agrumes, en Floride, attire depuis longtemps les visiteurs d'hiver. À l'encontre de la plupart des autres villes de même superficie, elle possède une apparence malpropre et congestionnée et est en plein centre des plus grandes mines de phosphate de l'État. L'extraction du phosphate a non seulement ruiné des milliers d'acres de terrain et de points d'eau adjacents, mais a aussi contaminé l'air. Des spécialistes médicaux affirment que les particules de phosphate qui circulent dans l'air irritent les yeux et la peau, et aggravent les problèmes respiratoires. Chaque fois que nous avons traversé cette région, nous avons ressenti les effets des mines. J'ai discuté de ce problème avec un spécialiste pour les bronches. «Quiconque souffre d'une infection bronchique devrait éviter ce secteur», m'a-t-il dit. Toutefois, il semble que cette situation n'ait pas réussi à déraciner les nombreux retraités qui passent l'hiver à Lakeland ou aux environs. Il y a plus de vingt agglomérations de maisons mobiles pour adultes établies autour des lacs et des terrains vallonneux dans la ville ou à proximité. Le coût de la vie est aussi modéré que dans la région au nord d'Orlando. Parmi les développements de ce secteur, nous remarquons: Angler's Green, Bonny Brae Mobile Estates, Breeze Hill, Covered Bridge, Floral Lakes, Foxwood Village, Highland Village, Parakeet Park et Towerwood.

Winter Haven est un joli centre urbain qui possède un collège communautaire muni d'un extraordinaire programme d'éducation aux adultes et un bon hôpital local. La ville est le site du fameux Cypress Gardens, une attraction touristique de longue date en Floride, et plusieurs développements pour adultes sont localisés dans ses environs.

Lake Wales, aussi située au milieu des collines et des lacs, a acquis une réputation internationale grâce à sa Bok Singing Tower. Des concerts sont donnés quotidiennement au moyen d'un carillon de 53 cloches. Ce secteur de la Floride jouit d'un climat plus doux que celui de la région du nord de l'Interstate 4. Lake Wales et Avon Park marquent en janvier des températures moyennes de 16 °C (60 °F). Plusieurs retraités vivent en permanence ou hivernent dans ces petites villes, et la vie dans une maison mobile est le choix le plus populaire des *Snowbirds* canadiens qui ont adopté cette région.

Sebring, avec une population de plus de 9 000 habitants, est le centre urbain le plus au sud de la Floride centrale. La ville est située dans un environnement physique semblable à celui des localités dont il a été question précédemment, mais celui-ci est unique en son genre par le fait que Sebring est une «cité planifiée»: ses rues s'irradient à partir d'un parc central connu sous le nom de The Circle. Comme la plupart des villes du centre de la Floride, Sebring est la contrée des agrumes.

Même si la plupart des développements immobiliers de la Floride centrale n'ont pas fait l'objet de publicité au Canada, Sun'N Lakes Estates, situé à Sebring, fait exception. On l'a fait connaître d'abord sur une base de vente de terrains plutôt que de maisons. Les investisseurs trouveront au chapitre 10 mes commentaires sur les terrains de Floride en tant que valeur d'investissements. Incidemment, les Canadiens qui visitent Sun'N Lakes Estates y verront un peu de Canadiana. Harvey Kirck, autrefois annonceur à CTV, paraît sur une affiche qui proclame les vertus de ce développement.

Plusieurs Canadiens seront surpris d'apprendre que le centre de la Floride est une contrée d'élevage de bétail et de cowboys, et beaucoup de leurs grands ranches seraient familiers aux Albertains. Cependant, les troupeaux de boeufs de la Floride paissent à longueur d'année et sont les produits de croisements, ce qui leur permet de supporter l'environnement subtropical. L'une de ces nouvelles races est le Brangus (mi-Brahma et mi-Aberdeen Angus). Incidemment, l'une des plus grandes possessions territoriales de bétail est la propriété de la chaîne de supermarchés Winn-Dixie qui y fait l'élevage de son propre bétail. Un rodéo de championnat pour toute la Floride se tient bisannuellement à Arcadia, aux mois de mars et de juillet.

En conclusion, à moins de vouloir absolument vivre à proximité de la mer, les investisseurs et retraités devraient considérer les avantages financiers et le mode de vie qu'offrent les villes de la Floride centrale avant de faire l'achat d'une propriété. Pour obtenir de plus amples informations sur cette région, communiquez avec la Chambre de commerce de chaque endroit. (Voyez l'appendice 1.)

• Le Panhandle

Jusqu'au milieu des années 70, le Panhandle, cette portion de la Floride qui s'étend de la frontière de l'Alabama, à l'ouest, jusqu'à proximité de Talahassee, à l'est, était grandement ignoré des investisseurs et retraités canadiens. En dépit du fait que les prix pour se loger et y vivre étaient les plus bas de tout l'État, le climat hivernal plus doux et les possibilités d'investissement offertes dans les régions du sud étaient beaucoup plus attrayants.

Cependant, depuis les dix dernières années, de plus en plus de Canadiens ont été attirés à Pensacola, la région de Panama City et Fort Walton Beach, dans le Panhandle. Des milliers de ces Canadiens passent maintenant l'hiver dans ces localités ou ont investi dans l'immobilier local dans un but lucratif.

Quel est donc l'attrait de cette région? Les hôtels, motels, condos, appartements et autres unités de logement coûtent le tiers et même la moitié du prix de ceux de même genre situés à Fort Lauderdale, à Sarasota ou à Clearwater Beach. Les secteurs des plages du Panhandle ont toujours été de populaires endroits pour les Américains de l'Alabama, de la Georgie, de l'Arkansas, du Kentucky et du Tennessee en quête de brises fraîches et de plages d'eau salée. Entre avril et septembre, la plupart des touristes sont des vacanciers de fins de semaines ou des familles dont les enfants sont en vacances estivales. Les touristes quittent à la Fête du Travail et ne réapparaissent que tard en mai ou en juin. Avant que les Canadiens n'arrivent en nombre significatif, la majorité des motels, restaurants et autres commodités orientées vers le tourisme fermaient d'octobre à la fin du printemps.

Les Canadiens qui cherchent des logements à prix modérés en Floride, pour l'hiver, peuvent trouver dans cette région des appartements entièrements meublés pour environ 250 $ à 300 $ U.S. par mois; un appartement à une chambre à coucher à des prix variant entre 300 $ et 400 $ et des unités à deux chambres pour moins de 500 $ par mois. Quelques motels, incluant chambre et cuisinette, voient leurs prix coupés de moitié durant la période creuse de l'hiver. Plusieurs unités de condominiums et quelques maisons mobiles sont aussi disponibles à loyers modérés. Voici quelques exemples des prix de location qui illustrent bien que le Panhandle de la Floride est abordable durant notre hiver long et froid. Ainsi, à Fort Walton Beach, les condominiums Santa Rosa, meublés, de deux chambres, sont loués mensuellement 430 $ U.S. pendant que le Sea Spray demande 295 $ U.S. pour un condo meublé à une chambre. Panama City et Pensacola offrent des conditions de location similaires.

Les hivers au Panhandle sont beaucoup plus froids que dans les régions plus populaires du sud de la Floride. La température moyenne de janvier est de 10 °C (50 °F) et si une vague de froid frappe l'État, comme c'est arrivé durant l'hiver de 1981-1982, les températures plongeront périodiquement bien au-dessous du point de congélation, en décembre et janvier. Il neige même parfois, mais toute petite accumulation fond rapidement sous le chaud soleil. Évidemment, ce n'est pas le genre de climat favorable pour nager dans le golfe du Mexique, mais c'est tout de même excellent pour le golf, le tennis, le shuffleboard et pour les longues marches sur les plus belles plages de Floride. En général, le climat de janvier ressemble à celui qui prévaut tard en automne dans le sud ontarien, avec des jours frais et ensoleillés, un peu de pluie et, occasionnellement, des périodes de chaleur alors que la température peut atteindre 21 °C (70 °F). En février, le temps commence à se réchauffer; la température moyenne est d'environ 16 °C (60 °F) alors qu'au mois de mars les degrés les plus élevés jouent entre 20 °C et 22 °C, soit 60 °F et 70 °F.

Le Panhandle attire les retraités canadiens à revenus fixes qui ne peuvent se permettre d'affronter les coûts sans cesse croissants des autres régions de la Floride — spécialement avec notre dollar déprécié — mais désirent tout de même s'éloigner des tempêtes de neige, de la glace et du froid rigoureux de notre pays. Si vous êtes un aspirant *Snowbird* dont le pouvoir d'achat ne dépasse pas le taux d'inflation et si vous êtes convaincu qu'il en coûte trop cher pour vivre dans les régions les plus familières et les plus populaires de la Floride, n'abandonnez pas votre rêve avant d'avoir exploré ce que peuvent vous offrir Panama City, Fort Walton Beach ou Pensacola.

Le Panhandle offre aussi d'intéressantes opportunités pour l'individu dont l'intérêt premier est d'investir. La forte période de location s'étend de mai à septembre et dure cinq mois. Il y a donc de bons potentiels d'investissement. Condominiums, maisons unifamiliales ou mobiles se vendent généralement 20 % de moins qu'ailleurs en Floride et leur potentiel de revenus est plus élévé. La demande d'hébergement à Fort Walton Beach durant la longue saison estivale est aussi forte qu'à Clearwater Beach durant la période la plus achalandée des mois d'hiver. Un investisseur peut louer un appartement meublé de deux chambres sur une base hebdomadaire de 350 $ U.S. ou mensuelle de 1 000 $. J'ai discuté des taux de location avec plusieurs agents immobiliers et, à leur avis, un investisseur peut compter sur un minimum d'occupation de 70 %, de mai à septembre. Le revenu total est donc beaucoup plus grand que celui auquel on peut s'attendre durant les mois d'hiver pour un logement comparable à Clearwater, à Fort Myers ou à West Palm Beach. Un boni s'ajoute donc pour les investisseurs par le truchement de revenus additionnels en provenance de retraités en quête de logements, d'appartements, de condos ou de motels à louer pour l'hiver.

L'hiver dernier, j'ai pris connaissance des annonces parues dans le *Toronto Star* sous la rubrique des propriétés à louer à l'extérieur du Canada et j'ai communiqué avec les annonceurs qui offraient des logements à louer dans le Panhandle. La plupart d'entre eux m'avouaient qu'ils auraient pu louer plusieurs fois leurs propriétés, en raison de leurs prix tellement plus bas que ceux du sud de la Floride.

Le Panhandle n'est peut-être pas votre premier choix, mais il vous offre une merveilleuse occasion de réaliser des revenus qui pourront être utilisés à une date ultérieure dans un autre endroit plus adapté à vos goûts et à vos besoins.

Cette partie de la Floride est une extension culturelle du «Old South» (Vieux Sud) et est similaire en bien des points aux régions rurales adjacentes de l'Alabama et de la Georgie. La croissance de la région n'est pas survenue aussi rapidement que dans les autres secteurs de la Floride et le rythme de vie y est plus lent. Les cités du Panhandle ont des services récréatifs semblables à ceux des centres urbains ailleurs dans l'État. Même s'il a été décrit comme une région presque dépourvue d'activités culturelles et artistiques, le Panhandle est d'abord un territoire de musique country.

Le secteur des plages, s'étendant de Panama City à Pensacola, est l'un des plus beaux en Floride. Je n'ai jamais vu, dans aucune partie du golfe du Mexique, un endroit où l'eau prend une aussi merveilleuse couleur de bleu foncé.

Même si quelques Canadiens passent l'hiver à Pensacola et dans la région de Fort Walton Beach-Destin, la plupart d'entre eux se retrouvent à Panama City Beach où on compte plus de sept mille unités d'hôtels et de motels. Toutes les alternatives de logement disponibles ailleurs en Floride peuvent se retrouver ici et les coûts de vente et de location sont bien inférieurs à ceux de la moyenne de l'État. Plusieurs parmi les anciens militaires des États-Unis se sont installés en permanence dans cette région. En hiver, lorsque les touristes ont quitté les lieux, Panama City et Fort Walton Beach prennent l'allure des villes du sud de la Floride avec leur imposante proportion de retraités. Ces deux villes sont des endroits de prédilection pour les pêcheurs et les golfeurs. Shell Island, qu'on ne peut atteindre que par bateau à partir de

Panama City Beach, est un excellent endroit pour les coquillages, tout comme Sanibel Island. Les enfants ne s'ennuieront jamais
dans la région de Panama City Beach: en plus des plages, des
coquillages et de la pêche, il y a, à proximité, d'importants parcs
d'amusement conçus pour la famille. Pour en savoir davantage
sur le Panhandle, écrivez aux Chambres de commerce de Panama
City, de Pensacola et de Fort Walton Beach, tout en leur faisant
part de vos intérêts. Les adresses de ces endroits sont indiquées
dans l'appendice.

• La côte de l'Atlantique

La diversité unique de la région côtière de l'Atlantique en fait
un secteur varié, une sorte de composé de diverses particularités
des autres régions floridiennes. Tout comme en Floride centrale
et sur la côte du Golfe, il existe des contrastes marquants dans
les températures hivernales des secteurs nord et sud. À l'intérieur
des terres, au nord, les caractéristiques clairement visibles du
«Vieux Sud» sont frappantes, tout comme dans certaines parties
du Panhandle et de la Floride centrale adjacente. La Worth Avenue de Palm Beach et le luxueux mail commercial de Bal Harbour dégagent une ambiance de richesse et d'opulence comparable
à celle de Sarasota et de Naples. Miami Beach et les autres villes
possèdent une forte proportion de gens du troisième âge au sein
de leur population de résidents, tout comme Port Charlotte et St.
Petersburg. Tous ces facteurs, ajoutés à plusieurs autres, font de
la région un microcosme de la Floride auquel s'ajoutent de nombreuses caractéristiques uniques.

La région de la côte de l'Atlantique de la Floride s'étend de
la frontière de la Georgie aux Keys. Près de Jacksonville, la région
s'étend à l'intérieur sur 100 kilomètres (60 milles), mais au sud
de la ville, le territoire se rétrécit rapidement. De St. Augustine
à Boca Raton, la régon de la côte de l'Atlantique est d'une largeur de 16 kilomètres (10 milles). Entre Boca Raton et Homestead, à l'extrême sud, où les Everglades marquent la limite ouest
de la région, le secteur occupe une largeur de 25 à 40 kilomètres
(de 15 à 25 milles).

Une chaîne d'îles s'étend sur presque toute la longueur de la côte et la plupart de ces îles sont rattachées l'une à l'autre ou encore directement à la côte par des ponts.

La distance nord-sud de Jacksonville à Miami est plus grande que celle que l'on retrouve entre les populaires villes de la côte du Golfe. Conséquemment, il existe une variation prononcée dans le climat hivernal de la région. Bien qu'un peu de neige ait déjà été enregistrée à West Palm Beach, la température moyenne en janvier 18 °C (65 °F) est poussée juste au nord de Vero Beach par les courants chauds du golfe Stream. Les hivers du secteur sud de la région sont aussi doux que ceux des Keys. Les températures moyennes de 16 °C (60 °F) s'arrêtent au nord, près de Titusville; au nord de Titusville, le climat hivernal est moins doux et sujet à plus de courants froids qu'au sud et davantage similaire à celui du Panhandle.

Trois systèmes d'autoroutes façonnent le squelette de la région et chacun d'eux a apporté une nouvelle dimension à l'échantillonnage de croissance de la région. La route U.S.1 qui passe à travers les anciennes villes, était la voie principale de la côte est avant que l'Interstate 95 et le Florida Turnpike ne fussent construits. Aujourd'hui, la route U.S.1 est un peu comme la rue principale. Elle est souvent bordée de centres commerciaux, de grands magasins et d'aires de services.

La Route A1A commence au nord de Jacksonville et court le long de la côte ou à travers la chaîne d'îles pour se terminer à Miami Beach. Des ponts croisent certains points de cette route; elle fusionne avec la U.S. 1 pour réémerger seulement aux endroits où un pont relie le territoire intérieur aux îles. Une caractéristique de la région est le mur d'édifices élevés, de condominiums, d'hôtels et de luxueuses résidences construits, face à l'océan, le long de la route A1A de Daytona Beach à Miami Beach.

Le troisième système d'autoroute qui a façonné la région est l'Interstate 95, qui pénètre dans l'État à la frontière de la Georgie puis, avec une interruption de 72 kilomètres (45 milles) vient se terminer à Miami. L'Interstate 95 a été construite loin de la côte, à travers des régions non développées et inhabitées et sa construction a entraîné le développement massif de l'immobilier, tout au long de son parcours. Des terrains sans valeur et privés de services furent rendus accessibles en l'espace de quelques années et de grandes agglomérations sorties de nulle part sont apparues. Et cette croissance continue son expansion. Ces concentrations urbaines sont conçues pour répondre aux besoins de logements de retraités à revenus moyens qui ne peuvent se permettre d'occuper les logements plus luxueux bâtis le long de la côte, à quelques kilomètres à peine de distance. L'aménagement de terrains vierges fut amélioré grâce à des projets d'envergure de contrôle d'inondation qui drainent la portion est des Everglades, à l'ouest de la nouvelle autoroute des régions de Miami-Fort Lauderdale. Plusieurs immenses subdivisions et villes ont été construites sur ce qui, jusqu'à relativement récemment, était encore des marécages submergés.

Les localités de la région de la côte de l'Atlantique se sont développées, ont grandi, pour répondre aux besoins d'une population mixte d'Américains et de Canadiens. Des retraités à faibles revenus survivent dans le secteur sud de Miami Beach alors que dans les Century Villages de West Palm Beach, de Deerfield Beach, de Pembroke Park, de Boca Raton et d'autres grands développements à proximité de l'Interstate, des retraités à revenus moyens ont trouvé un lieu de leur retraite à leur mesure.

Presque toute la force ouvrière est concentrée dans les plus grandes cités comme Miami, Fort Lauderdale et Jacksonville et des industries de haute technologie et d'électronique sont installées dans des localités comme Melbourne. De magnifiques allées réservées aux millionnaires et aux gens du Jet-Set fleurissent à Key Biscayne et à Palm Beach, alors que les fermiers immigrants les plus dépourvus habitent Homestead. Cette région diversifiée attire plus de Canadiens de divers niveaux et pour des motifs différents que n'importe quelle autre partie de la Floride.

Jacksonville, plus vaste que la ville de Toronto, est la plus grande cité de la Floride, avec une population d'environ 600 000 habitants. Depuis ses humbles débuts en tant que lieu de séjour estival, elle s'est développée pour devenir le centre industriel et commercial de l'État.

Jacksonville Beach, Atlantic Beach, Mayport, Neptune Beach et Ponte Verde Beach sont des endroits de vacances le long de l'Atlantique. Comme Panama City et Fort Walton Beach dans le Panhandle, ces places de villégiature reçoivent l'été de nombreux vacanciers en provenance des États du sud avoisinants et de la Floride centrale. Les facilités de logement sont à leur plus haut niveau durant la longue saison estivale.

Le climat hivernal ressemble davantage à celui de Panama City, mais les *Snowbirds* ont grandement ignoré la région de Jacksonville en dépit des commodités et des coûts minimes des logements en hiver, bien qu'ils soient légèrement plus élevés qu'à Panama City. Pour un retraité à budget modeste, Jacksonville offre un éventail de services culturels, éducatifs, récréatifs et commerciaux qui ne sont pas toujours disponibles dans les centres urbains du Panhandle. Je suis d'ailleurs convaincu que les visiteurs d'hiver «découvriront» bientôt Jacksonville et que cette région fournira d'intéressantes opportunités d'investissement à l'individu qui cherche à obtenir un revenu annuel maximum pour la location de sa ou ses propriétés.

St. Augustine est située sur la U.S.1 à environ 40 kilomètres (25 milles) au sud de Jacksonville. Ses racines et origines espagnoles ont été préservées et restaurées, et la vie là-bas offre un attrait touristique l'année durant. Toutefois, en raison des hivers frais, de l'ambiance très touristique et des loyers plutôt élevés, même en hiver, St. Augustine semble peu attrayante pour les *Snowbirds*.

Le climat hivernal autour d'Ormond Beach, de Daytona Beach et de New Smyrna Beach n'est pas aussi doux que celui des villes situées plus au sud; il survient de fréquents coups de froid, mais les hivers ne sont pas déplaisants et Daytona Beach est très populaire auprès des retraités canadiens et américains. À cet endroit on trouve des milles de belles plages sur l'Atlantique et le coût de la vie y est beaucoup plus bas durant l'hiver que plus au sud sur la côte. Des brunches au champagne au coût minime de 5,95 $ U.S. et l'entrée à prix d'aubaine au cinéma réduisent sensiblement les coûts généralement bas des restaurants et divertissements. Tant de Canadiens passent maintenant l'hiver à Daytona que la compagnie H&R Block annonce dans le journal de Daytona Beach qu'elle prépare les déclarations d'impôts des Canadiens. Le Halifax Senior Center ne demande aucuns frais d'inscription et offre un assortiment d'activités sociales, culturelles et récréatives.

Un grand nombre de vacanciers des États du sud visitent Daytona Beach, une ville orientée l'année durant vers le tourisme et ses visiteurs.

À l'exception possible du secteur face à la plage, où se trouve le mélange habituel de motels, d'hôtels et de luxueux édifices de condominiums, les coûts de logements sont étonnamment modérés. Ainsi, des appartements et condominiums meublés pourvus de deux chambres se louent entre 600 $ et 900 $ par mois, et des unités à une chambre sont disponibles dans ces trois localités à des prix proportionnels plus bas.

Des condominiums à deux chambres sont mis en vente à partir d'aussi peu que 40 000 $. Le Regents Park Condominiums est un développement à Holly Hills, près de la U.S.1, juste au nord de la ville, qui offre des condos à deux chambres à partir de 42 000 $. Ocean Watch, à proximité d'Ormond-By-The-Sea, vend pour sa part des condominiums à deux chambres à partir de 60 000 $. Cependant, plusieurs condominiums sont beaucoup plus chers — évidemment cela dépend de bien des facteurs —, autant qu'un luxueux appartement ou condo puisse l'être à Daytona Beach, à Ormond Beach et à New Smyrna Beach, comme partout ailleurs sur la côte de l'Atlantique.

Des maisons mobiles neuves, double largeur, entièrement meublées sont sur le marché pour 30 000 $ ou 40 000 $, alors que d'autres, de largeur simple et meublées aussi, peuvent être achetées pour environ 10 000 $.

Bear Creek, Blue Villa Mobile Manor, Carriage Cove, Colony in the Wood, Eastern Shores Mobile Village, Landings

Port Orange et Pickwick Village sont parmi les nombreux emplacements de maisons mobiles de la région.

Il y a pourtant un important inconvénient à Daytona Beach, autre que la température hivernale incertaine. Il s'agit des courses d'automobiles et de motocyclettes à la piste internationale de Daytona (Daytona International Speedway) qui, s'ajoutant à l'une des plus belles plages de la Floride, ont attiré des éléments indésirables dans la région, y créant de sérieux problèmes de sécurité. Nous avons rencontré plusieurs couples en d'autres régions de la Floride qui avaient fui Daytona Beach, après y avoir habité. Chacun d'eux nous a relaté diverses mauvaises expériences, en l'occurrence d'avoir été harassé et terrorisé par des voyous; quelques-uns racontèrent des incidents dans lesquels des bandes de motards erraient librement dans leur voisinage. Ces cas sont peut-être des exceptions, mais ils soulignent qu'il est très important que vous enquêtiez soigneusement avant d'acheter une maison, quel que soit l'endroit où elle est située.

Au sud de Daytona Beach, signalons le Space Coast qui incluent Titusville, Cocoa, Merritt Island, Cocoa Beach, Melbourne et plusieurs autres localités plus petites. Les points d'intérêts de cette région sont le John Kennedy Space Center (lieu de lancement du programme spatial), la station des Forces aériennes de Cap Canaveral et la base aérienne Patrick. Jusqu'à ce que des coupures financières réduisent le programme spatial, l'immobilier local était florissant grâce au personnel technique de la NASA et des forces militaires desservant l'industrie spatiale. Les endroits qui étaient auparavant considérés comme de petites villes devinrent des cités occupées par de jeunes familles. Des écoles, des services médicaux et autres services nécessaires à maintenir une population jeune furent établis immédiatement. Les prix de l'immobilier montèrent en flèche et les coûts d'hébergement devinrent les plus élevés de la côte. Pour les touristes et les retraités à revenus fixes, la côte spatiale était un endroit à éviter. Lorsque les subventions pour le programme spatial furent coupées, près des trois quarts du personnel technique perdirent leur emploi et déménagèrent. Le marché de l'habitation s'effondra et les maisons devinrent invendables, et cela, à aucun prix. En désespoir de cause, les municipalités locales, pour attirer les industries de haute technologie tout autant que pour le marché des retraités, commencèrent à publiciser leur région. Le marché de l'immobilier prit quelques années pour se stabiliser.

Aujourd'hui, les municipalités situées le long de la côte spaciale possèdent une population mixte, plus jeune que dans plusieurs autres régions de l'État. La forte proportion de jeunes découle en partie des membres du personnel militaire et leurs familles, de ceux qui sont employés dans l'industrie de l'électronique et leurs dépendants ainsi que d'autres travailleurs à l'emploi des industries avoisinantes en expansion. Si vous craignez de vivre dans une concentration à forte proportion de gens âgés, Brevard County possède une population dans laquelle moins de 12 % des résidants ont plus de 65 ans.

En dépit du fait que les températures hivernales sont semblables à celles de Clearwater, les Canadiens ont encore à découvrir cette région. Le coût de la vie, en général, et celui du logement sont peu élevés et les services médicaux, les services récréatifs et le magasinage sont excellents. C'est aussi l'une des plus jolies régions de la Floride et où la congestion de la circulation, si commune plus bas sur la côte et dans le secteur de Tampa Bay, est absente. Incidemment, les pamplemousses reconnus d'Indian River nous parviennent de cette partie de la Floride.

Des condominiums sont disponibles à tous les prix, tout comme les maisons mobiles neuves ou offertes d'occasion. Parmi les emplacements de maisons mobiles, on remarque: Hollywood Estates, Lamplighter Mobile Home Village, Maplewood Mobile Village, Northgate Mobile Ranch, Pines Mobile Home Park, Tropical Villas et University Park Mobile Home Community. Village of Holiday Lakes est un centre de maisons mobiles de la firme General Development, située à Port Malabar, près de l'Interstate 95, dont les résidants sont propriétaires de leur terrain et qui doivent payer mensuellement des frais d'entretien pour les excellents services récréatifs et autres. Ma femme et moi fûmes particulièrement impressionnés par la superficie des terrains, la préservation de la végétation naturelle, la sauvegarde du paysage et la gentillesse des résidants. Cette localité mérite bien d'être considérée lorsqu'il s'agit d'y vivre en hiver ou d'y investir.

Vero Beach, située à 53 kilomètres (33 milles) au sud de Melbourne, sur la U.S.1 marque la limite nord de la ceinture du climat chaud de la côte est de la Floride. Les courants chauds du Gulf Stream approchent la côte de l'Atlantique, de Key West au nord jusqu'à Vero, pour se transformer abruptement au nord-est. Conséquemment, les vents de la rive améliorent les températures hivernales, donnant à Vero Beach à peu près la même température qu'à Miami, tout en amoindrissant l'impact des vagues de froid qui surviennent en Floride à chaque hiver. Il est à noter que les températures sont sensiblement plus fraîches à seulement quelques milles à l'intérieur des terres et dans les municipalités côtières du nord.

Lorsque les villes floridiennes sont classées d'après la qualité de vie qu'elles procurent aux retraités, Vero Beach est avantageusement placée sur la liste. La ville n'a permis le développement immobilier qu'au moment où elle a adhéré à un plan d'ensemble. En conséquence, Vero Beach subit peu la congestion qui résulte d'un développement non étudié ni réglementé et laissé plutôt au hasard. C'est donc un bon endroit où passer l'hiver. Les services médicaux, les magasins, les aménagements culturels et récréatifs de Vero Beach et de ses environs sont spécialement appropriés aux besoins des retraités. La variété et la qualité de ces services surpassent celles se plusieurs autres villes beaucoup plus grandes.

Le climat hivernal y est plaisant et la ville offre beaucoup à ses résidants; aussi la demande de logements étant forte, Vero Beach est forcément devenue un endroit où le coût de la vie est légèrement plus élevé qu'à Melbourne, au nord, ou à Fort Pierce, au sud.

Des habitations de tous genres, à des prix plus modérés, sont disponibles à Gifford, Orchid, Oslo et Sebastian, des municipalités situées à proximité de Vero Beach. Pour investir dans le marché des maisons mobiles dans la région de Vero Beach, commencez par visiter Heron Cay, Indian River Estates, Indianwood, Lakewood Village, Midway, Midway Mobile Gardens et Vero Beach Highlands. Les prix des maisons mobiles neuves, double largeur, commencent à 30 000 $ U.S. et d'autres, simple largeur, meublées et déjà occupées, peuvent être achetées pour aussi peu que 10 000 $. Des condominiums à prix modeste sont aussi disponibles. Par exemple, un condo à une chambre peut être vendu à Vista Royale pour moins de 40 000 $ U.S. ou vous pouvez en louer un pour la saison pour 850 $ par mois.

Fort Pierce est à moins de 33 kilomètres (20 milles) de Vero Beach. Avec une population de 34 000 habitants, soit le double de celle de Vero Beach, le coût de la vie y est moins élevé, tout en offrant d'excellents services et possibilités récréatives. Fort Pierce est également un excellent endroit pour la pêche. Tarpon Bay, sur la rivière St. Lucie, est renommé pour la pêche au tarpon et au brochet de mer, pendant que l'eau douce de Savanna est reconnue pour sa perche à large bouche.

Tel que prévu, le logement est plus onéreux sur ces îles et les maisons unifamiliales et condos à prix plus modiques ne sont pas situés au bord de la mer.

Les îles opposées à Fort Pierce ont suivi le même mode de développement que celui des autres îles le long de la côte de l'Atlantique et du golfe du Mexique. Des édifices élevés de condominiums, et d'autres qui le sont moins, des hôtels de villégiature dispendieux et de grandes résidences au bord de la mer sont groupés sur ces îles ou dispersés sur de longues étendues de terrain vierge, conservé pour fins de spéculation. Les facilités de magasinage sont restreintes et se résument à des magasins de dépannage, des restaurants et des agences immobilières. Quelquefois, un endroit impressionnant par son environnement est gardé à l'état de parc, par exemple le Pepper State Park et le Jack Island State Park.

Il existe une grande variété de projets de maisons mobiles à Fort Pierce et dans ses environs. Parmi ceux-ci vous trouverez Country Cove, Lakeside Mobile Home Park, Plantation Manor,

Pleasure Cove Mobile Home Park, Spanish Lakes, Tall Pine Mobile Home Community et Whispering Creek Village.

Port St. Lucie est situé à environ 17 kilomètres (10 milles) au sud de Fort Pierce. C'est une autre création de General Development, qui abrite maintenant près de 40 000 personnes. Cette concentration urbaine a été grandement publicisée au Canada dans un programme de vente de terrains; la plupart des habitations de ce projet sont des maisons unifamiliales conventionnelles dont le prix de vente débute à 50 000 $ U.S. Peu de Canadiens passent actuellement l'hiver à Port St. Lucie mais quelques-uns y ont acheté des propriétés à des fins d'investissement et les louent, meublées ou non, aux *Snowbirds*, sur une base saisonnière ou à des locataires, sur une base annuelle.

Stuart, dans Martin County, a été «découvert» récemment par des entrepreneurs et se trouve présentement en plein essor immobilier. C'était auparavant une petite ville paisible, un havre pour les retraités à revenus modestes et les pêcheurs. Sa population de résidants a plus que doublé durant les dix dernières années. Les développements de condominiums et de maisons unifamiliales offerts à des prix fort variés poussent comme des champignons. La partie sud de Hutchinson Island et d'autres sites au bord de la mer suivent le mode de développement traditionnel au nord et au sud de Stuart. Tout comme les comtés juste au nord, Stuart est aussi le pays de l'orange et du pamplemousse.

Ceux qui sont intéressés par la vie en maison mobile devraient visiter Lakeside Village Mobile Home Park, Leisure Village, Pinelake Gardens et Ridgeway Mobile Home Subdivision.

Nous avons commencé notre examen de la côte de l'Atlantique par Jacksonville, à l'extrême nord, et nous avons descendu la côte jusqu'au Martin County qui marque la limite sud de cette région au mode de vie rural. Directement au sud de ce comté sont situées les Palm Beaches et un emplacement très différent, la Gold Coast.

Les Palm Beaches incluent West Palm Beach, Palm Beach et plusieurs villes satellites. Dans le passé, des aspects visibles de richesse à Palm Beach donnèrent à ce secteur de la Gold Coast la réputation d'être l'ultime endroit pour une vie d'abondance, de magnificence et de luxe. Actuellement, la région se développe rapidement et est habitée par la classe moyenne. Le bord de l'océan retient cependant des vestiges de son élégant passé.

West Palm Beach possède une population résidente d'environ 65 000 personnes et est approximativement six fois plus vaste que Palm Beach. Le chemin de fer qui fut construit le long de la côte est, vers 1890, fut, bien sûr, écarté de l'élégant Palm Beach et c'est alors que West Palm Beach fit son apparition en tant que ville ferroviaire. Peu après, le nouveau village s'étendit pour loger les gens qui travaillaient dans les manoirs et luxueux hôtels de Palm Beach.

Même si les industries de haute technologie électronique et aérienne ont attiré de jeunes familles, l'obstacle majeur à sa croissance lui vint des hordes de retraités, séduites à l'origine par les plages adjacentes et le coût de la vie moins élevé à West Palm Beach et dans les cités avoisinantes. Son véritable développement débuta lors de la construction de l'Interstate 95 et du Turnpike. De grands territoires inaccessibles et vendus bon marché devinrent accessibles et une croissance rapide s'étendit vers l'ouest sous forme de maisons unifamiliales, de condominiums peu élevés et de villas avec jardin, sans oublier les agglomérations de maisons mobiles. De grands centres commerciaux et autres commerces de vente au détail s'établirent le long des rues principales pour servir les résidants de ces nouveaux développements. Okeechobee Boulevard connut ce mode d'expansion, étant l'une des deux routes est-ouest reliée à l'Interstate et au Florida Turnpike.

Century Village 1, situé au nord de Okeechobee Boulevard, juste à l'est du Turnpike, est plus grand que la plupart des autres développements de condominiums et passablement typique. Plus de 15 000 personnes vivent dans ce complexe privé de condominiums peu élevés, c'est-à-dire de deux ou trois étages. Cet ensemble réservé surtout aux retraités fut entièrement vendu il y a quelques années, mais des reventes sont toujours sur le marché. Des unités à une ou deux chambres se vendent respectivement autour de 35 000 $ et moins de 45 000 $ U.S. Un service de trolley-autobus circule à travers ce grand développement et fournit un transport gratuit vers l'immense centre récréatif de l'endroit, le «Million Dollar Recreation Center». En outre, des autobus quittent le Centre pour emmener les résidants magasiner ou les conduire à d'autres centres d'attractions à l'extérieur de la localité. Un système de sécurité par moniteurs enregistre toutes les automobiles qui pénètrent à Century Village.

À Palm Beach, on trouve d'excellents services médicaux et récréatifs et de nombreuses facilités de magasinage. La région est un véritable paradis pour les golfeurs: il existe près d'une centaine de terrains de golf à moins d'une heure de route. Certains sont privés ou semi-privés, mais il y a plus d'une douzaine de terrains publics dans les Palm Beaches.

Des habitations de tout genre et à la portée de toutes les bourses y sont disponibles, les plus chères étant concentrées le long des plages de l'océan et à Lake Worth. Palm Beach Gardens, Mangonia Park, Palm Springs et Riviera Beach sont des villes satellites qui offrent un choix complet de modèles d'habitations, à des prix variés.

Il est possible d'acheter des condominiums déjà occupés, à prix modestes, à Village Green de Palm Springs (à compter de 38 000 $) et au Pine Ridge South, où ceux à deux chambres et deux salles de bains se vendent pour aussi peu que 42 000 $.

Plus de cinquante développements de maisons mobiles sont situés entre Palm Beach Gardens, au nord, et Boynton Beach, au sud. En voici une liste représentative: Arrowhead Village, Carefree Cove Club, Casa Del Monte, Jamaica Bay East, Meadowbrook Mobile Park, Palm Breezes Club, Royal Manor Mobile Home Estates, Sand and Sea Village, Southern Court et Sunny South Estates.

La région des Palm Beaches mérite la popularité dont elle jouit auprès des retraités et c'est l'un des sites les plus favorables aux gens qui tentent d'augmenter leurs revenus grâce aux investissements immobiliers.

La retraite dans l'opulente cité de Palm Springs dépasse nos moyens financiers, mais nous ne manquons jamais l'occasion, lorsque nous sommes sur la côte est, de nous promener le long d'Ocean Boulevard pour admirer les somptueuses résidences des gens très riches et des jet-setters. Un jour, nous avons remarqué une enseigne «À vendre» devant l'un de ces «palais» et nous sommes entrés pour y jeter un regard. Là, un vendeur nous a reçus en jaquette et pantalon rayé et nous en a poliment fait faire le tour. Le prix — 1 250 000 $ — était toutefois un peu surprenant!

Lake Worth est à seulement quelques kilomètres au sud de West Palm Beach sur la U.S.1 . Le prix des logements est généralement plus bas qu'à West Palm Beach, mais ces deux villes sont tellement rapprochées qu'un individu peut vivre à Lake Worth tout en prenant avantage des services de la grande ville. Il y a donc là beaucoup d'unités de location à des prix modérés.

La plupart des plus récents condominiums et des maisons unifamiliales à prix modérés sont situés dans un secteur au développement rapide qui s'étend depuis les limites de la ville jusqu'à l'ouest du Florida Turnpike. Dans plusieurs de ces complexes, des unités de condominiums sont offertes entre 40 000 $ et 50 000 $. C'est une excellente région pour les retraités et elle devient de plus en plus populaire auprès des *Snowbirds* canadiens qui conservent tout de même une résidence au Canada.

Boynton Beach et Delray Beach sont deux villes attrayantes entre West Palm Beach et Boca Raton. Dans ces deux municipalités, les condominiums de prix plus élevés sont situés dans les îles à proximité de la côte et les habitations de prix plus abordables se retrouvent à l'ouest, en dehors de l'Intracoastal Waterway. Si vous recherchez une vie paisible avec accès facile à tous les services, chacun de ces centres mérite que vous vous y arrêtiez. Boca Raton offre tout ce qu'une personne retraitée peut rechercher, incluant d'excellents services récréatifs, culturels et sociaux, sans oublier les possibilités de magasinage. La Florida Atlantic University offre un remarquable programme d'éducation aux adultes et certains observateurs réfèrent à Boca Raton comme une sommité culturelle. Par contre, le coût des logements dans cette ville est beaucoup plus élevé qu'à Boynton Beach et à Delray Beach, exception faite du secteur à l'ouest de l'Interstate 95.

Deerfield Beach est située au sud de Boca Raton et le Century Village II est localisé à cet endroit. Ce gigantesque complexe de condominiums est une copie conforme de son homonyme de West Palm Beach. Sis à proximité de l'Interstate 95, il a favorisé le développement du secteur ouest de la vieille ville. Exception faite de la congestion frustrante de la circulation, à l'intersection d'Hillsborough Boulevard et de la U.S.1, c'est une belle ville où les logements sont à prix abordables. Son point de repère le plus imposant est l'édifice rose de l'hôtel Hilton qui domine la sortie d'Hillsborough de l'Interstate 95.

La région de Fort Lauderdale comprend beaucoup plus que la cité elle-même. Les villes les plus importantes de ce secteur sont Coral Springs, Dania, Davie, Hallandale, Hollywood, Lauderhill, Margate, Miramar, Oakland Park, Pembrooke Pines, Plantation, Pompano Beach, Sunrise et Tamarc. La population totale de ces villes atteint plus de trois fois celle de Fort Lauderdale.

Avec une population de 160 000 résidants, la ville de Fort Lauderdale est très populaire auprès des retraités canadiens et américains, et ses plages au bord de l'océan attirent des multitudes de touristes de tout âge, l'année durant. Lors de leurs vacances de mars, ce qu'ils appellent communément le *Spring Break*, quelque 100 000 à 150 000 étudiants universitaires de tous les camps des États-Unis et du Canada arrivent à Fort Lauderdale pour s'amuser et se faire bronzer au soleil. Chaque année, la ville doit s'organiser pour se remettre de cette invasion et se préparer de nouveau pour l'année suivante. La crainte du Sida a toutefois coupé de moitié ces nombres impressionnants en 1987.

La plage est bordée de motels et hôtels bas et élevés, de condominiums et de luxueuses résidences privées. Des condominiums achetés il y a dix ans à 40 000 $ se vendent actuellement entre 150 000 $ et 200 000 $. À l'ouest, au-delà des chaussées traversant l'Intracoastal Waterway, s'étend un immense réseau de canaux, rivières et lagunes, bordés également de résidences privées et de condominiums. Cet endroit dont les rues sont d'étroits cours d'eau a été surnommé de façon appropriée la «Venise de Floride».

Plusieurs yachts luxueux sont amarrés à la marina de Bahia Mar; certains de ces bateaux et propriétés au bord de l'eau appartiennent à des célébrités internationales. Pour avoir un meilleur aperçu de ces magnifiques résidences le long des voies d'eau, faites une agréable croisière à bord du *Jungle Queen*, que vous prendrez au Bahia Mar, pour la modique somme d'environ 5 $. Le bateau accueille les passagers pour une croisière de trois heures sur la New River et les entraîne vers une réserve indienne seminole (Seminole Indian Reservation). Lors de notre dernier périple sur le *Jungle Queen*, nous avons croisé un yacht, propriété de l'acteur Burl Ives.

La vue sur l'océan est rehaussée par le passage de nombreux cargos et bateaux qui glissent vers le nord ou le sud, le long des voies de navigation. Malheureusement, plusieurs de ces vaisseaux déversent leurs déchets d'huile dans la mer et les courants les entraînent vers les rivages. Le problème est devenu si sérieux que les baigneurs doivent utiliser un solvant pour enlever cette substance graisseuse sur leur peau. Les plages au sud de Fort Lauderdale sont aussi sujettes à ce grave problème de pollution.

Le long des canaux, même les maisons et condominiums plus modestes se vendent cher. Leurs prix débutent à plus de 80 000 $. Les rues de la ville sont très congestionnées par la circulation, les plages sont habituellement envahies par les touristes et le coût de la vie en général est très élevé puisque nous parlons ici d'un important centre touristique. De plus, on y déplore de sérieux problèmes criminels. Les villes au nord, au nord-ouest, à l'ouest et au sud-est de Fort Lauderdale sont conséquemment plus recommandables.

Mon épouse et moi-même avons voulu obtenir la liste de contrôle de la région pour trouver quelle localité de la Floride serait la plus adaptée à nos besoins. Après avoir longuement enquêté et mûrement réfléchi, nous avons décidé que la région de Fort Lauderdale était idéale pour nous; nous avons éliminé cependant la ville elle-même, en raison de ses caractéristiques négatives. Au chapitre 9, je me sers de notre propre cas pour illustrer de quelle façon on doit se servir de la liste de contrôle.

Comme unité intégrée, la région de Fort Lauderdale offre d'excellents services de magasinage, de bons services médicaux et de remarquables opportunités récréatives et culturelles. Par exemple, vingt-cinq hôpitaux desservent la région. Des programmes d'éducation aux adultes sont offerts par l'Université Nova et le Broward Community College. De plus, il y a des centres communautaires dans chaque municipalité. Dans la ville de Fort Lauderdale, on compte plus de cent temples et églises qui représentent toutes les dénominations majeures. Pompano Fashion Square et Broward Mall sont deux des plus grands centres commerciaux régionaux du sud-est de la Floride. Les marchés aux puces tenus à Gulfstream Race Track et au Thunderbird Drive-In Theatre satisferont les plus avides chercheurs d'occasions. Pour ceux qui aiment parier quelques dollars, il y a le *jai alai*, des courses de chiens Greyhound et de chevaux pur sang et de races standard, sans oublier le fameux bingo au plus grand prix de tout l'État. Toutes ces activités sont facilement accessibles par des voies rapides qui relient également la région à West Palm Beach, au nord, et à Miami, au sud.

Au début des années 1960, les secteurs de cette région, où le plus grand développement a lieu présentement, n'étaient que des noms sur la carte géographique de la Floride. Des digues et des canaux pour contrôler l'inondation dans les secteurs adjacents aux Everglades furent complétés en l'espace d'une décennie. Des villes comme Coral Springs, Lauderhill, North Lauderdale, Sunrise et Tamarac se développèrent rapidement sur les nouveaux terrains secs nouvellement créés. Anticipant la demande, plusieurs entrepreneurs se concentrèrent sur des habitations et logements pour retraités à revenus moyens. Des centaines de milliers de personnes s'installèrent dans ces centres et dans d'autres aux alentours de Fort Lauderdale. La population de Coral Springs s'est accrue de façon phénoménale en deux décennies: ayant débuté avec moins de cent résidants, elle compte aujourd'hui plus de 40 000 habitants. En 1959, Lauderhill comptait huit maisons; en 1986, elle regroupait plus de 60 000 résidants permanents. Certains des nouveaux arrivants y vinrent parce que Fort Lauderdale pouvait contribuer à l'enrichissement de leur retraite en leur procurant des logements à prix abordables dans ses villes satellites. Il s'y trouva aussi des familles jeunes en provenance des États du nord et du mid-ouest.

Pompano Beach, Hollywood et Hallandale suivirent le même mode de développement que la ville de Fort Lauderdale. De luxueux complexes de condominiums élevés et de chics maisons unifamiliales sont concentrés à proximité des plages de l'océan, pendant que de nouveaux logements et appartements à prix modérés sont apparus juste à l'est ou à l'ouest de l'Interstate 95.

Le Village indien seminole, avoisinant Hollywood sur la Route 7 ou la Route 441, est un havre pour les fanatiques du bingo et les fumeurs. Comme la réserve est administrée à partir d'un traité avec le gouvernement fédéral, les affaires menées sur la réserve sont soustraites à certaines lois ou taxes de l'État. Les indigènes ont établi des magasins où on effectue le «service à l'auto» et où il leur est possible de vendre des cartouches de cigarettes à des prix beaucoup plus bas que ceux en vigueur dans le reste de l'État. Il y a tant de Canadiens dans ce secteur que ces magasins offrent maintenant des cigarettes canadiennes à très bon prix, inférieur à celui que l'on doit payer au Canada. Les Seminoles ont aussi construit une immense salle de bingo en activité nuit et jour, sept jours par semaine, avec des prix en argent allant jusqu'à 10 000 $ pour une seule partie. Des tours organisés arrivent chaque jour, de tous les coins de la Floride, avec des visiteurs avides de tenter leur chance. Pourquoi donc ces parties de bingo sont-elles si populaires à cet endroit? Tout simplement parce que les jeux de hasard locaux, incluant les loteries, sont prohibés dans l'État et que les prix en argent, pour avoir été assez chanceux de pouvoir crier «Bingo!» sont légalement limités à 100 $ partout ailleurs en dehors de la réserve.

Hollywood a acquis un cachet canadien unique qu'on ne peut retrouver nulle part ailleurs sur la Gold Coast. Depuis les quinze dernières années, un nombre croissant de Québécois francophones sont venus en Floride par dizaines de milliers en tant que touristes, *Snowbirds* ou résidants permanents et se sont concentrés en grande majorité autour d'Hollywood. Plus de la moitié des Canadiens qui se sont installés en permanence dans la ville sont originaires du Québec et la plupart d'entre eux vivent dans la partie est de la ville. Plusieurs restaurants, motels et magasins de vente au détail apposent des enseignes indiquant que leur personnel parle français. Autre fait indéniable, le fleur de lys du Québec est plus en évidence et plus fréquent que le drapeau rouge et blanc du Canada.

À l'extérieur de Fort Lauderdale, on retrouve davantage de petits et moyens développements. Le nouveau Century Village fait pourtant exception. Les complexes de condominiums consistent en des styles de maisons de ville sur une rangée, tous avec jardin, et les édifices à étages multiples n'excèdent généralement pas six étages. Les prix des maisons conviennent au portefeuille de retraités à revenus moyens ou aux budgets des travailleurs. Des maisons unifamiliales conventionnelles sont disponibles partout et leurs prix sont à peu près similaires à ceux des condos. Les développements de maisons mobiles ne sont pas aussi communs dans les comtés de Broward et Dade (Miami) que dans la plupart des autres régions floridiennes.

Des condominiums à une chambre sont offerts par Century Village à 36 900 $, mais, plus communément, les prix débutent aux environs de 45 000 $. Voici quelques développements typiques dans cette catégorie de prix: Tamarac Gardens, à Tamarac et Sunrise Lakes, à Sunrise. Le Lakeshore Park, à Miramar, le King's Point, à Tamarac et Pierpoint Village, à Pembroke Lakes, possèdent pour leur part d'attrayantes unités à deux chambres et deux salles de bains dont les prix sont établis autour de 45 000 $ et ceux-ci sont représentatifs d'une grande variété d'autres développements dans ce secteur.

Même s'il n'y a pas autant de développements de maisons mobiles que prévus dans la région de Fort Lauderdale, des habitations de ce genre, neuves ou déjà occupées sont disponibles. À ce sujet, certains endroits à visiter pourraient être: Aztec Estates et De Anza Colonies, à Margate; De Anza Hollywood Estates, à Hollywood; Silver Oaks, à Davie; De Anza Park Lane Estates, à Hallandale; Tallwood, à Coconut Creek; Sunshine City, à Plantation; Highland Estates, à Pompano Beach; Paradise Village et Ravenswood, à Fort Lauderdale.

La région de Miami occupe cette portion du comté de Dade située à l'est de la Route 27. (À l'ouest de cette route on retrouve Everglades National Park et Everglades Wildlife Management Area.)

Par le passé et durant plusieurs années, Miami a reçu plus de publicité de la part des médias que toute autre partie de la Floride. Meurtres et autres crimes violents, trafic de drogues, rixes raciales, problèmes d'immigration des Haïtiens et des Cubains, tout a fait la une des quotidiens, a été commenté à la télé et dans les journaux et magazines à travers le monde. Au Canada, dans la série de journalisme investigateur de CBC, «The Fifth Estate», on a consacré un segment sur la violence faite aux Canadiens à cet endroit. Le journal *Toronto Star* a publié pendant trois jours une série de reportages intitulée «Trouble in Paradise» qui décrivait la violence, le trafic de drogues et le crime organisé canadien à Miami. Plusieurs touristes et *Snowbirds* ont modifié leurs plans et ne visitent plus cette ville en raison de la mauvaise publicité que lui ont faite les médias. Ces crimes de violence ont aussi poussé un nombre significatif de résidants à vendre leurs propriétés pour déménager dans des secteurs moins troublés.

Ces problèmes sont réels et les agents chargés de faire appliquer la loi et tous les paliers de gouvernement tentent de remédier à cette situation. Des statistiques récemment publiées révèlent que depuis 1985, pour la première fois depuis nombre d'années, les crimes de violence sont à la baisse à Miami.

L'immigration cubaine, en ces vingt-cinq dernières années, a transformé Miami, en une ville latino-américaine. La plupart des touristes et *Snowbirds* canadiens qui visitent la région, demeurent dans des villes le long des plages et se rendent rarement à Miami, sauf pour les attractions touristiques, le magasinage, les sports et les spectacles culturels.

Parce que la Gold Coast jouit, en hiver, du climat le plus doux de la péninsule de Floride, cette extrémité sud de la côte attire des hordes de visiteurs durant la saison froide. Pendant plus de soixante ans on l'a décrite comme la région la plus enchanteresse de l'État. Aujourd'hui cette image est quelque peu ternie.

Miami Beach est une île rattachée à Miami par trois voies. Même si on y voit des maisons privées plus petites, reliques du passé, plusieurs de ses magnifiques résidences ne seraient pas hors contexte à Palm Beach. La longue plage est dominée par de coûteux condominiums et hôtels de villégiature. Les retraités sans le sou, comptant sur la Sécurité Sociale pour survivre, sont concentrés dans les bas quartiers de style ghetto, à l'extrémité sud de Miami Beach. Le mail commercial de Lincoln Road est une suite de boutiques touristiques spécialisées.

La ville de Miami Beach est à forte concentration juive. Elle fut jadis l'endroit de villégiature favori en hiver, et une localité où les New-Yorkais venaient vivre leur retraite. Alors que le tourisme commençait à se développer, les Juifs, n'étant pas les bienvenus partout en Floride, commencèrent alors à visiter cette municipalité plus ouverte et à s'y installer. Sur une plage de Miami Beach sud, une enseigne interdisant d'y pique-niquer se lit en anglais, en yiddish et en espagnol, ce qui ne laisse aucun doute sur la variété de la population mixte de l'endroit.

En raison de l'exceptionnelle proportion élevée de résidants âgés et de *Snowbirds*, la cité est dépositaire de remarquables services récréatifs et culturels. L'Auditorium de Miami Beach présente continuellement des concerts et opéras et les librairies et musées sont excellents.

75

Les logements à Miami Beach peuvent varier d'une chambre peu coûteuse sur une rue éloignée de la mer à une autre, dans un luxueux hôtel face à l'océan, dont le taux de location peut être fixé à 150 $ par jour. Des maisons unifamiliales, condominiums et appartements pullulent à l'ouest de l'île, près de l'extension nord de l'autoroute A1A.

Le même pattern se poursuit au nord, le long de l'autoroute A1A, vers North Miami Beach. Sur ce parcours, l'arrêt par excellence est un centre commercial très huppé à Bal Harbour, pour les gens extrêmement riches. Nous avons visité Bal Harbour Shopping Center au moment où Neiman-Marcus tenait l'une de ses rares «ventes de garage», pour disposer d'une accumulation de marchandise qu'il écoulait à une fraction du prix de vente original. Pendant que j'attendais à la caisse pour payer nos achats, ma femme circulait dans le grand magasin. Lorsque nous nous sommes retrouvés, elle était bien excitée au sujet d'un porte-documents de cuir dont le prix de vente était de cinq dollars seulement. J'étais malgré tout sceptique, mais acceptai d'y jeter un coup d'oeil. C'était une magnifique mallette confectionnée à la main, mais lorsque je mis mes lunettes pour en vérifier le prix, c'était 500 $! Les autres magasins dans ce magnifique centre commercial portent des noms qui sont davantage familiers aux membres du jet-set et sont regroupés dans de jolis emplacements tropicaux. Ce centre offre une agréable diversion et ses restaurants ont des prix étonnamment modérés.

Au nord du centre commercial se trouvent de hauts condominiums ultra-luxueux, bordant les plages de l'océan, pendant que de l'autre côté de la rue on remarque d'autres condos, plus anciens et peu élevés.

North Miami et North Miami Beach sont localisés dans le secteur nord-est du comté de Dade, sur la péninsule. Ces deux villes, où on voit un mélange de condominiums peu élevés à prix modérés et de maisons unifamiliales, possèdent une forte concentration de retraités à revenus moyens.

Nous avons beaucoup apprécié visiter la région de Miami, y magasiner et aussi manger dans ses excellents restaurants. La congestion de la circulation, le bruit et un certain sentiment d'insécurité nous ont cependant découragés de considérer ce secteur de la Gold Coast comme lieu de résidence, et cela bien avant la mauvaise publicité qui lui a été faite récemment. Notre attitude reflète nos expériences personnelles, alors que d'autres personnes peuvent réagir différemment. Toutefois, nous pouvons ajouter que le critère qui nous a permis de choisir l'emplacement de notre première résidence en Floride était le voyagement facile et rapide de 40 minutes sur l'Interstate 95 pour nous rendre à Miami pour profiter de ses nombreux avantages, tels ses multiples centres commerciaux, ses boutiques spécialisées, ses restaurants variés et ses services culturels et récréatifs.

On y trouve une grande variété de condominiums de tous les prix; les coûts les plus élevés sont l'apanage des résidences sur les plages de l'Atlantique ou à proximité. Les développements sur l'Intracoastal Waterway sont légèrement moins chers et ceux qui en sont distants de quelques kilomètres seulement ont des prix encore plus modérés. Des unités neuves à une chambre, face à l'océan se vendent 150 000 $, alors que plus haut dans Miami Beach des unités situées à deux ou trois quadrilatères seulement de la mer sont offertes pour moins de la moitié du prix. À North Miami, des unités à deux chambres, au bord de l'eau, se détaillent sur le marché entre 80 000 $ et 125 000 $, pendant qu'à l'intérieur de North Miami Beach, près de N.E.163rd Street (la 163e rue, nord-est), des condos semblables sont offerts pour aussi peu que 60 000 $. La sélection de condominiums est si vaste dans la région de Miami qu'il est impossible de citer un échantillonnage spécifique représentatif.

Il n'existe pas de développements de maisons mobiles à proximité des plages; des agglomérations de ce genre sont plutôt localisées aux limites externes de la ville de Miami. Une autre concentration de développements de maisons mobiles est située à Homestead et dans ses alentours, c'est-à-dire à environ 50 kilomètres (30 milles) au sud-est de Miami, juste à la sortie de l'extension du Turnpike de Floride. Les concentrations de maisons mobiles de la région de Miami incluent Americana Village, Bell Haven Park, Dadeland Mobile Home Park, L'Il Abner Mobile Home Park, Medley Mobile Home Park et Riviera Park. Quant à Aquarius Park, De Soto Park Retirement Village, Goldcoaster Mobile and Travel Trailer Park, Leisure Mobile Park, Pine Isle Mobile Home Park et Four Seasons Mobile Home Estates, toutes sont situées près de Homestead.

En résumé, la diversité de la région de la côte de l'Atlantique offre une grande variété d'options pour l'investisseur à la recherche d'un placement lucratif et pour le *Snowbird* qui veut une demeure dans une ville apte à répondre à ses besoins de retraité.

• La côte du Golfe

S'il est une caractéristique de la côte du Golfe qui la distingue des autres régions, c'est la proportion phénoménale de retraités qui font partie de sa population et leur impact sur le mode de vie et les patterns de développements immobiliers. Dans certains comtés, les retraités comptent pour plus de 40 % de la population permanente. Cette région est, depuis longtemps, la destination hivernale préférée des retraités du Canada et des États américains du nord. L'atmosphère de retraite et de détente de la côte du Golfe est rehaussée par les commodités et services conçus pour répondre aux besoins des gens de l'âge d'or.

La région couvre une bande de terre qui fait face au golfe du Mexique, à ses baies et à ses ports; vers l'intérieur, elle ne s'étend pas plus que sur 40 kilomètres (25 milles). Tout le long de la côte se trouvent des îles et des milles et des milles de plages sablonneuses. De Marco Island, au sud, à Hudson, au nord, la distance de conduite sur l'autoroute est de plus de 365 kilomètres (225 milles).

Même si la longue distance nord-sud indique une variation de la température hivernale, la limite nord coïncide avec le fameux 16 °C (60 °F), ce qui signifie que la ligne de température de janvier assure ordinairement au visiteur d'hiver un hiver agréable et doux. La ligne de température de 10 °C (65 °F) se situe juste au sud de Fort Myers et les courants froids qui visitent la région sont moins perceptibles dans le secteur sud.

Un auteur décrit la région comme étant «rien que du sable, de l'eau et le climat», mais cette citation n'est qu'à moitié vraie. Le long de la limite est, s'étendant dans la Floride centrale, se trouvent de considérables plantations d'agrumes, des ranches de bétail et des fermes où l'on cultive tomates, fraises, melons d'eau et céleri. Il est malheureux que de nombreux *Snowbirds* concentrent leur attention sur la côte et oublient de profiter des plaisirs ruraux, à seulement quelques kilomètres plus loin.

La plupart des retraités de cette région sont vraiment représentatifs de la classe moyenne américaine et donnent à l'ensemble un surplus d'aisance qu'on retrouve difficilement dans les autres secteurs de la Gold Coast. Cette attitude désinvolte et décontractée est courante dans les lieux de séjour des vacanciers, dans les districts exclusifs de magasinage, comme celui de St. Armand's Key, tout autant qu'aux endroits où se réunissent les retraités.

Cette atmosphère agréable a été maintenue en dépit de la vertigineuse poussée immobilière qu'a connue la région. Le récent développement immobilier de la côte est resté dominé par des édifices élevés de condominiums, ce qui n'a pas été aussi significatif dans la haute poussée de croissance de la côte du Golfe.

Le boom a relié Clearwater, St. Petersburg, Tampa et Sarasota en un immense complexe, Tampa Bay, avec une population à peu près égale à celle des métropoles canadiennes, Montréal et Toronto. Les concentrations de maisons mobiles et unifamiliales en sont les modèles dominants. Elles varient en importance à partir de moins de cent unités jusqu'à des développements gigantesques comme le Sun City Center, à Ruskin, qui abritera éventuellement environ 15 000 personnes. Dans le comté de Pinellas, un résidant sur sept vit dans une maison mobile. Près de 50 % de toutes les nouvelles unités de logement construites dans le comté en 1985 étaient des maisons mobiles. En dépit de la poussée immobilière, cette croissance s'est manifestée avec moins de frénésie que celle qu'a connue en même temps la côte est.

Les villes de la côte du Golfe attirent non seulement les retraités, mais bien d'autres, car leurs plages et autres attractions séduisent annuellement des millions de visiteurs de tout âge. La région est très populaire auprès des Canadiens qui y ont investi dans des propriétés à revenus ou qui y ont acheté des maisons, quelques années avant leur retraite, et les louent pour faciliter les versements destinés à éteindre leur hypothèque.

Marco (Marco Island), à l'extrême sud de la région, est reliée à la terre ferme et à la U.S. 41 par deux ponts, une route nationale et une de comté. Cet endroit, qui fut jadis un sanctuaire de la nature, s'est développé en un centre majeur de vacances. L'île constitue un champ de bataille entre les spécialistes de l'environnement qui tentent d'en protéger la flore et la faune gravement menacées et les entrepreneurs immobiliers qui cherchent à exploiter les plages et autres avantages naturels de ce magnifique emplacement géographique. Parmi les lieux de séjour touristiques, on retrouve l'ultraluxueux Eagle's Nest Resort, où les appartements sont loués entre 1 300 $ et 1 500 $ par semaine au point culminant de la haute saison d'hiver. Des groupes d'environnementalistes et bureaux du gouvernement ont bloqué le développement immobilier qui ne présentait aucune restriction, mais de plus en plus d'édifices élevés de condominiums s'y sont développés. Dans ce paradis tropical, les unités de condos sont très coûteuses, se vendant 125 000 $ et plus. Un service de navette établi à l'aéroport relie l'île à Tampa et à Miami. C'est aussi un paradis aquatique et une île aux trésors pour les amateurs de coquillages. Marco Island est un endroit idéal pour de courtes vacances, mais il en coûte trop cher pour de nombreux acheteurs de propriétés. Si, par contre, vos moyens financiers vous permettent l'achat d'un condominium, vous pourrez le louer pour plus de 3 000 $ par mois durant la saison d'hiver.

Avant la Seconde Guerre mondiale, Naples était un havre d'hiver pour les gens richissimes. Dans la période d'après-guerre, ce village de pêcheurs fut découvert par les nouveaux riches du mid-ouest. Ce n'est que depuis les vingt-cinq dernières années que la majorité des résidants permanents et des visiteurs d'hiver font partie de la classe moyenne. En incluant le reste du comté

Collier, Naples est maintenant au centre d'une expansion massive. Même si le développement a été rapide, les politiciens locaux ont fait exécuter un plan d'expansion ordonné et équilibré, compte tenu des considérations environnementales. Mais il reste que la ville est confrontée à de sérieux problèmes d'eau et de renvois d'égouts qu'on retrouve dans certaines villes de la côte. La variété complète d'options de logements à Naples et dans ses environs, d'excellents services médicaux, des organismes de premier ordre pour les gens du troisième âge et de remarquables possibilités de magasinage font de cette localité un secteur de première classe autant pour la retraite que pour l'investissement. Cependant, tous ces avantages ainsi que le fait d'être dans le sud haussent le coût de la vie. Des statistiques de l'État démontrent que le comté Collier est le troisième plus dispendieux en Floride, après Monroe, dans les Keys, et Dade, dans la région de Miami.

Toutefois, même si une maison ou un condominium au bord de la mer ou à proximité est coûteux, on peut trouver des condominiums à deux chambres à des prix plus modestes dans le secteur de Golden Gate, près de l'entrée d'Alligator Alley. Leurs prix varient entre 50 000 $ et 75 000 $. D'autres exemples s'ajoutent à celui-ci: ce sont Tara Woods et The Abbey, où des condominiums à deux chambres se vendent à partir de 50 000 $.

À l'intérieur de la ville et dans ses environs, on retrouve une excellente sélection de maisons mobiles. Parmi les agglomérations du genre qui méritent d'être envisagées, on remarque, Caribbean Park, Enchanting Acres, Imperial Harbour Mobile Home Estates, Landmark Estates, Marco Shores, Naples Estates, Naples Land-Yacht Harbour (avec sa marina), Riviera Golf Estates (incluant son propre terrain de golf), Southern Pines, West Wind Condominiums Estates et Windjammer Village. Les prix pour une maison mobile double largeur, à deux chambres et deux salles de bains, commencent à 35 000 $.

Avec d'excellents services médicaux, de nombreux magasins, boutiques et centres commerciaux, des services récréatifs intéressants et l'un des plus agréables climats d'hiver de l'État, Naples a beaucoup à offrir aux retraités et aux investisseurs.

Fort Myers est situé à 56 kilomètres (35 milles) au nord de Naples, via la U.S. 41 qui fut jadis le seul lien vers les cités de la région de Tampa Bay. Durant l'active saison hivernale, une grande congestion réduisait la vitesse du flot de circulation à celle des rues encombrées de la ville à l'heure de pointe. Fort heureusement, l'extension de l'Interstate 75, de Tampa à Naples, a été complétée et la circulation active a été réduite de moitié.

Tout comme Naples, Fort Myers était à l'origine un refuge hivernal pour les riches. Thomas Edison en fut l'un des résidants. Sa maison, son laboratoire et ses jardins botaniques y sont préservés comme un musée. Les boulevards bordés de palmiers et les beaux emplacements donnent à l'ensemble un aspect d'élégance. Toutefois, contrairement à Naples, d'aucuns, du public ou des politiciens, n'ont eu la volonté ou l'intérêt de préserver et de protéger leur héritage. Conséquemment, les développements immobiliers ne furent pas dirigés adéquatement et une expansion énorme et sans plan directeur s'y installa. De l'impuissance à régulariser et organiser de manière responsable le développement de la ville ont découlé de sérieux problèmes d'eau et d'égouts. Les plans de développements inadéquats rendent cette localité très difficile à desservir par la municipalité.

Fort Myers Beach, dans l'île Estero, possédait tout ce qu'il fallait pour en faire un magnifique emplacement de séjour, mais cela s'est beaucoup détérioré avec les années et a pris une apparence usée. Plusieurs motels sont minables et délabrés. Il y a quelques années, durant la saison tranquille, nous avons traversé la plage d'un bout à l'autre en quête d'un endroit acceptable où passer la nuit. Après deux heures de recherches, nous sommes finalement arrivés au Diamond Head Inn, sur le boulevard Estero, à l'extrémité sud de l'île. C'était un endroit remarquable. Ma femme et moi n'aurions aucune réserve à le recommander à qui que ce soit. Plusieurs motels ont été convertis pour location ou ventes à temps partagé, ce qui a réduit le nombre d'hôtels, de motels, de condos et autres qui sont acceptables. Des affiches avisent les transgresseurs éventuels de la loi qu'ils seront poursuivis en justice; ces affiches sont elles-mêmes une indication des problèmes locaux.

Sanibel Island, près de la côte de Fort Myers Beach, jouit d'une réputation internationale en tant que le meilleur endroit de coquillages de l'hémisphère ouest.

Il existe deux développements immobiliers massifs dans la région de Fort Myers: Cape Coral et Lehigh Acres. Les deux commencèrent en tant qu'immenses projets de vente de terrains et évoluèrent en des agglomérations logeant des milliers de résidants. Elles opèrent en tant que localités indépendantes, se suffisant à elles-mêmes, avec d'excellents services de magasinage, en plus de très bons services médicaux et récréatifs mis à la portée des résidants. Ces développements sont encore impliqués dans la promotion de vente de terrains et ont publicisé leurs programmes au Canada. Pour connaître mes vues sur l'achat de terrains pour fins d'investissement, référez-vous au chapitre 10. Si vous séjournez un jour dans un de leurs motels, il est possible que vous receviez un appel téléphonique vous offrant un tour de Lehigh Acres et un repas gratuit. À moins que vous n'ayez beaucoup de résistance aux vendeurs, pensez-y deux fois avant d'accepter l'invitation!

Plusieurs Canadiens ont acheté des condominiums dans la région de Fort Myers, soit pour des fins d'investissement, soit pour y séjourner pendant l'hiver. Les habitations de tous genres sont offertes à des prix beaucoup plus raisonnables que celles de la région de Naples. Des condominiums à une ou deux chambres sont disponibles à partir de 45 000 $. Il y a également une grande sélection de maisons mobiles à prix variés. On en trouve même pour aussi peu que 10 000 $.

Alligator Park, Bayside Estates (sur un canal), Cherry Estates, Country Lakes, Jamaica Bay West, Lake Arrowhead Mobile Village, Lazy Days Mobile Village, Old Bridge Park, Riviera Golf Estates, Tara Woods, Tropicana Mobile Manor et Windmill Village of Fort Myers sont quelques-unes des agglomérations de maisons mobiles remarquables.

À 40 kilomètres (25 milles) au nord de Fort Myers, via l'Interstate 75 ou la U.S. 41, il y a Port Charlotte et Punta Gorda. Cette dernière, seule municipalité incorporée du comté de Charlotte, est une petite ville dont la population atteint approximativement 7 000 habitants. Auparavant, le comté de Charlotte était en grande partie la propriété de General Development Corporation qui l'exploita à l'origine dans le but d'y vendre des terrains. Depuis les vingt-cinq dernières années, la population du comté de Charlotte a augmenté considérablement, puisque, de quelques centaines de résidants au départ, elle comptait en 1986 plus de 70 000 habitants, et cela grâce à la publicité agressive faite autour des terrains et propriétés de General Development. La corporation ne possède plus maintenant le monopole de l'immobilier, car de nombreuses autres firmes ont développé des projets majeurs à Port Charlotte et dans ses banlieues. Depuis que la General Development Corporation a annoncé intensément au Canada, plusieurs Canadiens sont devenus propriétaires de terrains ou de maisons dans la région de Port Charlotte. Incidemment, 40 % de la population du comté est âgée de plus de 65 ans. Ceci donne au comté de Charlotte l'une des plus grandes proportions de gens âgés de l'État et le rythme de vie local reflète ce fait.

Le Centre culturel de Port Charlotte est le noyau de tout le comté en ce qui concerne l'éducation aux adultes et les activités culturelles, récréatives et sociales. Son excellente bibliothèque est fréquentée et il s'y donne des cours pour tous les groupes d'âge. Un théâtre présente des films, des concerts, des pièces et des conférences. Le Senior Lounge est le quartier-maître de la plupart des services et activités offerts aux personnes du troisième âge qui résident dans le comté.

Une particularité unique au sujet du centre culturel: il s'autofinance et il est opéré par quelque deux mille volontaires. Grâce à toutes ces conditions, il s'est mérité une réputation internationale et il sert de modèle à d'autres localités intéressées à développer un projet similaire. Plusieurs retraités se sont installés à Port Charlotte à cause des nombreuses occasions d'enrichissement personnel que le Centre leur offrait. Il n'y a aucuns frais d'inscription et tous sont bienvenus. Attention, cependant, car avant que vous ne le réalisiez, ils vous auront enrôlés comme bénévoles!

La région fournit de bons services, incluant trois excellents hôpitaux, mais le plus grand désavantage est l'absence de grands magasins et de boutiques spécialisées. Le coût de la vie dans le comté de Charlotte est le plus bas de tous les comtés de la région. Ceci est à considérer si vous aimez dîner au restaurant ou si vous magasinez pour trouver une demeure. Les prix des locations temporaires sont modérés et la plupart des appartements sont concentrés dans un rayon assez rapproché du Centre culturel pour pouvoir l'atteindre à pied.

Maple Leaf Estates était au départ une agglomération de maisons mobiles à Fort Charlotte où vous pouviez louer votre terrain. Elle fut publicisée principalement auprès des retraités et futurs retraités de l'Ontario et plus des trois quarts des résidants sont Canadiens. Les propriétaires canadiens du début firent banqueroute et le tout fut ultimement acheté par deux firmes de développement torontoises. C'est un agréable développement et je suis enchanté de voir que les choses se sont redressées. Récemment, les propriétaires ont vendu à une compagnie américaine.

On trouve plusieurs autres développements de maisons mobiles et de maisons unifamiliales conventionnelles dans le comté de Charlotte, entre autres Alligator Park, La Casa, Port Charlotte Village, Village of Holiday Lake et Windmill Village à Punta Gorda, qui font bonne figure. Lemon Bay Isles, à Englewood, est un ensemble de maisons mobiles dans lequel les résidants sont propriétaires de leurs terrains. Le développement fut jadis très publicisé au Canada.

Si vous êtes intéressé davantage par les condominiums et les maisons unifamiliales, Punta Gorda mérite une visite. General Development y offre des maisons unifamiliales pour aussi peu que 50 000 $ et aussi des villas-condominiums situées à North Port, au nord de Port Charlotte.

En passant, je dois vous recommander d'essayer le Riverhouse Restaurant pour de délicieux fruits de mer et un fabuleux bar à salade. Insistez pour qu'on vous donne une table avec vue sur l'eau. Notre addition était si modeste que j'ai d'abord cru à une erreur.

En dépit du fait que nous n'avons pas acheté une maison à cet endroit, Port Charlotte est une de nos localités favorites en Floride. Pour investir ou y vivre à la retraite, cet endroit vaut la peine d'être considéré.

À environ 20 kilomètres (12 milles) au sud de Venice, près de North Port, est située Warm Mineral Springs, qui, depuis de nombreuses années, s'est valu une réputation internationale en tant que station thermale, dans la tradition européenne. Plusieurs personnes nous ont affirmé que des bains pris dans le lac alimenté d'eau de source ont contribué à soulager leurs douleurs arthritiques, rhumatismales ou musculaires. Un horaire trop chargé nous a empêchés d'en faire l'expérience la dernière fois que nous fûmes dans le secteur. Des appartements et motels à louer sont disponibles à proximité et un contrat de dix visites à la station thermale ne coûte qu'environ 40 $. Très peu de Canadiens sont au courant de l'existence de Warm Mineral Springs.

Au nord de la route U.S.41, plus haut que la région de Port Charlotte, se trouvent Venice, et sa ville voisine, Nokomis. Comme l'implique son appellation, Venice est traversée par des canaux et sa plage, l'une des plus belles en Floride, est plutôt orientée vers le continent que vers les îles de la côte. La poussée immobilière a commencé avec Venice, puis s'est poursuivie avec Nokomis et la région d'Osprey, et les trois sont inondées de nouvelles subdivisions incluant condominiums, maisons unifamiliales traditionnelles et maisons mobiles. Ces endroits sont situés près des eaux navigables et de belles plages. La proximité de Venice de Sarasota a aussi stimulé son essor. Même si cette ville est à 25 kilomètres (15 milles) seulement de Sarasota, le logement et autres coûts y sont généralement plus bas et le rythme de vie beaucoup plus lent que dans la région plus touristique de Sarasota-Bradenton. Venice est un havre pour les retraités à la recherche d'une vie paisible dans une demeure à prix modéré. L'accès aux magasins et aux services médicaux et culturels est facile à Sarasota. Venice est une localité attrayante pour les investisseurs et les *Snowbirds*.

Comme partout ailleurs en Floride, les résidences les plus chères sont construites au bord de l'eau ou tout près. Les condominiums et maisons unifamiliales conventionnelles se vendent à compter d'aussi peu que 45 000 $ et jusqu'à plus de 120 000 $. Tout agent immobilier serait enchanté de vous montrer sa sélection. Il y a aussi plusieurs développements de maisons mobiles pour adultes et celles-ci incluent Bay Indies Mobile Home Community, Bay Lake Estates (Nokomis), Country Club Estates Mobile Home Park, Harbour Lights, Japanese Gardens (une coopérative), La Casa, Lake Village Mobile Home Park (Nokomis), Venice Isle Mobile Estates et Venice Ranch Mobile Home Estates.

Des milliers de retraités sont attirés par Sarasota et cette ville est l'un des centres touristiques majeurs de l'État. Le Ringling Museum, le Circus Hall of Fame et les Sarasota Jungle Gardens attirent de nombreux visiteurs. Ces attractions s'ajoutant aux plages magnifiques, aux excellents hôtels et restaurants gastronomiques sont des facteurs qui attirent, l'année durant, les touristes de tout âge.

D'autres éléments contribuent à rendre cette ville si populaire. Elle a été désignée comme étant l'oasis culturelle de la côte du Golfe. Plusieurs écoles d'art et galeries très renommées y ont pignon sur rue. Le théâtre communautaire de Sarasota, surnommé «The Players», présente des pièces depuis plus de cinquante ans. La Florida West Coast Symphony et la Community Concert Association donnent des concerts sur une base permanente. Plusieurs prennent avantage des cours et programmes artistiques offerts par une faculté de l'Université de South Florida, qui y est aussi située.

Tous ces ingrédients, auxquels se joignent de bonnes facilités de magasinage, d'excellents services médicaux et des programmes d'activités destinés aux personnes de l'âge d'or, font de Sarasota une localité désirable pour les retraités.

Le bord de la mer, avec ses condominiums élevés, ses boutiques du St. Armand's Circle et ses autres aspects visibles de richesse et de luxe donnent à Sarasota une image de haute classe bien méritée. Les prix des résidences sont élevés à Sarasota, spécialement à Lido Key, Longboat Key et Siesta Key, où de typiques condominiums et maisons unifamiliales sont vendus plus de 150 000. $. Cependant, si votre budget est plus modeste, il est encore possible de profiter des avantages culturels et sociaux de Sarasota, car il existe des développements à l'ouest de l'Interstate 75, hors des secteurs coûteux. Dans les villes avoisinantes de Bradenton, Cortez, Ellenton et Palmetto, les condominiums et maisons unifamiliales sont mises en vente à la moitié du prix des propriétés des Keys ou du Intracoastal Waterway. Sarasota dégage l'image d'une richesse distinguée; Bradenton semble — et est — de classe moyenne. Cette ville est située à quelques milles au nord de Sarasota et dessert davantage de visiteurs d'hiver à plein temps que des touristes.

De nombreux développements de maisons mobiles ont surgi à Bradenton et dans ses environs. Plusieurs parmi les plus anciens ont vendu toutes leurs unités depuis longtemps et les seules disponibles maintenant sont des maisons mobiles qui ont déjà été occupées. Anna Marie, Holmes Beach et Bradenton Beach sont de petites agglomérations adjacentes dans l'île Anna Marie, dans le golfe du Mexique. Des ponts les relient à Bradenton, sur la terre ferme. Des habitations ayant vue sur l'eau ou sur le golfe sont disponibles à des prix modérés. Au nord de Palmetto, la U.S.41 se courbe pour suivre la ligne de rivage de Tampa Bay à Tampa. Pour atteindre St.Petersburg, prenez la U.S.19 et traversez Tampa Bay, via le pont à péage Sunshine Skyway.

St.Petersburg, la quatrième plus grande ville de l'État, est reconnue depuis longtemps comme une ville pour les personnes du troisième âge. Même actuellement, environ le tiers de ses résidants sont des retraités. Au cours des dernières années, la cité a tenté de changer son image. Le développement industriel a été encouragé afin d'attirer un élément de population plus jeune et de favoriser les revenus d'impôts. La promotion touristique est maintenant orientée surtout vers la jeunesse et les familles, ce qui fait que, graduellement, la face de St.Petersburg se transforme. La masse des retraités actifs plus âgés sont les survivants de la vague d'émigrés qui vinrent des États du nord dans les années 60 et au début des années 70. À St.Petersburg, ils peuvent vivre avec ce que leur verse l'assurance-sociale des États-Unis. Aujourd'hui, ces personnes de 70, 80 et 90 ans, sont regroupées dans le quartier est de Central Avenue et renforcent l'impression que St.Petersburg est la capitale des cheveux gris. En vérité, les retraités plus jeunes et plus actifs sont beaucoup plus nombreux et concentrés en d'autres secteurs de la ville et sa banlieue. À proximité de St.Petersburg Beach, Treasure Island et Madeira Beach reçoivent des vacanciers de tous les groupes d'âge. Ces plages sont particulièrement populaires auprès des Canadiens. Plusieurs ont même acheté des condominiums dans le secteur des plages, pour fins d'investissements, de vacances ou de retraite.

En raison de la proportion significative de résidants plus âgés, le développement des habitations, les services médicaux, récréatifs et autres prennent en considération les besoins des retraités. Entre autres, on consent à offrir certains rabais aux gens de plus de soixante-cinq ans et c'est d'autant plus vrai lorsqu'il s'agit de billets de cinéma et de restaurants.

Haslam's Book Store sur Central Avenue à St.Petersburg est une institution là-bas, et l'une des meilleures librairies de livres neufs et d'occasion que j'aie jamais visitées. Haslam's a vraiment de tout pour tous. Vous pouvez échanger des livres à couverture molle sur une base de deux pour un. Des milliers de livres d'occasion sont vendus entre quinze et vingt-cinq cents. Elvereene et moi avons déjà passé une journée complète à flâner dans ce temple de lecture et ne nous sommes pas aperçus que nous avions omis de dîner. La seule amélioration que cette librairie pourrait apporter serait d'y installer un comptoir-lunch!

St.Petersburg possède un éventail complet d'activités culturelles, incluant des concerts donnés par la Florida Gulf Coast Symphony. De plus, le Bayfront Center Complex présente des cirques, des pièces théâtrales, des spectacles sur glace et autres. Comme plusieurs autres endroits de villégiature en Floride, la ville possède maints attraits touristiques, dont un bateau de bois, réplique du *HMS Bounty* qui fut construite pour le film *Mutiny on the Bounty*.

Le système routier n'a pas suivi la croissance de la ville et les principales routes d'accès sont très congestionnées, même dans les périodes normalement plus calmes.

Nous sommes des adeptes des marchés aux puces et nous nous sommes un jour éloignés de notre route pour visiter le plus important marché aux puces de l'État, à Pinellas Park en banlieue de St.Petersburg. Wagon Wheel — c'est le nom de ce marché — est ouvert à l'année durant, les samedis et les dimanches. Il est d'une immensité telle que vous ne pouvez tout voir, à moins d'y passer une journée entière. Durant une visite, nous avons acheté des stores, un tapis, une boule de remorque, des fruits et légumes, des plantes, des cuillères à pamplemousse et un assortiment d'autres menus articles... Peut-être devrions-nous nous joindre aux acheteurs anonymes de marché aux puces!

Tout comme dans les autres régions côtières floridiennes, les maisons et condominiums les plus onéreux se retrouvent près de l'eau ou dans les îles. Des habitations de prix plus abordables sont localisées loin des plages, à St.Petersburg ou ses environs, soient à Pinellas Park, à Seminole ou à Gulfport.

On peut acheter des condominiums neufs pour moins de 45 000 $ à Stone's Throw, Boca Bay et Gulf Gardens. De nombreuses demeures sont à revendre au même prix. St.Petersburg est le coeur du territoire des maisons mobiles et le vaste choix de ces habitations peut surprendre tout futur propriétaire. Citons DeAnza Mobel Americana, Clearwater Cascade, Conner's Mobile Home Park, Crosswinds Mobile Home Park, Greenbrier Village, Highland Mobile Park, Isle of Palms Mobile Park, Lowe's City, Pinellas Cascade, Robert's Mobile Home Park, Sunset Mobile Home Park et Wilder's Mobile Home Park.

Des maisons mobiles de largeur simple ou double, et qui ont déjà été occupées, sont disponibles à partir de 10 000 $. Les régions de St.Petersburg et de Clearwater-Largo sont des endroits recherchés par les *Snowbirds*, les touristes et les investisseurs. Leur excellent mode de vie et un coût de la vie plutôt modéré devraient continuer d'y attirer les retraités américains et canadiens. Ainsi, le potentiel d'investissement dans ces régions en est rehaussé.

Au nord de St.Petersburg, se trouvent Clearwater, Largo, Dunedin, Safety Harbour et nombre d'autres agglomérations plus petites. La période d'expansion de Clearwater est survenue principalement au cours des vingt-cinq dernières années et c'est l'une des villes qui s'est développée le plus rapidement sur la côte du Golfe. À l'exception du centre-ville, bordant la rue Cleveland, reflet du passé de Clearwater, le reste de cette cité à expansion rapide est relativement neuf. La ville est reliée à Clearwater Beach par une simple chaussée. L'île présente une magnifique plage publique, flanquée de petits et grands motels, à quelques rues des magasins, d'une marina, de condominiums à plusieurs étages et deux sections de résidences privées. Les motels sur la plage accueillent des milliers de visiteurs canadiens de tout âge, et cela l'année durant. Alors que nous y vivions durant un congé sabbatique, j'ai rencontré tant de mes anciens élèves pendant la période de Noël et des vacances d'hiver que je fus tenté de refaire des classes... À l'extrémité sud de l'île, un pont à péage relie Clearwater Beach à Belleair Beach et vous pouvez conduire à travers les îles tout au sud, vers Treasure Island, face à St.Petersburg.

L'hôtel Fort Harrison, autrefois centre des activités du centre-ville de Clearwater, fut fermé au public en 1976. Depuis lors, le centre-ville de Clearwater s'est détérioré et il présente maintenant une apparence négligée, en dépit de toutes les tentatives pour le faire revivre. La croissance a pris forme de condominiums à prix fort et de maisons unifamiliales conventionnelles sur l'Intracoastal Waterway ou tout près. Les habitations de prix plus modestes sont situées, pour leur part, dans les secteurs nord, sud et est de la ville. Cette expansion a précipité une croissance addtionnelle du secteur Countryside, le long de la U.S.19 et aussi à Largo, directement au sud.

Même si le secteur Clearwater-Largo est un important endroit de retraite, la population du troisième âge est composée principalement de gens actifs, dans la cinquantaine et la soixantaine, et l'image que présente ce secteur est très différente de celle de St.Petersburg.

Comme à St.Petersburg, les commodités et services divers répondent amplement aux besoins des retraités. Un exemple serait le Carib Theatre qui a maintenu pendant plusieurs années son prix d'admission au cinéma à quatre-vingt-dix-neuf cents.

Senior Citizens Service est un organisme à but non lucratif responsable du Senior Citizens' Craft Center (Centre d'artisanat pour citoyens seniors) sur Court Street. Des articles faits à la main sont vendus au magasin et les profits sont retournés à l'artisan. Chaque fois que nous passons par Clearwater, nous arrêtons à cet endroit et y achetons de jolis cadeaux pour rapporter à la maison. Si vous en avez plus qu'assez d'acheter de piètres souvenirs, vous pourrez alors dépenser moins en achetant ici des cadeaux artisanaux exquis, tout en aidant une personne âgée en quête d'un revenu supplémentaire.

La région de Clearwater est saturée de magasins, boutiques et centres commerciaux et la concurrence est si forte que le coût de la vie est bas et même plus bas que dans n'importe quelle autre ville populaire sur les deux côtes. Sparks Tune-Up est une firme très représentative de ce que je viens d'avancer. Cette compagnie, comme le mentionne son nom, se spécialise dans les mises au point des automobiles, et le coût total d'une mise au point, pièces et main-d'oeuvre incluses, pour une automobile de huit cylindres se chiffre à seulement 29,90 $ U.S. Que vous a donc coûté votre dernière mise au point au pays?

Les services médicaux locaux sont excellents et le Morton Plant Hospital est réputé pour être l'un des meilleurs de l'État. Mes expériences personnelles et celles d'un ami intime en témoignent favorablement.

Cette région présente cependant une sérieuse lacune. Durant la saison hivernale, il y a tellement de touristes et de *Snowbirds* que les restaurants, les routes et les plages sont trop achalandés. Certains samedis et dimanches, jusqu'à 40 000 véhicules roulent sur la chaussée en direction de Clearwater Beach, créant ainsi un embouteillage magistral.

Dunedin, juste au nord de Clearwater, est une petite ville agréable de classe moyenne, tenant lieu de refuge hivernal à plusieurs retraités canadiens. Les Blue Jays de Toronto, de la Ligue américaine de baseball tiennent leur camp d'entraînement à Grant Field. Au sud-est de Dunedin, sur la baie de Tampa, la petite ville de Safety Harbour possède un fameux centre de santé reconnu internationalement. Le Safety Harbour Spa fut construit au-dessus des sources d'eau minérale d'Espiritu Sanctu; ses pensionnaires paient plus de 150 $ U.S. par jour pour des traitements et aussi pour boire de l'eau minérale. Depuis ces dernières années, plusieurs développements à prix modérés ont été construits à proximité.

Tarpon Springs est situé à environ 20 kilomètres (12 milles) au nord de Clearwater. Il est l'un des endroits touristiques les plus plaisants de la Floride. Des colons grecs ont transformé la ville en un important marché d'éponges. Les restaurants grecs, les casse-croûte et les boutiques nautiques y ont créé une ambiance des plus agréables. Tarpon Springs et New Port Richey, juste un peu plus au nord, offrent plusieurs projets immobiliers développés en fonction des retraités. Les terrains sont beaucoup moins chers qu'à Clearwater et on peut y effectuer quelques-uns des meilleurs achats immobiliers de l'extrémité nord de la côte du Golfe.

La région s'étendant de Clearwater à New Port Richey offre une section immobilière très variée de nature à satisfaire tous les goûts. Des condominiums se vendant entre 40 000 $ et 50 000 $ y sont disponibles. New Haven et Willowbrook, à Largo; Hammock Pine Club, Imperial Oaks et On Top of the World, à Clearwater; Lake Tiffany et Forest Park, à Dunedin; et Sunnybrook, à New Port Richey, en sont des exemples représentatifs.

Encore là, il y a trop d'agglomérations de maisons mobiles pour en présenter une liste complète mais en voici quelques-unes annoncées présentement: Amber Glades Mobile Home Estate, Bay

Aristocrat, Briar Creek, Doral Mobile Home Villas, Riviera Estates, Serendipity Mobile Home Village et Shady Lane, à Clearwater; Bay Ranch Mobile Home Village, East Bay Oaks, Fairway Village et Ranchero Village, à Largo; Bayonet Point Village et Colony Cove, à New Port Richey; et Tarpon Glen, à Tarpon Springs.

Mobile Home Communities Inc. est une subdivision de Trizec, une importante compagnie canadienne de développement immobilier et la firme a ses quartiers généraux à Clearwater. Celle-ci possède douze agglomérations de maisons mobiles et terrains de location de Floride. À mon avis, ils sont parmi les développements les mieux administrés que j'aie rencontrés. Pour plus de renseignements, contactez Mobile Home Communities Inc., Suite D-1, 2089 U.S. Highway 19 North, Clearwater, Florida, 33575.

Tampa est la plus grande ville de la région de Tampa Bay. C'est un centre manufacturier majeur et un port de mer. Les retraités ignorent habituellement Tampa lorsqu'ils recherchent une demeure en Floride. Ce n'est pas une ville particulièrement attrayante. On peut y accéder de la région de St.Petersburg-Clearwater par des ponts traversant Tampa Bay.

À Tampa, on remarque une grande population de Cubains, d'Italiens et d'Espagnols qui sont concentrés en grand nombre dans un secteur surnommé Ybor City. La plupart des grandes manufactures de cigares sont disparues ou ont quitté les lieux, mais il en existe encore quelques petites à Ybor City, où les amateurs peuvent se procurer d'excellents cigares roulés à la main. Les mets cubains sont l'une de nos passions et nous n'avons jamais eu de piètres repas dans aucun des restaurants de cette «petite Havane». Le café cubain (cafe solo) éclaircira vos sinus et assurez-vous de commander des fèves noires et du riz ou encore du arroz con pollo, poulet et riz jaune, lors de votre repas principal. Pour le dessert, essayez un flan ou un pouding au pain cubain. Si vous n'êtes pas un amateur de café, Materva et Ironbeer sont de rafraîchissantes liqueurs douces cubaines.

Si votre vol aérien en provenance du Canada doit vous mener sur la côte du Golfe, vous atterrirez probablement à l'aéroport international de Tampa. L'aéroport est inusité par le fait qu'il fut dessiné et planifié en vue du bien-être et du confort des passagers. C'est un agréable contraste pour qui a déjà expérimenté les inconvénients des aéroports de Dorval ou Lester Pearson, à Toronto.

Tampa possède plusieurs attraits additionnels qui en font une ville qu'il vaut la peine de visiter. (La Chambre de commerce locale vous en fournira la liste.) Cependant ce port achalandé et cette vaste cité industrielle ne sont pas propices aux loisirs ou à la vie de retraite. Ne manquez pas d'apprécier ses bons restaurants et magasins, visitez Busch Gardens, mais je recommande de chercher ailleurs pour votre future résidence en Floride.

Ruskin est située à environ 25 kilomètres (15 milles) au sud de Tampa, sur la U.S.41. C'est l'endroit de retraite le plus reconnu. Sun City Center est à 8 kilomètres (5 milles) à l'est de la ville, sur la route SR 674. C'est une localité magnifiquement planifiée et autosuffisante, qui offre à ses résidants l'un des meilleurs ensembles de services sociaux, culturels et récréatifs disponibles dans tout développement pour adultes en Floride. Nous avons visité l'endroit à plusieurs reprises et avons toujours été impressionnés par sa vitalité. Sun City Center est un développement de maisons unifamiliales conventionnelles et de condominiums, avec une population de plus 8 000 résidants; la majorité des maisons coûtent 80 000 $ et plus, les villas-condominiums vont de 60 000 $ à 90 000 $ U.S.

King's Point, face au Sun City Center, est un développement de condominiums dont les prix varient entre 45 000 $ et 95 000 $ U.S. Son opulent centre récréatif et social défie toute description: il faut le voir pour l'apprécier à sa juste valeur. Rien n'a été épargné pour offrir aux résidants un centre d'activités qui baigne dans une atmosphère d'élégance esthétique et de bon goût. En plus de salles d'activités bien équipées et d'un grand auditorium, le complexe possède une piscine intérieure et un immense Jacuzzi. Plusieurs agences immobilières annoncent le concept stipulant que leur centre récréatif possède la luxueuse ambiance d'un country club. King's Point l'a certainement! Et c'est aussi une excellente localité pour les retraités.

La côte du Golfe est une excellente région qui offre un mode de vie enrichissant pour qui est à la retraite. Analysez son immense potentiel avant de choisir votre demeure floridienne. Et, en raison de sa popularité auprès des *Snowbirds* et des simples touristes, elle offre aussi un vaste choix à qui veut investir.

• Les Keys

Les Keys de la Floride sont uniques: elles consistent uniquement en une suite d'îles reliées naturellement à la péninsule. On peut les atteindre par air, par eau ou par la U.S.1, à partir de Homestead, ou encore par route et pont à péage depuis Florida City, sur la terre ferme.

L'autoroute Overseas Highway traverse les Keys pour rejoindre Key West sur une distance de plus de 120 milles et passe les quarante-deux ponts qui relient les îles entre elles. Individuellement, les îles sont si étroites qu'elles peuvent être vues de presque tous les points de l'autoroute. Celle-ci suit une ligne de chemin de fer abandonnée qui fut détruite par un ouragan, il y a plus de cinquante ans. Au total, il existe plus de mille îles, mais six seulement sont habitées. Les Keys de la Floride sont similaires aux Bahamas Out Islands: elles s'étendent dans un croissant qui débute dans les marécages de manguiers, à l'extrémité sud-est de la péninsule, pour se terminer à quelques 90 milles seulement du Cuba.

C'est la seule région de la Floride où la minable température de janvier se maintient à 21 °C (70 °F); c'est le secteur qui demeure le plus chaud de la Floride chaque fois que des vagues de froid frappent l'État durant l'hiver. À cause de leur situation géographique, les Keys sont toutefois sur le sentier principal des ouragans et tempêtes tropicales qui surviennent généralement entre mai et octobre.

Depuis plusieurs années, les Keys ont été comme un aimant pour les pêcheurs chasseurs de trésor, plongeurs sous-marins et autres amateurs de sports aquatiques, sans oublier les touristes émerveillés face à la vie marine qu'on retrouve dans les récifs de corail. Pour les campeurs, il y a deux magnifiques parcs, propriétés de l'État: le John Pennekamp Coral Reef State Park et le Bahia Honda State Area. Tous deux possèdent d'excellentes commodités et des espaces de location pour environ 12 $ U.S. par jour. Plusieurs sites de campement privés y ont été aussi aménagés et leur qualité et leurs coûts varient. Caluso Camp Resort, à Key Largo, est l'un des meilleurs et la location d'un terrain débute à 17 $ par jour.

Comme le reste de la Floride, les Keys sont impliquées dans une poussée immobilière active. Ce qui était autrefois un paradis naturel est devenu une enfilade de développements urbains, incluant une croissance massive de la population. À l'exception de quelques étendues — comme la région entre Summerland Key et Key West —, la U.S.1 est bordée de motels, restaurants, attractions touristiques, quais de bateaux, condominiums et développements spécialisés dans les achats ou locations à temps partagé. Cette situation a aggravé les problèmes déjà sérieux d'eau et d'égouts. Les prix des logements (hôtels, motels, condos, etc.) et autres coûts généraux sont les plus élevés de la Floride, et les Keys sont le centre du trafic de la drogue et des crimes qui y sont reliés. Les investisseurs canadiens et les retraités pourraient peut-être vouloir regarder ailleurs pour les achats de propriétés en Floride. D'un autre côté, le touriste en vacances peut certainement jouir des activités orientées vers l'eau, et des panoramas uniques que présentent les Keys.

Les attraits touristiques:

- Les récifs de corail sous-marins au John Pennekamp State Park. Incidemment, celui-ci fut le premier parc sous-marin des États-Unis et il offre d'excitantes occasions de se livrer à la plongée sous-marine entre les récifs. Une étonnante croisière de deux heures et demie dans un bateau à fond de verre invite les visiteurs à regarder la vie marine des récifs de corail et elle ne coûte que 8,50 $. L'accès au parc se fait par bateaux nolisés partant de Key Largo.

- Islamorada. C'est une intéressante colonie d'artistes; à proximité se trouvent des récifs de corail sous-marins.

- Long Key State Recreation Area. Situé au sud d'Islamorada, la région possède d'excellentes possibilités de camping.

- Layto, sur Long Key. C'est là que se trouve le «Sea World's Shark Institute», une attraction touristique populaire.

- Bahia Honda State recreation Area, sur Bahia Honda Key, possède un terrain de camping de première classe, dans un magnifique décor tropical.

- À proximité de Big Pine Key, se trouvent deux refuges nationaux de la vie animale. Au poste des gardes-forrestiers, on vous dira à quels endroits regarder pour voir le cerf des Keys, une race presque éteinte, ou des hérons à crête rose en cuillère *(pink spoonbilled herons)*

- Key West, la ville la plus importante des Keys, est très différente de la plupart des autres cités américaines, surtout par son aspect et l'impression qu'elle donne d'une ville bahamienne quelque peu délabrée. Le trafic illégal de drogues a injecté d'importants montants d'argent dans l'économie locale; ceci compte pour une bonne partie de sa prospérité et de sa poussée immobilière. Key West possède une colonie assez importante d'artistes et d'écrivains et la maison d'Ernest Hemingway y est préservée, ce qui ne manque pas d'attrait pour les visiteurs. Plusieurs vieux édifices ont été restaurés comme musées et maisons mémorables du passé coloré de cette ville. Depuis quelques années, la communauté homosexuelle s'est rapidement développée et il en est résulté des tensions et confrontations entre gais et résidants traditionalistes. Que diriez-vous d'un retour nostalgique vers le passé? Les fabricants de cigares cubains, fuyant les Espagnols lors de leur guerre d'indépendance, commencèrent à arriver à Key West en 1868. En 1890, plus de cent millions de cigares étaient produits à Key West.

- Le Conch Tour Train. La meilleure manière de visiter les sites de Key West, c'est d'abord de prendre le train, puis d'errer à votre goût pour explorer davantage les points d'intérêt couverts par l'itinéraire du train. Les restaurants locaux sont assez chers, mais les plats de fruits de mer sont uniques et auront un attrait particulier pour les gourmets intrigués par la perspective de déguster des steaks de tortue, de la chaudrée de palourdes. Une délicieuse spécialité en pâtisserie locale: la Key Lime Pie (tarte à la limette des Keys) qui est devenue l'un de mes desserts favoris.

Voici les taux d'hiver des hôtels et motels, en argent américain, sur une base d'occupation double:

KEY LARGO
Holiday Inn	84 $ —	88 $
Gilbert's Resort	75 $ —	85 $

ISLAMORADA
Cheeca Lodge	145 $ —	175 $
Pelican Cove Resort Motel	57 $ —	82 $
The Islander	45 $ —	65 $

MARATHON
Key Colony Beach Motel	60 $ —	70 $
Marathon Inn	69 $ —	75 $

KEY WEST
El Patio Motel	70 $ —	75 $
The Spendthrift	65 $ —	88 $
Inn At The Dwarf		62 $
The Banyan Resort	125 $ —	185 $

En résumé, les Keys de la Floride sont un endroit intéressant à visiter durant de courtes vacances, mais les coûts, la congestion et une surabondance de touristes rendent la région naturellement indésirable pour les investisseurs et retraités à revenus moyens.

CHAPITRE 3

Les lois sur l'immigration aux États-Unis

Si vous passez actuellement vos hivers en Floride, si vous envisagez d'y déménager en permanence ou si vous cherchez un emploi aux États-Unis, les lois sur l'immigration influenceront vos plans. Dans ce chapitre, je vais vous faire connaître ces lois et vous jugerez alors de quelle façon elles affecteront votre situation particulière. Pour plus de détails spécifiques, consultez le bureau d'information le plus près de chez vous, le consulat des États-Unis ou l'ambassade américaine à Ottawa.

• Statut de visiteur

En tant que visiteur ou touriste pour quelques jours, ou «*Snowbird*» qui passent l'hiver en Floride, il n'est pas nécessaire de posséder un visa; pour les fins de l'immigration, vous avez un statut officiel de visiteur. Ce statut vous permet de demeurer aux États-Unis pour une période de six mois moins un jour; vous devez quitter le pays à la fin de cette période de temps. Si vous désirez y prolonger votre séjour, vous devez obligatoirement visiter le bureau d'immigration américaine le plus proche et demander une extension de séjour. Cette extension est normalement accordée si l'explication donnée est raisonnable (traitement médical, recherche d'un bon investissement et autres). Si vous omettez de solliciter une extension de séjour, votre statut à l'immigration changera automatiquement de celui de visiteur à celui d'étranger illégal. Si les autorités venaient à l'apprendre vous pourriez être déporté et on vous refuserait toute entrée future aux États-Unis.

Pour les Canadiens qui visitent les États-Unis pour leur plaisir, les lois sur l'immigration se limitent à la durée du séjour. Votre seule rencontre face à face avec un représentant officiel de l'immigration américaine est à la frontière où il vous posera quelques questions. Vous devrez alors lui faire connaître votre citoyenneté, votre lieu de naissance, votre destination et la durée anticipée de votre séjour aux États-Unis. C'est aussi simple que ça!

Lorsque vous vous rendez aux États-Unis, assurez-vous d'apporter amplement de preuves d'identification pour éviter des délais non nécessaires ou un refus possible d'entrer. Des certificats de naissance ou passeports, pour les Canadiens nés au pays, et une preuve de citoyenneté canadienne pour les Canadiens naturalisés, constituent la meilleure documentation. Un permis de conduire n'est pas considéré comme une identification adéquate, puisqu'il n'indique pas votre statut de citoyenneté.

En aucun cas ne dites au préposé à l'immigration que vous demeurerez plus de six mois aux États-Unis, car le fait de rester aussi longtemps serait une violation de la loi américaine, et vous ne laisseriez au fonctionnaire aucun autre choix que de vous refuser d'entrer aux É.U.

Pour blaguer, une amie fit un jour l'erreur de dire à un officier de l'immigration qu'elle comptait demeurer en Floride pour un an: l'officier en question refusa de la laisser monter à bord de son avion. On lui dit plutôt de se rendre au consulat des États-Unis pour obtenir un visa. Après un long délai et une visite hâtive au consulat pour expliquer sa déclaration, elle finit par prendre l'avion, mais jamais plus elle ne fit la même erreur en passant à l'inspection de l'immigration.

• Statut de résidant étranger

Si vous décidez de devenir un *Snowbird*, c'est-à-dire de venir passer de longs hivers en Floride ou souhaitez résider en permanence dans votre demeure floridienne, les lois sur l'immigration des États-Unis joueront un rôle clé pour déterminer vos options de mode de vie. Pour l'individu encore actif sur le marché du travail, mais qui a perdu son enthousiame pour les hivers canadiens, déménager en permanence aux États-Unis pour y vivre et travailler s'avère un processus lent.

Tout comme les visiteurs temporaires au Canada ne peuvent obtenir un numéro d'assurance-sociale, les visiteurs aux États-Unis ne sont pas éligibles à une carte de sécurité sociale et, de ce fait, ne peuvent obtenir un emploi temporaire ou permanent. Ceux qui violent cette loi sont sujets à la déportation. Afin de pouvoir travailler aux États-Unis, il est donc nécessaire d'obtenir un statut de résidant étranger, ce qui est semblable à celui d'immigrant résidant au Canada. Pour comprendre le processus, voyons comment les lois sur l'immigration affectent les Canadiens qui désirent vivre en permanence aux États-Unis ou y travailler.

Aux fins d'immigration, les États-Unis divisent le monde en deux parties: les hémisphères est et ouest. L'hémisphère est inclut le monde entier, exception faite des Amériques du Nord, du Sud, Centrale et des Caraïbes. Chaque année, 170 000 immigrants de l'hémisphère est sont admis ainsi que 120 000 de l'hémisphère ouest. Pas plus de 20 000 personnes de chacun des pays ne sont acceptées. Ceci signifie que seulement 20 000 Canadiens peuvent acquérir le statut de résidant étranger, annuellement.

Au printemps de 1987, il y eut une longue période d'attente pour les visas d'immigration, mais des négociations entre les gouvernements canadien et américain sont en cours pour élargir substantiellement le quota canadien. À des fins d'immigration, les Canadiens naturalisés ne sont pas considérés comme Canadiens aux termes de la loi des États-Unis; cependant ces personnes pourraient entrer aux États-Unis en faisant partie du quota de leur pays d'origine.

Travailler ou vivre en permanence aux États-Unis devient possible seulement si un étranger possède la Carte verte *(Green Card)* qu'il reçoit après être devenu résident étranger. Si vous désirez obtenir un statut de résident étranger, faites-en la demande au consulat américain le plus près de chez vous ou à l'ambassade des États-Unis à Ottawa.

Existe-t-il un moyen pour accélérer le processus? Les lois sur l'immigration sont basées sur sept catégories préférentielles et donnent la priorité aux épouses, parents, enfants, frères et soeurs des citoyens américains. Suivent en priorité les individus qui détiennent des aptitudes pour occuper certains emplois en pénurie de main-d'oeuvre. Plusieurs médecins et infirmières canadiens ont obtenu des visas assez rapidement en fonction de leurs compétences professionnelles toujours en demande. La dernière et la plus basse catégorie de non-préférence est détenue par les postulants qui ne se qualifient pour aucune autre catégorie, et ceci inclut l'investisseur qui investit au moins 40 000 $ de capital dans une affaire aux États-Unis. Cette dernière catégorie reçoit les visas qui restent dans le quota 20 000, après que les catégories préférentielles sont satisfaites.

En 1986, pour la première fois depuis plus de vingt ans, le Congrès des États-Unis a apporté quelques changements majeurs dans les lois sur l'immigration qui ont affecté certains Canadiens désireux de devenir résidents. Une provision de ces lois stipule qu'elle «pardonne» aux étrangers entrés illégalement aux États-Unis depuis les cinq dernières années. Ces individus (incluant plusieurs Canadiens) peuvent maintenant acquérir un statut temporaire de résident étranger pendant le processus d'autorisation du statut.

Aussi, pour 1987-1988 seulement, le président a présentement l'autorité de désigner des additions à n'importe quel quota d'immigration au pays, jusqu'à un total global annuel de cinq mille visas non préférentiels. Pour chacune de ces années, le quota canadien non préférentiel a été fixé à mille. Cette clause particulière est significative pour de nombreux Canadiens, étant donné que certaines personnes, placées dans la catégorie d'immigration non préférentielle — c'est-à-dire celles qui n'ont ni famille, ni employeur pour les parrainer — ont été incapables d'obtenir des visas d'immigration pour les États-Unis, depuis 1978.

Un de mes amis qui fut consul des États-Unis à Toronto me donna quelques conseils: éviter d'avoir affaire avec de présumés «spécialistes en immigration» qui annoncent dans les journaux canadiens qu'ils peuvent accélérer le processus d'immigration. Mon ami m'a assuré que les aspirants-immigrants peuvent obtenir toute l'assistance dont ils ont besoin du personnel des consulats et ambassades et que toute somme d'argent payée à ces présumés spécialistes est perdue. Cependant, un Canadien ayant lui-même acquis son statut de résidant étranger, me dit que certaines firmes légales à Miami se spécialisant dans les lois sur l'immigration assureront que votre demande soit traitée rapidement, moyennant une somme de 4 000 $. Je ne me fais pas l'avocat de cette manière de procéder mais seulement son porte-parole, pour que vous en soyez informé.

Les bureaux d'information au consulat ou à l'ambassade vous fourniront des explications concernant votre statut et vous aideront à remplir adéquatement les documents nécessaires à votre demande.

Les consulats des États-Unis sont établis à Montréal, Québec, Vancouver, Winnipeg, Windsor, Toronto, Halifax et St. John, tandis que l'ambassade est localisée à Ottawa.

Étant donné que les prix changent rapidement,
tous les prix courants cités dans ce livre
devraient être utilisés uniquement
en tant que base de comparaison.

*La plupart des points et problèmes reliés
au mode de vie des États ensoleillés sont universels.
L'étude de cas illustre des points spécifiques,
mais la signification de chacun est généralement
applicable à toutes les localités des États ensoleillés.*

CHAPITRE 4

Les régimes provinciaux d'assurance-maladie fournissent-ils une couverture financière adéquate pour les accidents ou maladies survenus à l'extérieur du Canada?

Peu de touristes ou de retraités canadiens peuvent imaginer ce qu'ils auront à débourser s'ils requièrent des soins médicaux aux États-Unis. Qui paiera la note pour des traitements coronariens, pour la fracture d'un bras ou toute autre maladie ou accident? L'hôpital ou le médecin factureront-ils directement votre régime d'assurance-maladie? Ou faut-il d'abord payer le médecin, puis faire une réclamation dans votre province? Que faites-vous si on vous demande de payer sur-le-champ et que vous n'ayez pas assez d'argent comptant ou de chèques de voyage?

Ce chapitre vous expliquera ce que vous devez faire avant d'aller aux États-Unis, pour éviter de payer de vos deniers de coûteux honoraires médicaux; de plus, il démontrera aux *Snowbirds* qui hivernent en Floride pourquoi il est nécessaire de trouver un médecin de famille; finalement il exposera de quelle façon le régime provincial d'assurance-maladie limite la prériode que les gens peuvent passer hors de la province pour pouvoir être couverts.

• Régimes provinciaux d'assurance-maladie

La plupart d'entre nous acceptent le fait que nos régimes d'assurance-maladie provinciaux, incluant l'hospitalisation et les services médicaux, offrent une sécurité raisonnable aux Canadiens. Les Américains, qui n'ont aucun régime d'assurance-maladie subventionné comparable, nous envient. Même s'il existe quelques variantes dans la couverture que chaque province offre à ses résidants qui reçoivent un traitement médical à l'extérieur, toutes les provinces ne paient que le taux local qu'elle a fixé pour les services médicaux reçus hors du Canada.

Durant notre première visite en Floride, il y a quelques années, il fut nécessaire que je reçoive un traitement immédiat pour une coupure profonde à la main. Comme nous étions alors touristes, sans médecin de famille sur les lieux, je suis allé à l'urgence d'un hôpital. Le montant total du traitement s'élevait à 60 $, mais je ne me sentais pas concerné puisque j'étais sous l'impression que notre régime d'assurance-santé provincial (Ontario Health Insurance Plan) me rembourserait intégralement lorsque je retournerais chez moi. Je fus d'abord choqué lorsque l'OHIP me fit parvenir un chèque de 22 $. Indigné, j'ai immédiatement porté plainte à ce sujet, mais on m'informa aussitôt que mon assurance-maladie ontarienne ne payait que le quota fixé dans ma province, soit l'Ontario, pour traitement donné et reçu hors du Canada. Il en serait de même si j'étais citoyen d'une autre province, du Québec, par exemple. On m'a également parlé d'un dépliant explicatif qui expose comment le régime fonctionne à l'extérieur du pays. Nous nous sommes demandé ce qui serait arrivé si nos besoins médicaux en Floride avaient été beaucoup plus importants et que la note médicale se fût élevée à des centaines ou des milliers de dollards.

Après quelques recherches, nous avons découvert que la Croix Bleue et plusieurs autres compagnies d'assurance conventionnelles offrent des protections à taux modérés qui paient la différence entre les frais médicaux hors du Canada et le taux alloué par les régimes provinciaux individuels et respectifs. Ces assurances coûtent approximativement 1,50 $ par jour par couple et peuvent être maintenues en vigueur pour une période s'étendant jusqu'à huit mois. Tous ceux qui passent quelques mois dans les États ensoleillés devraient se prévaloir de cette couverture sécuritaire, laquelle est tout aussi importante pour le vacancier qui s'absente pour une ou deux semaines. Pour faire soigner une jambe fracturée en Floride, il peut vous en coûter au moins mille dollars et notre régime provincial en paie à peu près la moitié.

• Assurance-maladie supplémentaire

Même s'il existe certaines variantes mineures dans les polices offertes par les diverses compagnies d'assurances, leur couverture est essentiellement similaire. La Croix Bleue étant la plus importante et la plus connue de ces compagnies, elle servira d'illustration pour démontrer l'extension de la protection supplémentaire qu'on peut obtenir.

La couverture minimum est de sept jours, alors que la maximum s'étend à deux-cent-quarante jours. Le coût de cette protection additionnelle est de 0,75 cents par jour par personne et de 1,50 $ par jour pour une famille. Tous les bénéfices sont plus ou moins élevés que ceux que paie un régime d'assurance-maladie provincial, et il n'y a pas de maximum global.

• Principaux bénéfices de la Croix Bleue selon un régime de base ontarien

(Dans le régime québécois, les bénéfices sont sensiblement les mêmes).
— Les frais de séjour à l'hôpital qui dépassent le montant payé par le régime provincial d'assurance-maladie;
— Les honoraires du médecin qui excèdent les montants alloués par votre régime provincial d'assurance-maladie;
— Le paiement de béquilles, cannes et plâtres nécessaires à la suite d'un accident;
— Les infirmières privées (avec quelques restrictions);
— Le service ambulancier;

— Les services en chiropractie, podiatrie et physiothérapie (avec certaines restrictions);
— Les médicaments prescrits hors du Canada par un médecin ou dans un hôpital;
— Les soins dentaires consécutifs à un accident (avec certaines limites).

Ce genre de protection est disponible seulement pour les sujets canadiens qui sont couverts par un régime provincial d'assurance-maladie et devient en vigueur au moment où la frontière canadienne est traversée. Des formules en ce sens sont disponibles dans toutes les banques à charte et même au comptoir de revues et journaux de plusieurs supermarchés. De plus, les banques acceptent aussi les paiements de cette assurance.

Pour 1,25 $ par jour par personne, ou 2,50 $ par famille, la Croix Bleue présente un plan «DE LUXE» offrant une couverture plus étendue que son plan standard d'assurance-santé. Nous, nous prenons toujours un plan de luxe parce qu'il élimine les ennuis si une urgence médicale grave survenait. Ce plan inclut tous les bénéfices offerts dans le plan de base, en plus de ce qui suit:

Assistance dans les cas d'urgence et de paiement des honoraires et frais médicaux

— Plusieurs hôpitaux américains exigent un dépôt substantiel lorsque des non-résidants sont admis pour des traitements à l'urgence, Aussi, avant que le patient n'obtienne son congé, la majorité des hôpitaux et médecins s'attendent de recevoir le paiement complet de leurs services.
— Les bénéfices de l'assurance de luxe de la Croix Bleue, via Pay-Med, fourniront et/ou coordonneront, de votre part, le paiement total des honoraires des médecins et des frais hospitaliers.
— Un numéro d'assurance-urgence est donné aux assurés avec option de luxe. Lorsque les coûts hospitaliers et médicaux sont supérieurs à votre possibilité immédiate de payer ou si vous avez besoin d'assistance médicale ou hospitalière d'urgence, pour quelque raison que ce soit, vous téléphonez à la res-

ponsable d'assitance-urgence de Pay-Med, à n'importe quel moment de la journée, 24 heures par jour.

— La responsable fera alors, à votre place et dans la mesure du possible, les arrangements avec l'hôpital ou le médecin pour que les coûts hospitaliers et médicaux majeurs soient facturés directement à Pay-Med, qui s'occupera de les régler.

— Les autres dépenses éligibles, celles que vous aurez eu à payer de vos deniers, que le médecin ou l'hôpital pourraient vous demander de débourser sur-le-champ parce que relativement minimes, vous seront remboursées par la Croix Bleue, lors de votre retour au Canada.

— Il est possible d'appeler Pay-Med pour obtenir une liste des hôpitaux et services médicaux; demander de recevoir l'avis d'un médecin qualifié; avoir un compte rendu post-hospitalier de l'état d'un souscripteur ou obtenir la communication avec un souscripteur et sa famille; le retour à la maison ou le transfert du patient si médicalement permissible; le transport d'un membre de la famille au chevet du patient ou pour l'identification d'une personne décédée.

— Vous pouvez appeler Pay-Med en cas d'urgence pour leur demander de contacter votre famille ou votre employeur ou pour obtenir un conseil légal se rapportant aux soins médicaux. Téléphonez pour cela au 1 800 654-4444, aux États-Unis. Au Canada, téléphonez à frais virés au 0 (416) 243-5111.

D'autres plans additionnels offrent des bénéfices supplémentaires tels que couverture pour bagages volés et bénéfices financiers en cas de mort accidentelle, mais la plupart ont des limites sur l'ensemble des montants qui seront payés en bénéfices totaux.

Si vous êtes employé présentement, vérifiez les bénéfices additionnels d'assurance-maladie de votre employeur. Certains plans correspondent à peu de choses près à celui dont nous venons de parler et peut-être n'aurez vous pas à acheter une protection supplémentaire. Quel que soit le cas, une protection adéquate est nécessaire et vous aidera à garder la paix de l'esprit.

- **Limites de protection du régime d'assurance-maladie provincial**

Gardez à l'esprit que les régimes d'assurance-maladie sont du domaine provincial et non fédéral: la période de temps depuis laquelle vous résidez dans votre province actuelle en est la clef. Les lois sont très précises à ce sujet. Le régime ontarien (OHIP) vous servira comme étude de cas, mais les autres provinces adhèrent à des régimes similaires.

Les individus couverts par le régime OHIP doivent passer au moins quatre mois consécutifs dans l'année dans la province d'Ontario; les résidants ontariens qui quittent la province pour plus de soixante jours consécutifs — même pour visiter une autre province canadienne — doivent aviser leur bureau local de l'OHIP. Par exemple, si vous projetez de quitter votre province pour la Floride le premier novembre, pour revenir le 31 mars suivant, une lettre à cet effet conservera votre protection provinciale en bon état. Ceci est particulièrement important pour ceux qui passent de longues périodes à l'extérieur du Canada.

Si vous déménagez d'une province à l'autre, votre protection originale demeurera en vigueur pendant trois mois. Il est absolument essentiel de faire une demande pour le régime d'assurance-maladie aussitôt que vous vous installerez dans votre nouvelle demeure, étant donné qu'il y a une attente de trois mois dans chaque province.

Qui que ce soit qui quitte sa résidence canadienne pour immigrer en Floride ou sur tout autre territoire étranger perd automatiquement la protection du régime d'assurance-maladie de sa province, et doit prendre des arrangements en conséquence.

- **Comment trouver un médecin de famille**

Très peu de Canadiens ne possèdent pas de médecin de famille dans la ville où ils habitent, mais de nombreux *Snowbirds* omettent de choisir un médecin de famille avant que ne surviennent des problèmes médicaux. Si vous n'avez pas déjà un médecin attitré, il pourrait devenir impossible d'obtenir un rendez-vous immédiat au moment où vous en aurez besoin. Vous aurez alors à choisir

112

entre souffrir ou faire face à une longue attente à l'urgence d'un hôpital. Les médecins de cet hôpital, alors peu familiers avec votre histoire médicale, pourraient même refuser de traiter d'autres symptômes que ceux qui sont très apparents, à moins vous ne soyez admis à l'hôpital. Parlez-en à vos amis et vous apprendrez à ce sujet certains faits plutôt déplorables.

Si vous avez des problèmes d'ordre médical, il est important de trouver un médecin sympathique. Demandez à votre actuel médecin de famille une copie de votre histoire médicale afin de la remettre à votre médecin en Floride. Il est important pour tous ceux qui demeurent tout l'hiver en Floride, et peut-être même aussi pour ceux qui passent leurs vacances toujours dans la même ville, de se trouver un médecin de famille.

Si vous avez des parents ou amis dans les États ensoleillés, ceux-ci peuvent probablement vous recommander un médecin. Mais, si vous êtes seul, découvrir un bon médecin n'est pas une tâche facile. Il existe une solution: suivre les procédures que nous avons suivies alors que nous demeurions à Clearwater Beach pendant un congé sabbatique.

Notre première démarche fut de visiter la Chambre de commerce locale afin d'obtenir une liste des hôpitaux de l'endroit. Durant la semaine suivante nous avons demandé aux gens que nous rencontrions en magasinant ou en nous divertissant quel était le meilleur hôpital de la région. Ces personnes nous furent d'un grand secours car nous avons par la suite découvert que l'hôpital Morton Plant était le plus recommandé. Nous avons également appris quels étaient les hôpitaux que nous devions éviter à tout prix. L'hôpital Morton Plant nous a ensuite fourni une liste des médecins généralistes qui accepteraient de nouveaux patients. Nous avons alors rencontré plusieurs d'entre eux avant de faire notre choix final.

Pendant quelques années, nous avons passé de longues périodes à Pompano Beach pour finalement acheter une résidence dans cette ville, en 1981. Un ancien problème médical survint alors que nous étions là-bas et un ami nous recommanda un médecin local. Le docteur E. Salabert me prodigua non seulement de bons soins mais il semble avoir guéri un mal qui me torturait depuis quinze ans. Le docteur Salabert devint donc notre médecin de famille et je le recommande à tous ceux qui passent l'hiver dans la région de Pompano Beach.

• Coûts des services médicaux

En règle générale, les coûts des services médicaux aux États-Unis sont universellement plus élevés que ceux des barèmes provinciaux. À moins que vous n'achetiez une assurance-maladie supplémentaire, la différence sortira inévitablement de votre portefeuille. La campagne publicitaire de la Croix Bleue qui met en évidence un touriste blessé et la marge énorme entre les montants octroyés au niveau provincial et les frais demandés hors de nos provinces n'est certes pas une exagération.

On vous recommande d'éviter de consulter les médecins établis dans les secteurs très touristiques des plages parce que leur clientèle tend à être transitoire. Au bord des plages, dans l'entourage des hôtels et motels, une simple visite de base peut coûter plus de 50 $. Par conséquent, demandez les tarifs avant de visiter un médecin. Depuis janvier 1987, l'OHIP ne paie que 14 $ pour une visite médicale; vous-même ou votre assurance devrez payer la différence. Les honoraires dans les bureaux de médecins sont beaucoup plus modérés dans les régions où habitent des résidants permanents. Ainsi, le docteur Salabert, dont je vous parlais plus haut, reçoit ses patients à un taux de base de 30 $ pour la première visite et 20 $ pour chacune des visites subséquentes, et ses honoraires sont à peu près typiques. Assurez-vous d'obtenir deux reçus pour tous les services médicaux (l'un pour votre régime d'assurance-maladie provincial et un duplicata pour votre réclamation d'assurance additionnelle).

Supposez que vous ne vous donniez pas la peine de choisir un médecin de famille et passiez de courtes vacances au Holiday Inn de Pompano Beach. Vous développez soudainement un mal de gorge douloureux et vous vous retrouvez à l'urgence de l'hôpital Général de North Broward. Le médecin vous donne une prescription pour enrayer l'infection et la note se chiffre à 55 $ au total, 35 $ pour l'utilisation des services de l'urgence et le reste pour les honoraires du médecin. Les régimes d'assurance-maladie provinciaux, ne considérant pas que ce service médical requiert les services de l'urgence, contribueront aux honoraires du médecin mais refuseront de payer quoi que ce soit à la note du département de l'urgence. Un supplément de protection est donc une nécessité.

Les départements d'urgence de plusieurs hôpitaux des États ensoleillés acceptent généralement les chèques personnels, les cartes Visa et MasterCard pour le paiement de leurs services. Si vous encourez des dépenses majeures, l'hôpital peut facturer directement le bureau provincial d'assurance-maladie et vous serez tenu responsable pour le solde. Les problèmes coronariens, par exemple, peuvent coûter plusieurs milliers de dollars de plus que les taux fixés par l'échelle de paiement prévalant au Canada. Encore une fois, le coût minime d'une assurance-maladie supplémentaire pourrait vous éviter une désastre financier.

CHAPITRE 5

Conseils pour économiser de l'argent

Nos conseils pour économiser de l'argent vous aideront à lutter contre l'inflation et compenser pour l'écart qui existe entre les dollars canadiens et américains. Nous vivons à une époque où le pouvoir d'achat d'un dollar continue d'être érodé par l'inflation. Ceux qui prennent des vacances aux États-Unis doivent composer avec un dollar canadien affaibli, ce qui augmente les dépenses des vacances d'environ 40 %. Un repas à vingt dollars coûte environ trente dollars en devises canadiennes; une chambre d'hôtel à quarante dollars en coûte soixante-cinq et un dollar de pourboire revient à presque un dollar et quarante cents.

Un couple de retraités doit faire face aux mêmes problèmes monétaires, mais en plus grand. Les chèques de pensions constituent pour la plupart le principal revenu des retraités. Mais la hausse des pensions (si elle a lieu) est inférieure du taux d'inflation. Le problème est davantage accru par les comptes que le propriétaire doit acquitter en dollars américains (services, taxes, nourriture, hypothèque et autres). Des contraintes financières ont exercé des pressions sur plusieurs individus. Certaines personnes ont réalisé qu'elles ne pouvaient plus se permettre de pren-

117

dre des vacances en Floride, ou elles continuent de le faire, mais pendant des périodes plus courtes et en choisissant des hôtels moins luxueux. De nombreux retraités se sentent forcés de vendre leur maison de rêve ou de la louer, à regret, à des *Snowbirds* plus aisés.

Pour les gens qui s'inquiètent financièrement, il y a non seulement de l'espoir mais aussi des opportunités. Si vous considérez sérieusement les petits conseils d'économie de ce chapitre, vous sauverez même davantage que le taux d'inflation et peut-être la différence entre le dollar canadien et le dollar américian... et vous aurez plaisir à le faire. Certains de ces conseils peuvent même être utiles au Canada. Vous économiserez de l'argent, sans pour cela sacrifier votre niveau de vie. Vous verrez, c'est facile de sauver des centaines, sinon des milliers de dollars. Essayez donc de le faire!

Il y a encore plus de façons d'économiser de l'argent que n'en suggère ce chapitre. J'ai toutefois choisi quelques-unes parmi nos méthodes favorites qui peuvent être utilisées presque à chaque jour. Étant donné que les touristes et les *Snowbirds* mangent fréquemment au restaurant, une section de ce chapitre traite de la façon d'apprécier un bon repas au restaurant à des prix impossibles au Canada. D'autres genres de conseils sont expliqués plus brièvement, mais cela n'amoindrit en rien leur importance. Gardez un compte rendu de ce que vous économisez: vous serez agréablement surpris.

• Manger au restaurant

Le coût des repas au restaurant pour deux personnes qui passent deux semaines de vacances dans un motel peut totaliser un montant qui pourrait bien atteindre la moitié et même plus du prix du logement, la variante étant évidemment un reflet du goût individuel. Le prix des aliments est une dépense majeure en devises américaines, pourboires inclus, et pourrait même excéder le prix d'une paire de billets d'avion pour la Floride. La plupart des *Snow-birds*, même ceux qui résident dans leur propre demeure, mangent au restaurant beaucoup plus souvent dans les États ensoleillés qu'ils ne le font chez eux, au Canada.

Il existe plusieurs façons de couper de façon significative le coût des notes de restaurants, sans pour cela se priver du plaisir de dîner à l'extérieur.

• *Partagez un repas avec votre conjoint et sauvez le tiers du prix aux dépens du restaurant.*

Très souvent les restaurants floridiens servent des portions qui sont beaucoup trop généreuses pour une seule personne. Certains couples, pouvant s'entendre sur une entrée commune, peuvent partager un repas plus que raisonnable pour deux. Certains restaurants n'ont pas de frais pour la vaisselle et la coutellerie supplémentaires, tout comme pour le service; d'autres imposent un tarif qui peut varier de cinquante cents à deux dollars. Un amuse-gueule additionnel et du pain supplémentaire sont souvent inclus dans le tarif de partage. Si vous acceptez de partager un repas avec votre conjoint, votre addition sera réduite d'au moins le tiers et cette économie vous aidera à défrayer le coût d'autres dépenses. Pourquoi ne pas essayer cela au retour à la maison.

• *Spéciaux «Early birds», coupons «Twofer», cafétérias, déjeuners comptoir à salades, spéciaux du déjeuner et escomptes pour les aînés.*

Certains des meilleurs restaurants ont des spéciaux «Early Birds», c'est-à-dire que si vous arrivez au restaurant disons entre 16h et 20h (l'heure varie d'un restaurant à l'autre), chaque repas sera réduit d'au moins un dollar. Pour découvrir les endroits qui offrent ces spéciaux, surveillez les pages de restaurants et spectacles dans les éditions de week-end du journal quotidien local et aussi dans le journal hebdomadaire local distribué gratuitement. On peut généralement trouver le journal hebdomadaire dans les supermachés, dans les boîtes à journaux des centres commerciaux ou encore à la Chambre de commerce locale.

Prenez avantage des «Twofers». Plusieurs restaurants offrent deux repas pour le prix d'un si vous présentez un coupon à cet effet. Ces coupons se retrouvent dans les journaux quotidiens et hebdomadaires. Si la plupart des restaurants qui offrent cette forme de promotion sont des endroits où l'on sert du *fast-food*, il existe tout de même plusieurs restaurants conventionnels qui offrent aussi des coupons de «deux pour un». Pour illustrer ceci, je vous raconterai que la chaîne International House of Pancakes s'est servie de ce genre de promotion depuis plusieurs années dans les États ensoleillés. Il y a quelques années, nous avons pris avantage de tellement de leurs coupons qu'aucun de nous deux ne fut capable d'envisager des crêpes et omelettes pendant presque un an. Actuellement les «Twofers» de cette chaîne concernent d'autres items sur le menu. Heureusement!

Les cafétérias sont beaucoup plus nombreuses et populaires aux États-Unis qu'au Canada. Pour montrer comment obtenir la meilleure valeur et quoi éviter dans les cafétérias, nous prendrons un exemple sur Morrison's la plus grande chaîne de cafétérias de la Floride.

La plupart des cafétérias ne sont ouvertes qu'aux dîner et souper. Si vous êtes comme moi et ne désirez pas attendre en ligne pendant une demi-heure, arrivez avant 17h30 ou après 19h (le service se termine à 20h). Évidemment, la nourriture de la cafétéria n'est pas celle des gourmets, mais Morrison's est une chaîne de restaurants familiaux de première qualité et le choix des aliments peut satisfaire tous les goûts et même les diètes les plus restrictives. Tout sur leur menu est à la carte, même le beurre et les craquelins. Salades, amuse-gueule et desserts sont placés au début de la ligne de service; si vous n'êtes pas attentif à votre sélection, vous finirez avec un cabaret rempli d'aliments, au-delà même de votre capacité d'ingérer et le repas finira par coûter plus cher qu'un repas conventionnel dans un bon restaurant. Ne vous pressez pas de choisir vos aliments parce qu'il y a des gens en ligne derrière vous: il s'agit tout de même de votre estomac et de votre argent. Prenez votre temps. Jusqu'à très récemment, un serveur prenait votre cabaret plein et l'emportait à votre table; vous vous sentiez alors obligé de lui donner un pourboire. Dernièrement, la compagnie a changé sa politique et le service du garçon de table n'est plus «obligatoire» mais il est cependant disponible sur demande. Morrison's n'est qu'une parmi plusieurs chaînes de cafétérias et nous n'avons trouvé que très peu de ces endroits qui étaient de piètre qualité.

Pour un repas très satisfaisant et à un prix modique, d'innombrables restaurants offrent des comptoirs à salade où l'on se sert à volonté. Certains d'entre eux possèdent des sélections incroyables qui se comparent favorablement aux plus chers «brunches du dimanche» de votre localité canadienne. Si vous allez un jour dans la région de Port Charlotte, en Floride, faites un arrêt au Village Restaurant sur la voie de service sud de l'autorourte 41. Pour à peine quelques dollars, ce restaurant familial offre un comptoir à salade qui pourrait faire honte à ceux de plusieurs restaurants plus prétentieux. Tous les comptoirs à salade n'affichent pas une sélection ni un prix comparables mais si vous cherchez soigneusement, vous trouverez des restaurants fréquentés par des résidants locaux (plutôt que des touristes) qui offrent une qualité et une valeur similaires.

Une autre aubaine qui permet de manger souvent à l'extérieur est le spécial déjeuner que l'on retrouve partout. Il y a quelques années, il était possible d'obtenir couramment un déjeuner de deux oeufs, bacon, jambon ou saucisses, pommes de terre rôties, rôties et café pour 1 $ ou 1,50 $. Les prix ont augmenté aujourd'hui.

Lum's, une chaîne de restaurants populaires, avec des douzaines de succursales en Floride, servait un choix de déjeuners complets pour moins d'un dollar. Mais l'inflation a pris le dessus et même si le prix du déjeuner a quelque peu changé, le café n'est plus inclus. Du fait que le café et le jus soient ajoutés à l'addition, le coût du repas doublera probablement. Pourquoi alors ne pas prendre votre jus à la maison et profiter ensuite de ces déjeuners à un prix modérés? Sears, J.C. Penny's, Montgomery-Ward et autres importants grands magasins annoncent en vedette des déjeuners à prix minimes pour attirer la clientèle; ceux-ci sont servis avant l'ouverture des magasins pour le commerce et ne se terminent qu'aux environs de 11h. Si nous allons magasiner, souvent nous prenons un déjeuner léger, tôt à la maison, pour ensuite profiter du déjeuner complet plus tard au magasin qui nous sert de dîner.

Si vous êtes ou proclamez être un aîné, plusieurs restaurants vous offrent des économies substantielles. Denny's, une autre chaîne familiale populaire, affiche une section spéciale sur le menu pour les gens de l'âge d'or. Le midi ou le soir, un repas complet chez Denny's coûtera environ 3 $ U.S. et il n'y a pas de frais de partage si vous désirez le faire.

• Aubaines dans les journaux locaux

Lorsque vous recherchez des marchandises ou des services, ne manquez pas de regarder dans les journaux hebdomadaires locaux distribués gratuitement. On peut les retrouver dans des distributeurs, à proximité des journaux quotidiens, dans les centres commerciaux, magasins de vente au détail et Chambres de commerce locales de chaque localité.

Certains supermarchés font paraître leurs annonces publicitaires dans ces journaux et de nombreux petits marchands détaillants locaux prennent avantage des coûts peu élevés de leur publicité pour offrir des aubaines au niveau de leur marchandise ou de leurs services. Réparation de téléviseurs, salons de coiffure, épiceries ou magasins de spécialités alimentaires, bureaux d'opticiens, réparation d'automobiles, restaurants locaux, quincailleries, débits d'alcool, location d'automobiles, nettoyeurs, toilette d'animaux et plusieurs autres magasins et services offrent à qui mieux mieux toutes sortes d'escomptes et d'aubaines pour attirer de nouveaux clients locaux. Des «Twofers» de restaurants et des coupons rabais de un et deux dollars sont courants; des mises au point d'autos, pièces incluses, pour moins de trente dollars sont typiques. Durant la haute saison, de janvier à avril, les aubaines disparaissent en grand nombre des journaux quotidiens, en raison de l'afflux touristique, mais les hebdomadaires locaux, dirigés vers le marché des résidants permanents, continuent d'offrir autant de bonnes valeurs et d'aubaines de magasinage. Lorsque nous demeurons à Pompano Beach, nous nous assurons de prendre chaque édition du *Pompano Beach Shoppers Guide.*

• Manufactures vendant au détail

Le long des autoroutes et dans chaque ville d'à peu près tous les États ensoleillés, vous verrez des commerces de vente au détail qui s'annoncent comme des magasins de soldes de manufactures. Ces magasins offrent des serviettes à la livre, des meubles provenant directement des usines de meubles de la Caroline du Nord, des vêtements, des recouvrements de plancher, des tissus, des chaussures et plusieurs autres produits de consommation. Certains offrent des aubaines substantielles sur les «imparfaits» ou de la marchandise irrégulière. Toutefois, des serviettes «imparfaites» à la livre peuvent finir par coûter davantage que d'autres de première qualité dans une vente de grand magasin. Certaines marchandises des magasins de soldes de manufacturiers offrent des valeurs exceptionnelles, mais avant d'acheter quoi que ce soit dans un commerce de ce genre, il faut toujours vérifier les prix réguliers et de vente des mêmes articles dans un grand magasin ou autre magasin d'escompte. Comparez les prix avec les catalogues d'écoulement de Montgomery Ward (aucun article imparfait) ou avec le magasin le plus proche de surplus de Sears. Le commerce au détail est très compétitif et presque tous les magasins d'escomptes annoncent des ventes spéciales à quelques semaines d'intervalle. Les circulaires annonçant ces ventes se retrouvent chaque semaine dans l'édition dominicale de tous les journaux hebdomadaires.

Ne comparez pas les prix avec ceux que l'on retrouve au Canada en assumant que vous faites une aubaine, parce que les produits de consommation coûtent généralement moins cher aux États-Unis. Rappelez-vous que les magasins de soldes de manufacturiers peuvent offrir des aubaines, mais n'oubliez pas de comparer avant d'acheter!

• Boulangeries économiques

Prendre avantage des boulangeries économiques est un bon moyen d'économiser des sous, aussi bien chez nous qu'aux États-Unis. Nous avons nos magasins favoris de boulangerie économique à Toronto et avons découvert plusieurs «perles rares» de ce genre à Montréal. Les clients de ces établissements sont en grande partie des gens à revenus moyens ou élevés qui savent reconnaître de bonnes valeurs. Lorsque nous vivions en Floride, nous avons cherché des boulangeries économiques de même calibre et en avons trouvé dans chaque secteur de l'État. Recherchez dans les

Pages Jaunes du bottin téléphonique la chaîne de boulangerie opérant un magasin économique dans votre région.

Arnold's, dont le pain de haute qualité est vendu sur une base limitée au Canada, annonce ses pains de grosseur régulière et ses petits pains à des rabais de 25 % à 50 %. Pepperidge Farms offrent le même genre de produits qu'Arnold's, plus leurs pâtisseries surgelées, leur pain et leurs propres variétés de biscuits, tous à des prix d'escompte. Si vous n'êtes pas disposé à faire des gâteaux, tartes et autres pâtisseries, mais aimez bien les desserts, vous devriez vous rendre chez Entenmann's, dont les produits de boulangerie sont offerts dans plusieurs des meilleurs supermarchés. Ou vous pouvez acheter de bonnes choses légèrement imparfaites, un peu trop cuites ou préparées la veille, à des prix d'escompte dans leurs magasins. Les prix vous feront économiser et juste le fait de jeter un regard sur les aubaines, il vous semblera que votre taille aura gagné quelques pouces. Pendant que je faisais des recherches pour ce livre durant l'été de 1986, ma femme et moi sommes entrés dans un magasin de produits à rabais de la boulangerie Entenmann's, à Plantation, Floride, près de Fort Lauderdale. Nous avons acheté un gâteau au prix de détail et en avons reçu deux autres gratuitement. Ceci, en plus des escomptes réguliers accordés sur d'autres produits de pâtisserie dans le magasin. Elvereene et moi tentons de surveiller notre poids mais, comme d'habitude, nous nous sommes sentis victimes de Entenmann's. Nous ne pouvions tout simplement pas refuser une occasion pareille, trois bons gâteaux pour le prix d'un seul.

• Meubler votre nouvelle demeure en Floride

Le coût d'installation d'une résidence en Floride ne s'arrête pas à l'achat d'un condominium, d'une maison mobile ou d'une maison unifamiliale, et meubler cette demeure à votre satisfaction peut s'avérer une dépense majeure. Organiser une demeure de deux chambres avec meubles, literie, appareils ménagers, vaisselle, ustensiles, téléviseur et autres, tout cela peut coûter quelques milliers de dollars et même bien plus.

Plusieurs entrepreneurs immobiliers vendent aussi des ensembles de meubles; aussitôt que vous avez accepté le prix d'achat de la demeure, le vendeur tentera de vous «faire sauver du temps, de l'argent et des efforts» en vous vendant un assortiment complet de meubles pour votre nouvelle résidence. Dans l'excitation d'acheter votre «place au soleil» de la Floride, il est tentant de prendre cette route facile. Attention! Le prix de détail de l'un de ces ensembles est de plus du double du prix coûtant du détaillant. Et même si l'on vous offre un escompte de 25 %, les mêmes articles ou d'autres équivalents peuvent être achetés dans plusieurs magasins, à des prix beaucoup plus bas. Elvereene et moi avons examiné un ensemble de meubles suggéré par un préposé aux maisons mobiles à un de nos amis qui venait tout juste d'acheter une de ces demeures. Nous avons ensuite vérifié chaque article sur la liste dans les magasins de Sarasota. En allouant quelques variantes mineures, nous sommes arrivés à un total de 30 % de moins que celui de l'ensemble suggéré offert à un présumé prix d'aubaine. Sauver du temps et des efforts peut donc coûter beaucoup d'argent.

Si vous achetez une maison revendue déjà meublée, établissez d'abord la part que vous payez pour la maison et celle que vous déboursez pour l'ameublement. Si vous écartez éventuellement l'achat des divans, lampes, lits et autres articles coûteux, vous vous rendrez compte que vous payez peut-être trop cher pour la maison. Rappelez-vous que vous allez vivre dans cette demeure pendant une longue période et allez continuellement voir et utiliser ces meubles.

Si votre propriété en Floride a d'abord été achetée à des fins d'investissement et sera louée pour suppléer aux paiements de l'hypothèque, aucune raison ne vous force à fournir des meubles neufs et coûteux à vos locataires. Le magasineur averti peut acheter des meubles d'occasion de première qualité à une fraction du prix d'articles neufs. Jetez un coup d'oeil au babillard de votre centre récréatif. Vous pourrez probablement y trouver des annonces concernant des articles de mobilier ayant été fabriqués sur mesure pour des demeures exactement semblables à votre nouvelle maison. C'est ainsi que nous avons acheté une belle berceuse Boston.

Consultez la rubrique de l'ameublement dans les petites annonces des journaux quotidiens et hebdomadaires de votre localité. Cette rubrique dresse la liste des offres de vente des marchands de meubles d'occasion et aussi d'individus qui ont un ou deux articles à vendre, ou encore le mobilier au complet de leur maison ou condo. N'hésitez pas à marchander, personne ne s'attend vraiment à obtenir le prix demandé. Si vous achetez des articles trop volumineux pour être transportés dans votre automobile, demandez au vendeur de vous les livrer gratuitement ou payez-lui les frais de livraison. Tout ce qu'il peut dire c'est non et vous n'avez rien à perdre.

On peut acheter plusieurs articles en bon état dans des magasins économiques tenus par des organismes à but non lucratif tels les Goodwill Stores, ou les magasins de l'Armée du Salut, ou encore dans des marchés, bazars et marchés aux puces dirigés par des organisations charitables. Nous y avons trouvé de tout, des rideaux jusqu'aux «objets d'art».

La chasse aux aubaines peut être amusante, et pensez à tous les gens que vous rencontrerez tout en meublant votre maison!

• Coupons-rabais

Chacun est familier avec les coupons-rabais qui apparaissent hebdomadairement dans la section alimentation de la plupart des journaux importants au Canada; plusieurs reçoivent même des enveloppes de ces coupons par la poste. Les manufacturiers et détaillants américains se servent aussi de ces coupons pour mousser la vente de leurs marchandises et services. Un expert en la matière estime que plus de six milliards de coupons sont distribués annuellement aux États-Unis; ils apparaissent normalement dans les journaux, le jour où les supermarchés font passer leurs annonces hebdomadaires et aussi dans l'édition du dimanche. Aux États-Unis, la pratique de l'utilisation des coupons-rabais pour économiser est presque devenue une science et des milliers de personnes détachent et classent systématiquement chaque coupon ou offre de remboursement. Des magasineurs habiles et avertis économisent par ce moyen des centaines de dollars, chaque année. Cette pratique est si générale que l'émission télévisée *Today Show* s'est un jour organisée pour suivre une fervente de ce système lors de son magasinage au supermarché: à la caisse, cette habile magasineuse n'eût à payer que 77,07 $ pour sa commande d'épicerie qui lui aurait normalement coûté (sans les coupons) la somme de 130,18 $; ma femme conserve et range soigneusement les coupons-rabais canadiens et américains et nous les utilisons fréquemment. Il n'est pas nécessaire d'être un spécialiste pour utiliser efficacement cette technique économique mais vous ne pouvez rien sauver du tout si vous ne conservez pas les coupons rabais. (Incidemment, plusieurs supermarchés ont installé des boîtes d'échange de coupons. De cette façon, les clients peuvent échanger les coupons qu'ils ne veulent pas contre d'autres qui leur seront plus utiles.)

Même si cette technique est plus profitable à ceux qui passent tout l'hiver en Floride, elle peut aussi être utilisée par les touristes qui demeurent dans des unités de motels ou des condos équipées d'une cuisinette.

Si vous désirez en connaître davantage sur l'utilisation des coupons-rabais et offres de remboursement pour économiser de l'argent, consultez le livre *The Frugal Shopper* (écrit par Marion Joyce et publié par Perigree Books). Lorsque vous deviendrez un adepte de l'utilisation des coupons-rabais, vous poursuivrez probablement cette bonne habitude de retour à la maison, au Canada.

• Kiosques sur la route et marchés aux puces

Même si la plupart des produits offerts dans les supermarchés sont généralement de prix moins élevés que ceux du Canada, il peut arriver que les fruits et légumes soient plus chers que ceux de votre supermarché canadien. Les Floridiens qui s'y connaissent achètent des produits frais, à des prix moindres que dans les supermarchés, aux nombreux kiosques sur la route, aux abords de chaque ville de la Floride. La plupart des marchés aux puces possèdent aussi un comptoir de fruits et légumes; leurs prix s'apparentent habituellement aux tarifs en vigueur dans les kiosques routiers locaux. Si vous attendez jusqu'à la fermeture du marché aux puces, le marchand peut possiblement couper ses prix encore plus.

En décembre 1986, Winn-Dixie demandait envrion un dollar la livre pour des tomates de piètre qualité. À notre kiosque routier préféré, de belles tomates mûres se vendaient trois livres pour un dollar; des pamplemousses de grosseur respectable étaient offerts à dix pour un dollar. Et ce n'est qu'un petit aperçu d'une autre méthode d'économiser.

• Escomptes d'organismes

Elvereene et moi nous sommes joints à plusieurs organismes fournissant des escomptes à ses membres. Dans les pages qui suivent, je parlerai des avantages financiers d'appartenir à trois organisations particulières.

1. Encore

Vous verrez, à la page 143, comment nous nous sommes servis des avantages que nous retirions du fait d'être membre du groupe «Encore». Le tarif annuel pour être membre de cette organisation est de 35 $ U.S. et chaque membre reçoit, en même temps que sa carte d'adhésion, un annuaire avec la liste des noms, adresses, numéros de téléphone et tarifs de plusieurs centaines d'hôtels, motels et autres endroits de séjour aux États-Unis, au Canada et ailleurs, qui offrent aux membres deux nuits de séjour pour le prix d'une. Les villes le long de toutes les routes vers les États ensoleillés y sont bien représentées et il y a des motels membres dans tous les secteurs de la plupart des États américains. Si vous voyagez en automobile vers la Floride et projetez de passer quelque temps à explorer l'État lors de vos vacances, vous pourrez peut-être recouvrer le montant que vous a coûté votre carte d'adhésion en utilisant une seule fois le service. Durant juillet et août 1986, nous nous sommes logés cinq fois aux motels membres de Encore et nous avons économisé environ 150 $. Lisez soigneusement votre annuaire parce que certains motels peuvent imposer des restrictions. Par exemple, certains honorent la carte de membre l'année durant, d'autres, les jours de semaine seulement, d'autres encore, les week-ends seulement; certains sont saisonniers pendant que d'autres incluent un mélange de ces périodes de temps. C'est pourquoi, si vous planifiez avec soin, Encore peut vous faire économiser substantiellement. Pour plus d'information, écrivez à Encore, 480 University Avenue, suite 1100, Toronto, Ontario, M5G 1V2.

2. *American Association of Retired Persons (AARP)*
(Association américaine de personnes retraitées)

Quelques-uns des avantages additionnels qu'il y a d'appartenir au AARP figurent aux pages 136 à 138. Si vous avez 55 ans et plus, vous pouvez adhérer à cet organisme et obtenir votre carte de membre; si vous vous joignez à l'Association, votre conjoint(e) en devient aussi membre automatiquement. En supplément des escomptes offerts par les chaînes d'hôtel, les membres sont éligibles à des rabais sur les taux de location d'automobiles et plusieurs grands magasins offrent aussi des escomptes. Plusieurs des plus importantes chaînes de pharmacie offrent un rabais de 10 % sur les prescriptions des membres de l'AARP.

Organisation à but non lucratif, l'AARP gère des pharmacies aux États-Unis; leurs prix sont de beaucoup inférieurs à ceux des pharmacies d'escompte et elles possèdent un service de commandes téléphoniques. Si vous ne demeurez pas à proximité de l'une de leurs pharmacies, le service de commandes téléphoniques de l'AARP vous fera parvenir vos médicaments par livraison spéciale. Il serait donc avisé d'obtenir deux prescriptions de votre médecin: une pour une petite quantité de médicaments pouvant être remplie dans une pharmacie d'escompte pour usage immédiat, en attendant de recevoir une plus grande quantité de la pharmacie de l'AARP, grâce à la seconde prescription.

L'AARP est installée dans la plupart des villes des États ensoleillés et ses membres reçoivent un chaleureux accueil à toutes les réunions. Vos confrères membres se chargeront de vous dire ce qu'il faut éviter dans votre localité et vous donneront de nombreux autres conseils utiles. Écrivez au siège social de l'AARP pour obtenir l'adresse des succursales situées près de chez vous.

Le tarif annuel pour être membre de l'Association américaine de personnes retraitées est de 7 $ U.S. et il n'est pas nécessaire d'envoyer de l'argent pour adhérer à l'organisation, celle-ci vous facturera directement. Écrivez à American Association of Retired

Persons, Membership Processing Center, 215 Long Beach Boulevard, Long Beach, California 90801.

3. September Days Club
(Club jours de septembre)

Les bénéfices financiers des membres du September Days Club sont décrits en pages 138 et 139. Le coût annuel de l'abonnement est de 10 $ U.S. et vous devez être âgés d'au moins 55 ans pour être éligible. Pour vous inscrire, écrivez au September Days Club, (Membership Application), P.O. Box 4042, Atlanta, Georgia 30302.

• Autres conseils pour économiser de l'argent

Les acheteurs de bière devraient surveiller dans les journaux les annonces des supermarchés. Les marchés d'alimentation se servent souvent de la bière comme produit à perte pour attirer les clients.

Le vin et les boissons alcoolisées sont vendus uniquement dans des magasins spécialisés de vente au détail, propriétés d'entreprises privées, dans la plupart des États. Les plus grandes chaînes de vente au détail font continuellement des ventes et les annoncent dans les journaux quotidiens. Ne comparez pas les prix du vin et des boissons alcoolisées avec ceux du Canada, mais plutôt avec les prix des magasins de votre localité.

Certaines banques exigent des frais de service pour encaisser les chèques de voyage. Si vous ne pouvez trouver une banque qui encaissera votre chèque gratuitement, servez-vous-en pour payer un achat dans un supermarché ou un grand magasin. Nous n'avons eu aucun problème pour encaisser nos chèques de voyage à des succursales des chaînes suivantes: Publix, Winn-Dixie, Richway, K-Mart, Zayer's, Walgreen's et Eckerd's.

Ne magasinez pas dans les régions touristiques. Fréquentez plutôt les localités où les résidants locaux font leur magasinage. Les boutiques des hôtels comptent sur les clients de l'hôtel pour faire des bénéfices et conséquemment cherchent à réaliser le maximum de profit sur chaque vente.

Les plus bas prix pour l'essence sont ceux des stations-service X. (Les prix varient autant que 7 %.) Peu de postes d'essence à prix réduit acceptent les cartes de crédit. Alors, rappelez-vous-le et emportez de l'argent comptant ou des chèques de voyage.

Si vous voulez économiser de l'argent sur une location d'auto, louez une voiture d'occasion. Une automobile d'occasion grande et confortable vous fera épargner le tiers du prix d'une sous-compacte louée chez Hertz, Greyhound ou Alamo. Voyez en page 328 notre expérience avec Alamo.

Les firmes de location d'automobiles d'occasion sont inscrites dans les Pages Jaunes du bottin téléphonique. Recherchez des noms exotiques tels «Rent-a-Wreck», Second Time Round et autres.

Pour conclure, si vous gardez un état de compte de l'argent que vous économisez, vous trouverez que la Floride, l'Arizona, la Californie, le Texas et le Nouveau-Mexique sont étonnamment abordables. Vous pouvez aussi développer des techniques qui vous entraîneront à des habitudes d'économie additionnelles que vous pourrez ensuite rapporter au Canada.

CHAPITRE 6

Se rendre en Floride*

Se rendre en Floride implique beaucoup plus que de faire simplement des réservations pour l'avion, d'effectuer une mise au point de l'automobile pour un long parcours ou vous assurer que vous avez suffisamment de chèques de voyage.

Certains iront en Floride pour y passer quelques semaines et s'enquérir des opportunités de retraite et ils se serviront de la liste des régions (voir chapitre 9); pour ce faire, ils s'y rendront probablement en automobile ou en avion, et vous ferez sans doute comme eux.

Peut-être aussi avez-vous déjà acheté votre maison en Floride et vous aimeriez y transporter quelques articles de maison ou encore y amener votre animal domestique.

---

* Si vous êtes parmi les lecteurs qui sont plus intéressés à se rendre au Texas, en Arizona, en Californie ou au Nouveau-Mexique, n'assumez pas que vous pouvez passer outre à ce chapitre, car il renferme d'importants exposés sur la façon de traiter des problèmes de voyage, jamais encore expérimentés en route, de même que plusieurs conseils pour faire de votre long périple un voyage économique, sécuritaire et sans problème.

Il faut alors tenir compte de certains préparatifs qui vous permettront d'effectuer un voyage sans problème, plaisant et économique à la fois. Dans ce chapitre, nous allons nous attarder sur ces préparatifs.

• Club automobile

Si vous projetez de vous rendre en Floride en automobile ou si vous désirez conduire une voiture non louée, je vous recommande de devenir membre d'un club automobile. Ces clubs sont souvent gérés par d'importantes compagnies pétrolières, parfois directement, parfois en association avec des organismes à but non lucratif. Avec certaines limites, la plupart offrent les services suivants:

- cartes de voyage;
- service d'urgence et de remorquage sur la route;
- remboursement du prix d'une location d'auto et logement, si vous êtes impliqué dans un accident loin de chez vous;
- encaissement de chèques personnels;
- certificats de caution lors de contraventions;
- défense légale pour violation du code routier;
- assurance-accident en voyage.

Certains clubs offrent des bénéfices additionnels et leurs frais d'adhésion sont un peu plus élevés. Le club le plus connu au Canada est la Canadian Automobile Association (CAA) qui fournit à ses membres des services qui en valent la peine, non offerts par la plupart de ses concurrents.

En Ontario, la carte d'adhésion au CAA coûte 45 $ par année, plus 22,50 $ pour chaque membre additionnel de la famille. En supplément aux services des clubs conventionnels, le CAA offre:

- des chèques de voyage sans frais de service;
- l'assurance-médicale hors du Canada couvrant la différence non couverte par le régime d'assurance-maladie provincial (le coût est sensiblement le même que celui des autres compagnies);
- service gratuit d'un notaire;

- réservations d'hôtel ou de motel à travers l'Amérique du Nord (gratuit);
- le «Triptik», un ensemble de cartes géographiques spécialement préparé pour votre itinéraire de voyage (gratuit);
- livrets de tours régionaux et guides des terrains de camping pour toutes les régions nord-américaines et des cartes individuelles des villes (gratuit);
- utilisation de tous les services de l'American Automobile Association (AAA), pendant un séjour aux États-Unis.

Le «Triptik» contient des cartes de villes situées sur votre route; sont aussi indiquées les informations de dernière heure concernant les pièges à vitesse et les réparations des routes. Justement, l'été dernier, alors que nous étions arrêtés à un site de repos sur l'Interstate 95, près de Fredericksburg, en Virginie, nous avons rencontré deux couples de Windsor qui avaient été pris dans un piège à vitesse inscrit sur notre Triptik.

La CAA est affiliée à l'AAA et un membre de la CAA peut arrêter à n'importe quel des centaines de bureaux de l'AAA aux États-Unis pour obtenir des cartes géographiques et livrets de tours, pour encaisser des chèques personnels, etc. Vous pouvez aussi leur téléphoner pour le service d'urgence sur la route. Si jamais des réparations insatisfaisantes ont été effectuées sur votre voiture par une station-service approuvée par l'American Automobile Association, le club AAA local intercédera en votre faveur pour que vous obteniez satisfaction. Si les membres ne réussissent pas à communiquer avec le service de l'AAA, ils peuvent maintenant téléphoner, 24 heures par jour, sans frais, au numéro d'urgence sur la route (1 800 336-HELP); en Virginie (1 800 572-7222).

Nous sommes membres du CAA depuis plusieurs années et nous nous sommes prévalus de ses services inestimables beaucoup plus souvent aux États-Unis qu'au Canada.

Je ne recommande pas de voyager en automobile vers la Floride sans avoir accès aux services d'un club automobile de votre choix. Leurs conseils sur les routes et l'utilisation de leurs services rendront votre voyage plus facile.

Les adresses des bureaux du CAA sont inscrites dans l'annuaire téléphonique sous l'appellation de CAA (non pas Canadian Automobile Association).

• American Association of Retired Persons (AARP) (Association américaine des personnes retraitées)

Les multiples raisons pour devenir membre de l'AARP ont été exposées dans le chapitre 5. Dans ce chapitre-ci nous sommes seulement concernés par l'importance qu'il y a à posséder une carte de membre de cette association lorsque vous voyagez en automobile vers votre destination, que ce soit la Floride ou les autres État ensoleillés.

La plupart des grandes chaînes d'hôtels et motels offrent des escomptes spéciaux aux membres de l'AARP. Dans certains cas, il est demandé de réserver à l'avance; vous pouvez alors appeler sans frais quelques heures avant votre arrivée. Les numéros sont inscrits dans les annuaires des diverses chaînes.

Je vous suggère d'écrire ou de téléphoner pour obtenir vos annuaires avant de commencer votre voyage, afin que vous puissiez planifier soigneusement votre itinéraire. Seul un petit nombre de motels faisant partie de ces chaînes n'offrent pas d'escompte; quelques-uns ont certaines restrictions. Les annuaires détaillent les commodités et services offerts par chaque motel; ces informations sont vitales pour les handicapés et autres personnes ayant des besoins spécifiques.

Utilisez toujours les annuaires en vigueur, parce que les escomptes peuvent varier de temps à autre. Certains motels individuels qui donnaient auparavant des escomptes n'en offrent peut-être plus, alors que d'autres, au contraire, en offrent peut-être pour la première fois.

L'AARP vous enverra gratuitement son annuaire dans lequel vous trouverez la liste des chaînes d'hôtels/motels participants, leurs procédures pour obtenir des réservations et leurs restrictions, si tel est le cas. Vous ne profiterez pas de vos escomptes à moins que vous ne les demandiez immédiatement lors de votre arrivée, tout en présentant votre carte de membre de l'AARP.

Voici des exemples de quelques économies:

Holiday Inns
La plupart des Holiday Inns participent, et même quelques-uns au Canada. Les hôtels qui participent à cette chaîne ont la lettre «S», pour Senior, imprimée à la suite de leur numéro de téléphone dans l'annuaire Holiday Inn, qu'on peut obtenir gratuitement à tout hôtel Holiday Inn. Cette chaîne offre un escompte de 10 % sur toutes ses chambres et il n'est pas nécessaire de faire des réservations au préalable.

Hospitality International
Plus de 90 % des hôtels et auberges de cette chaîne participent, offrant eux aussi un escompte de 10 % n'importe quel jour de la semaine et de l'année. Ceux-ci incluent deux cents Master Host Inns, Red Carpet Inns et Scottish Inns.

Ramada Inns
85 % des auberges de cette appellation participent et offrent un rabais de 15 % sur le prix d'une chambre. Ils sont identifiés par un symbole «senior» dans l'annuaire Ramada, à l'échelle mondiale.

Econo Lodges and Econo-Travel Motor Hotels
Cette chaîne économique accorde un rabais de 10 % sur le prix de toutes les chambres, chaque jour de l'année; les auberges ou motels sont situés de façon pratique, le long des Interstates 75 et 95, au sud du Michigan et de la Pennsylvanie. Des réservations ne sont pas nécessaires et 95 % de leurs auberges participent à ce programme d'escompte. Leurs annuaires sont disponibles à chacun de leurs hôtels ou auberges Econo.

Sheraton Hotels and Inns
Pour leur part, presque tous les hôtels Sheraton offrent un escompte appréciable de 25 % aux membres de l'AARP. Cependant, certains n'étendent pas leur escompte aux dates où l'affluence est

intense. Même si des réservations ne sont pas nécessaires, vous devriez vérifier pour être certain que les hôtels ou auberges de cette chaîne offrent ces escomptes aux dates où vous prévoyez voyager. Un annuaire sur les localités où ils sont situés est disponible à tous les hôtels ou auberges Sheraton.

Quality Inns, Rodeway Inns et Travelodge offrent des programmes similaires; pour plus d'information, consultez l'annuaire de l'AARP. Plusieurs autres motels et restaurants donnent aussi des escomptes aux membres de l'AARP. Surveillez les affiches le long des autoroutes Interstate.

• September Days Club

Ce club est commandité par la chaîne de motels économiques Days Inn. La carte de membre coûte 10 $ U.S. annuellement et est disponible pour toute personne de 55 ans et plus. Les membres et leur famille reçoivent un rabais de 10 % sur les chambres de tous les Days Inns participants. En tant que membre, vous avez droit également à un escompte de 10 % sur la location d'une automobile. Dans l'ensemble des bénéfices du club, vous obtenez un magazine trimestriel présentant des articles sur les divertissements et autres sujets d'intérêt. (Ce magazine n'arrive toutefois pas à atteindre les standards de *Modern Maturity,* la publication de l'AARP, et il est quelque peu condescendant.)

Lorsque vous quittez les États adjacents à la frontière canadienne, les motels Days Inn sont situés le long des autoroutes Interstate conduisant à la Floride; leurs taux sont attrayants. La plupart de leurs motels possèdent des stations-service ouvertes 24 heures par jour et on y vend l'essence à prix de rabais. La chaîne des Days Inn est constituée de franchises, par conséquent les standards varient d'excellents à pauvres. Nous sommes demeurés plusieurs fois aux Days Inns au cours de nos voyages vers et en Floride mais, dernièrement beaucoup moins qu'auparavant. Les prix des chambres sont maintenant plus élevés que dans les autres chaînes de motels économiques et les standards des chambres et du service sont souvent décevants.

Il y a quelques étés, mon épouse voulut passer un couple de jours à West Palm Beach. Le prix de la chambre double standard était de 24,88 $. Nous appartenons au club Encore et les Days Inns à West Palm Beach étaient sur la liste de l'annuaire du club. Nous avons profité d'une chambre pour deux nuits au prix d'une seule: en outre, un escompte de 10 % nous fut accordé parce que nous faisions partie du September Days Club. Notre séjour dans ce confortable motel nous a donc coûté la très modique somme de moins de 12 $ par jour, taxes incluses.

• **Derniers préparatifs**

Il y a plusieurs choses que ma femme et moi faisons avant chaque voyage et nous vous les recommandons.

- Préparez une petite valise avec les vêtements dont vous aurez besoin durant tout le voyage vers la Floride afin de ne pas avoir à transporter une lourde malle à l'arrivée et au départ dans chaque motel. Remplissez un autre petit sac de voyage contenant vos articles de toilette, médicaments et autres et assurez-vous qu'ils sont toujours facilement accessibles.
- Pour minimiser les risques de vol dans les motels et aux aires de repos le long de la route, gardez l'intérieur de votre voiture aussi vide que possible. Tout ce que vous n'utiliserez pas en route devrait être placé dans le coffre de l'automobile.
- Achetez des chèques de voyage U.S. de petites dénominations de dix ou vingt dollars pour toute dépense durant le trajet. Ne montrez pas des chèques de cinquante ou cent dollars lorsque vous vous inscrivez dans les motels, car vous ne savez jamais qui vous surveille.

Évitez d'encaisser vos chèques de voyage dans les banques qui exigent des frais pour ce service. Aussi, gardez à l'esprit que ces chèques ne peuvent être encaissés que par la personne au nom de laquelle ils ont été faits; un conjoint pourrait être perdu et sans le sou dans une situation d'urgence. Apportez une somme partagée et égale en chèques de voyage et tentez de diviser vos dépenses journalières.

- Plusieurs postes d'essence, spécialement ceux qui vendent l'essence aux prix les plus bas, n'acceptent pas les cartes de crédit ou les chèques de voyage. Je suggère donc que vous transportiez quelques centaines de dollars U.S. en petites coupures pour éviter tout problème.
- Assurez-vous de posséder des pièces d'identité suffisantes pour traverser la frontière. Un permis de conduire n'est pas considéré comme identification adéquate pour l'immigration. Apportez vos passeports, certificats de naissance ou de naturalisation afin d'éviter des problèmes lorsque vous passerez aux postes d'immigration et de douane des États-Unis.
- Par économie et utilité, — et parce qu'il semble que nous ne puissions commencer la journée sans une tasse de café, nous préparons habituellement un petit déjeuner continental dans notre chambre de motel.

  Un nécessaire pour le petit déjeuner peut être rangé dans un sac solide et devrait inclure:

  a) des tasses incassables;

  b) une petite cafetière ou réchaud pour chauffer l'eau du thé ou du café. Nous sommes des gens difficiles, c'est pourquoi nous incluons une cafetière électrique.

  c) café instantané, substitut de lait, sucre ou produit succédané, sacs de thé et cuillères;

  d) beurre, confiture et beurre d'arachide que nous «empruntons» en portions individuelles dans les restaurants;

  e) bouteille thermos;

  f) glacière (elle peut habituellement être remplie chaque jour avec des glaçons offerts gracieusement par le motel.)

- Vous voudrez peut-être préparer quelques-uns de vos repas durant votre séjour en Floride. Pour que ce soit possible, louez une chambre avec cuisinette, l'équivalent au motel d'une petite garçonnière. Celle-ci inclut les commodités de la cuisine et les ustensiles, des draps et serviettes et, normalement, quelque forme de service de femme de chambre. Les deux appareils importants dans ces petits appartements sont la cuisinière et le réfrigérateur. Toutes les nécessités d'une cuisine sont incluses — chaudrons, vaisselle, coutellerie — et l'état de ces articles peut varier de choquant à excellent.

Pour éviter une expérience déplaisante, toujours possible, nous avons une «trousse de dépannage» dans le coffre de l'automobile. Voici ce qu'elle contient:

a) un bain-marie avec couvercle;
b) de la coutellerie;
c) de la vaisselle de plastique de qualité;
d) un couteau bien aiguisé;
e) des napperons, pour donner une touche personnelle à nos repas et aussi un aspect de propreté immédiat;
f) un percolateur peu coûteux;
g) des condiments;
h) un ouvre-boîte et un ouvre-bouteille.

• Le transport de votre automobile en Floride

Si vous voulez profiter de l'avantage d'avoir votre propre automobile en Floride, mais n'avez pas envie de conduire sur un long parcours, il existe une variété de services disponibles, mais à un certain prix.

Certaines compagnies s'organiseront pour que votre voiture soit conduite à partir de divers endroits du Canada vers la Floride. Surveillez la rubrique «business personal» dans les grands journaux métropolitains ou cherchez dans les Pages Jaunes de l'annuaire téléphonique pour obtenir une liste des compagnies qui offrent ce genre de service. Toutes les marchandises transportées doivent être rangées dans le coffre et, comme le mentionne l'une de ces firmes, «ces effets ne peuvent inclure que des articles qui ne causent aucun problème aux douanes du Canada et des États-Unis. Donc, point d'alcool, de drogues prescrites ou de plantes.» La livraison prend environ quatre jours et la compagnie paie l'essence. Votre assurance-automobile normale est votre seule protection en cas d'accident, mais la plupart des compagnies paieront le déductible si les dommages sont la responsabilité du chauffeur. Les taux varient légèrement d'une compagnie à l'autre et, de la haute saison à la saison peu occupée. Par exemple, une livraison de Toronto à Fort Lauderdale coûtera environ 255 $ U.S., aller seulement.

Le train-auto vous transportera, vous et votre automobile, en Floride dans l'espace d'une nuit*. Ce train quitte Lorton, Virginie, une banlieue de Washington D.C. pour se rendre à Sanford, Floride, à environ 30 milles au nord-est d'Orlando. De Sanford, il y a accès facile aux côtes du Golfe et de l'Atlantique. Le train-auto procure un voyage extrêmement confortable dans des wagons luxueux; les automobiles sont transportées dans des wagons de marchandise fermés. Repas, collations et divertissements sont inclus dans le prix et vous pouvez laisser tous vos bagages dans votre voiture. (Même si la compagnie assure votre automobile contre les dommages pouvant survenir au cours du voyage, le contenu n'est cependant pas assuré.) C'est un voyage fort agréable.

Le train-auto, dont le départ est fixé à 13h de Lorton, permet un voyage intéressant et reposant qui élimine environ 900 milles de conduite. Durant la haute saison, le coût est de 250 $ U.S. pour l'automobile et de 149 $ U.S. par personne. Pour être sûr d'arriver à l'heure à Lorton, partez de nombreuses heures à l'avance.

• Conseils pour la route

L'essence régulière sans plomb coûte actuellement plus de 2 $ canadiens, le gallon, en Ontario. Que dire du Québec!... Alors rappelez-vous ceci: ne faites pas le plein alors que vous êtes du côté canadien de la frontière — vous sauverez plus de cinquante cents le gallon aux États-Unis. Lorsque vous traversez aux États-Unis, la vitesse limite est de 55 milles à l'heure**. Les Interstates 75 et 95 sont patrouillées avec soin; si vous ne voulez pas risquer une contravention, observez la limite de vitesse permise ou assurez-vous de voyager au centre d'un «convoi». Si vous appartenez au CAA, téléphonez au club, juste avant de partir, pour obtenir des renseignements de dernière heure sur les pièges à vitesse et les endroits où la route est en réparation.

---

* Le train-auto est du ressort d'Amtrak, l'équivalent américain de Via Rail. Pour réservations, appelez sans frais à 1 800 426-8725.

** Certains États ont récemment haussé leur limite de vitesse dans quelques régions rurales.

Ma femme et moi avons utilisé ces deux autoroutes pour nous rendre en Floride, été comme hiver, et nous avons choisi à l'avance les motels où nous allions nous arrêter chaque soir. Nous avons comme règle de quitter le motel tôt le matin, vers 5h. La plupart des restaurants de motels ne sont pas ouverts si tôt; c'est pourquoi, dans notre chambre, avant de prendre la route, nous nous préparions un petit déjeuner continental — jus d'orange en canette refroidi dans le seau à glace du motel, petit pain, café ou thé préparé en faisant chauffer l'eau dans notre chauffe-eau électrique —. Souvent nous nous arrêtions pour un déjeuner plus tardif au restaurant d'un luxueux motel ou d'un grand magasin, ou encore dans une chaîne de restaurants, avant que les spéciaux du petit déjeuner ne se terminent, généralement vers 10h30 ou 11h.

À midi, nous avions déjà décidé où nous passerions la nuit suivante et nous téléphonions sans frais pour faire une réservation au motel choisi. Étant membres de l'AARP et de Encore, nous séjournons toujours dans les motels qui offrent des escomptes. Nous avons déterminé une limite arbitraire de conduite sur la route, fixée à 400 milles par jour pour que, vers 15h, nous soyons arrivés à notre motel et prêts à prendre une douche, nous saucer dans la piscine, collationner, probablement faire un petit somme avant le souper, notre plus gros repas de la journée. Après le souper, nous visitons le supermarché le plus près et y achetons les ingrédients de notre prochain déjeuner.

Quelquefois, lorsque nous voyageons, nous trouvons un endroit où il nous plairait de demeurer plus qu'une simple nuit mais où nous n'aimerions pas payer une journée additionnelle sur la note de notre motel. Il est un endroit, à l'est du Kentucky, où Elvereene et moi, tous deux adeptes de la musique country, sommes ébahis par la beauté des montagnes. Elles sont à vous couper le souffle. En tant que membres de l'association Encore, nous avons droit à un «twofer» (c'est-à-dire deux nuits pour le prix d'une) aux motels inscrits dans l'annuaire du club. Nous nous sommes donc, un jour, arrêtés au Thrifty Dutchman Motel, sur l'Interstate 75, à Richmond, dans le Kentucky, où notre séjour de deux nuits nous a coûté aussi peu que 18 $ U.S. plus taxe. Nous avons grandement apprécié le panorama des montagnes et passé une soirée agréable à la Renfro Valley Barn Dance, de Renfro Valley, à 30 minutes de Richmond en automobile. C'est un simple exemple pour vous démontrer comment on peut profiter des conseils pour économiser énumérés au chapitre 5.

Étant donné que la plupart des motels le long de la route sont situés dans des régions rurales, avec peu de patrouilles policières, on vous recommande de vider, chaque soir, l'arrière de l'automobile afin de ne pas tenter les voleurs. Tout ce qui ne peut être rangé dans le coffre devrait être transporté dans votre chambre. Je conseillerais aussi de vous inscrire au motel alors qu'il fait encore jour pour que vous puissiez examiner soigneusement la chambre avant de vous enregistrer. À la noirceur, même une chambre laide et sale peut sembler invitante à des voyageurs fatigués. Et surveillez aussi les coquerelles! Si vous en trouvez, faites une faveur à vos confrères voyageurs en faisant parvenir une lettre au siège social de la chaîne de motels, s'il y a lieu.

Tout voyageur vétéran sait comment il est difficile de trouver des restaurants convenables le long des autoroutes. Le problème est beaucoup plus sérieux pour ceux qui ont à suivre des diètes restrictives. Cependant, la solution est facilement trouvée. Par exemple, nous prenons le petit déjeuner seulement dans les hôtels importants et les restaurants des grands magasins et nous n'y avons pas encore trouvé de menu inacceptable. Pour les dîners et soupers, nous recommandons les restaurants qui fonctionnent sur une base de cafétéria. Il existe de nombreuses chaînes de cafétérias qui ont des établissements le long des deux Interstates. Nous y avons trouvé des mets bien préparés, incluant des choix adéquats pour diètes restrictives et nos repas nous revenaient à des prix fort raisonnables. Vous trouverez une cafétéria à tous les cinquante milles ou à peu près, le long des autoroutes (excepté au Kentucky) et des affiches sur les routes vous indiquent l'endroit où elles sont situées. Les trois chaînes que nous encourageons fréquemment sont Davis Brothers, S&S Cafeteria et Morrisons.

Si vous suivez l'Interstate 75 vers la Floride, vous devrez conduire à travers l'État de la Georgie, une distance de près de 563 kilomètres (350 milles). Il est à peu près impossible de traverser l'État sans s'arrêter pour faire le plein et ceci présente un problème. Au cours des années, plusieurs milliers de touristes-automobilistes ont été victimes de stations-service établies le long de l'autoroute. Il y eut tant de plaintes concernant l'escroquerie des stations-service que le magazine télévisé «60 Minutes» envoya sa propre équipe de recherchistes en Georgie. Ceux-ci décrivirent, à l'une de leurs émissions, une série de faits aberrants. Les grandes compagnies de pétrole et le gouvernement de l'État ont fait de sérieuses tentatives pour nettoyer la région de ses artistes de l'escroquerie mais, malheureusement, ils n'ont pas entièrement réussi.

Il y a à peine quelques années, en revenant de la Floride nous nous sommes arrêtés pour prendre de l'essence en Georgie. Pendant que le préposé au service vérifiait sous le capot, il se chargea de nous distraire et fit jaillir de l'huile sur les amortisseurs de la voiture. Il nous dit alors qu'il y avait une fuite d'huile et que nous pourrions avoir de graves problèmes si nous tentions de conduire notre automobile chargée à travers les montagnes du Tennessee et du Kentucky. Le croyant sur parole, nous lui avons répondu qu'il pouvait réparer les dommages à condition de nous remettre les vieux amortisseurs. Par la suite, nous avons vérifié avec deux autres stations-service et les deux ont conclu que les dits amortisseurs n'avaient pas besoin d'être remplacés. De plus, les pièces de remplacement n'étaient pas de la qualité qui nous avait été promise et le coût était plus du double du montant que nous aurions dû normalement payer.

La filiale du CAA en Floride, le Peninsula Motor Club, donne un avertissement à ce sujet dans le «Triptik» qu'il offre à ses membres.

Les postes d'essence à libre-service ne sont pas nécessairement la réponse au problème puisqu'il a été rapporté que des pneus y ont été fendus pendant que les chauffeurs faisaient le plein.

Il existe cependant un moyen pour contourner le problème. Des quinze motels Days Inn adjacents à l'Interstate 75 en Georgie, quatorze possèdent des pompes à essence libre-service. Il n'y a pas de préposé à l'essence et le paiement se fait directement au caissier du motel. De cette façon, personne ne s'approche de votre voiture et, autre détail important, cette chaîne vend l'essence à très bas prix, parmi les moins élevés sur l'Interstate, pour attirer la clientèle. Consultez l'annuaire des Days Inn pour trouver ceux qui vous offrent ce service.

Si par malheur votre automobile tombait en panne sur l'Interstate 75, vous courriez le risque d'être victime d'une escroquerie. Que faire alors? D'abord, si la voiture peut rouler, conduisez-la jusqu'à la prochaine sortie de l'autoroute et de là, à courte distance, sur l'autoroute 1, continuez le long de cette route jusqu'à la ville la plus rapprochée. (Dans la plupart des cas, la distance n'excédera pas un mille.) Une fois dans la ville, trouvez un téléphone et cherchez dans les Pages Jaunes le garage local de l'AAA. Si par la suite vous croyez que le garage approuvé par l'AAA vous a demandé trop cher pour ses services, l'AAA se chargera d'enquêter au sujet de votre plainte. Si, par ailleurs, votre automobile n'est pas en état d'être conduite, alertez la patrouille de l'autoroute et le patrouilleur de l'État téléphonera pour vous au garage de l'AAA local; si vous êtes membre de l'organisation, votre automobile sera remorquée sans frais. Pour obtenir des services de ce genre, à n'importe quel endroit de votre voyage, c'est la procédure normale à suivre.

• Le transport de vos biens

Si vous avez acheté une maison en Floride et avez l'intention de la meubler avec ce que vous possédez déjà au Canada, il y a deux façons de transporter vos meubles là-bas. Chacune a ses avantages, tout dépend de vos besoins. Permettez-nous de vous offrir un exemple spécifique.

Mary et John Jones ont acheté un condominium de deux chambres à St.Petersburg; les seules pièces d'ameublement incluses sont les moquettes. Nos amis ont vendu leur maison de quatre chambres à coucher à Oshawa, Ontario. Depuis, ils ont un surplus d'articles ménagers et de pièces de mobilier pour leur nouvel appartement. Mary et John ont donc décidé de faire transporter en Floride les articles qui leur seront nécessaires pour meubler

146

leur condominium à St. Petersburg. Ayant téléphoné aux déménageurs pour avoir une estimation, ils ont été renversés d'apprendre que la compagnie de transport leur demandait au moins 1 000 $ U.S. pour déménager leurs meubles et autres articles d'utilité courante à leur résidence de Floride. Et ce montant n'incluait aucun appareil ménager lourd... ceux-ci entraînant des frais additionnels.

Dans un tel cas, je suggérerais que Mary et John réfléchissent bien avant de prendre la décision d'expédier leurs biens en Floride. D'abord, les meubles et autres fournitures de maison coûtent bien meilleur marché là-bas qu'au Canada, sans oublier que la table ou la lampe, si jolies au Canada, pourraient être complètement hors contexte dans un décor subtropical. Ils devraient donc éliminer ces articles et ne conserver aucune nécessité ou souvenir particuliers et lire le chapitre 5 pour apprendre comment magasiner pour des meubles en Floride ou dans les autres États ensoleillés.

Lorsque le processus d'élimination aura été complété, le surplus pourrait bien être donné aux membres de la famille, aux amis ou à une association charitable. Encore mieux, John et Mary pourraient organiser une vente de garage et faire de l'argent.

Lorsque le couple aura disposé de tous ses surplus, le coût de transport de ses biens de valeur sera considérablement réduit, comparativement à l'estimation première. À ce point, il pourra alors décider d'économiser encore un peu plus en oubliant totalement les déménageurs pour transporter lui-même ses possessions en Floride au moyen d'une remorque tirée par l'automobile. Une personne habile peut même construire une remorque adéquate, ou bien, John et Mary peuvent en acheter une d'occasion. Nous avons nous-mêmes acheté, il y a quelques années, une remorque de 4 × 7 pieds pour la somme de 125 $. La plupart des gens préfèrent une troisième option: louer une remorque pour un voyage aller seulement.

Louer une remorque pour un voyage aller seulement est plus compliqué que de le faire pour une autre qui demeurerait au Canada. Au meilleur de ma connaissance, une seule compagnie, en l'occurrence U-Haul, possède des remorques utilitaires pour traverser la frontière. Des remorques louées portant des plaques d'immatriculation canadiennes ne peuvent être conduites aux États-Unis. Il est donc nécessaire d'attendre qu'une remorque avec plaques d'immatriculation américaines soit disponible. Étant donné que les remorques offertes sont de dimensions variées, il pourrait y avoir un délai pour obtenir celle qui vous conviendrait. U-Haul maintient un inventaire à jour des remorques portant des plaques d'immatriculation américaines pénétrant au Canada, mais il faut réserver au moins un mois à l'avance en raison de la demande et de la rareté.

Le tarif pour louer une remorque utilitaire de 4 × 6 pieds, d'une hauteur intérieure de 51 pouces, est de 175 $ en devises canadiennes pour huit jours, taxe et assurance en sus. Si vous gardez la remorque plus longtemps, U-Haul vous facturera alors sur une base quotidienne.

Lorsque viendra le temps de passer à la douane des États-Unis, informez le douanier du but de votre voyage et expliquez-lui que vous transportez seulement des biens personnels dans son pays. En aucune circonstance ne mentionnez que vous vendrez possiblement certains articles de la cargaison aux États-Unis, car effectuer une telle vente, ce serait violer les lois de la douane américaine et l'on vous refuserait l'entrée aux États-Unis. Retenez bien ce conseil car l'un de nos amis s'est vu refuser le droit d'entrer parce qu'il avait dit à l'inspecteur de la douane que si les meubles qu'il transportait en remorque ne convenaient pas à sa maison mobile, il les vendrait.

• Voyager par avion, train ou autobus

Si vous ne désirez pas vous rendre en Floride en automobile, il y a au moins trois autres moyens pour vous y rendre.

Le voyage par avion est le moyen le plus rapide et les taux de vols nolisés ou tarifs d'excursion peuvent être sensiblement plus bas que les tarifs du train ou de l'autobus. Si vous projetez de demeurer en Floride moins de trente jours, vous pouvez prendre avantage des meilleures aubaines. Pour des séjours prolongés, le plein tarif peut s'appliquer. En plusieurs cas, cela pourrait être le double du tarif économique. Si vous planifiez de prendre l'avion pour la Floride durant la saison de Noël ou dans la période allant de la mi-janvier à la mi-mars, il est à conseiller de faire des réservations pas plus tard qu'à la fin de septembre, sinon vos choix de vol seront très limités. De Toronto et Dorval, Eastern Airlines et Air Canada ont des vols quotidiens sans escale vers Tampa, Orlando et Miami, toute l'année durant. La plupart des vols nolisés se rendent aux mêmes destinations, quoique certains vols se rendent directement vers d'autres villes telles Fort Lauderdale, St. Petersburg-Clearwater. La majorité des compagnies aériennes feront aussi les arrangements pour qu'une voiture de location vous attende à l'aéroport, en Floride.

Les tarifs, cédules et restrictions pour les vols en provenance du Canada sont si instables que j'hésite à donner des exemples.

Les trains et autobus sont des alternatives pour les nombreux autres individus qui ne veulent ni conduire ni prendre l'avion pour se rendre en Floride.

Aux États-Unis, les systèmes ferrovières relatifs aux trains de passagers sur de longues distances ont été réorganisés et sont maintenant sous la responsabilité d'une corporation gouvernementale fédérale, Amtrak. Tous les wagons-restaurants ou de passagers sont neufs ou ont été complètement rénovés. Nous avons déjà effectué un voyage en train de Miami à New York et nous avons trouvé que le service rappelle les hauts standards qu'offraient les trains d'il y a vingt-cinq ans.

Les Québécois qui se rendent en Floride doivent utiliser Amtrak. Par exemple, si vous demeurez dans le sud du Québec, votre point de départ le plus rapproché serait Montréal. Le train quitte Montréal quotidiennement, arrive à New York et effectue un transfert en direction de la Floride.

Pour plus d'information concernant les voyages en train, communiquez avec Amtrak par Via Rail au (514) 871-1331 ou 1 800 426-8725.

Greyhound ou Voyageur ont un service d'autobus vers la Floride avec comme point de départ plusieurs villes canadiennes. Par exemple, il y a plusieurs départs quotidiens de Montréal, mais on doit effectuer un transfert à New York.

Depuis avril 1987, le circuit aller-retour Toronto-Miami coûte 358,45 $ en argent canadien. Cependant, songez que les prix augmentent quelquefois et les cédules peuvent subir des modifications. Vérifiez avec votre agent de voyage ou au terminus d'autobus avant de faire des plans définitifs.

• Louer une automobile

Un aperçu des moyens de transport en Floride peut sembler en dehors du sujet de ce chapitre, mais nous devons nous rappeler que ce livre concerne tout sur l'exploration et l'évaluation des options de mode de vie que la Floride offre aux retraités. Pour un individu qui vient d'arriver à l'aéroport de Tampa, le transport sur terre n'est qu'une extension du vol aérien. Une automobile peut alors fournir la mobilité nécessaire pour explorer la variété d'alternatives de mode de vie disponible dans l'État. Le temps est précieux lorsque vous êtes en Floride pour une période relativement courte, dans le but de dénicher la demeure de vos rêves. Le transport en commun est un moyen lent et généralement inadéquat, c'est pourquoi une automobile devient une nécessité.

Si vous êtes convaincu de la nécessité d'avoir une automobile à votre disposition pendant votre séjour en Floride et que vous ne vouliez pas conduire la vôtre jusque-là, il y a trois alternatives à considérer: la location d'une voiture neuve ou d'occasion ou encore l'achat d'une automobile en Floride.

Chacune de ces options possède des avantages et des désavantages, tout dépend de votre situation. Avec ceci en tête, laissez-nous maintenant évaluer ces trois alternatives.

Si vous comptez demeurer en Floride pour seulement quatre ou cinq semaines, vous seriez sage de louer une automobile de modèle récent. La location d'une sous-compacte peut vous coûter moins de 75 $ U.S. par semaine, taxe de 5 % en sus, durant la saison d'hiver et même moins cher, pendant le reste de l'année. Ceci inclut un millage illimité; vous payer seulement l'essence.

Lorsque vous louez une voiture, demandez en quoi consiste l'assurance. Certaines firmes assument tous les coûts au-delà de 350 $ si vous endommagez l'automobile louée. Le déductible de 350 $ peut être évité de deux façons: soit en payant un tarif supplémentaire de 6 $ par jour, soit en laissant un dépôt allant de 300 $ à 500 $. Assurez-vous de lire le texte écrit en petits caractères dans le contrat d'assurance. Les grandes compagnies de location offrent à peu près toutes la même protection de base: jusqu'à 100 000 $ de responsabilité pour chaque individu et 300 $ au total pour toutes les personnes impliquées dans un même accident, quel qu'il soit. De plus, cette assurance assure une protection de 25 $ pour les dommages à la propriété. Ces coûts et termes peuvent varier.

Il y a deux sortes d'assurances offertes par les firmes de location d'automobiles: primaire et secondaire. Par la protection primaire, la compagnie d'assurances pourvoit aux paiements des dommages accidentels, jusqu'à une certaine limite. Cependant, quelques petites compagnies ne peuvent fournir une assurance primaire au client et la loi de la Floride ne l'impose plus maintenant. Aussi, celles-ci présentent une assurance secondaire. Ceci signifie que, dans l'éventualité d'un accident, la compagnie ne commence elle-même à payer que si votre propre assurance ne vous protège plus. Une protection secondaire présente un inconvénient majeur: si un accident survenait et que votre compagnie d'assurances en défrayât les coûts, vos primes pourraient alors augmenter. Si, lorsque vous louez une auto, la compagnie de location demande le nom de votre compagnie d'assurances personnelle lors de la préparation du contrat, il y a une forte probabilité qu'elle offre une assurance secondaire.

Il est donc à conseiller de réserver votre voiture à l'avance, par l'entremise d'une agence de voyage ou d'une compagnie de location d'automobiles au Canada. Les voitures sous-compactes sont tellement en demande durant la saison hivernale que vous serez peut-être obligé d'accepter une compacte ou autre automobile standard à un coût de location hebdomadaire beaucoup plus élevé ou même doublé comparativement à celui de la sous-compacte. Lorsque vous serez en Floride, ne tentez pas de louer une voiture durant les week-ends sans carte de crédit. Pour louer une automobile sans carte de crédit, vous êtes habituellement tenu de faire un dépôt d'au moins 50 $ pour chaque jour durant lesquels vous planifiez de conserver la voiture et la compagnie de location doit être en mesure de vérifier votre numéro de téléphone à domicile, tout en exigeant aussi une référence. Certaines firmes de location refusent parfois de vous rembourser pour des réparations non autorisées. Alors, si vous avez un problème quelconque, avisez-en toujours la firme. (Téléphonez à frais virés ou utilisez leur numéro sans frais.)

Louer un modèle de l'année peut s'avérer coûteux si vous passez plus d'un mois en Floride. Si vous trouvez les prix élevés, un autre choix s'offre à vous depuis ces dernières années. Vous le savez, des firmes de location d'automobiles d'occasion transigent maintenant à travers le Canada et les États-Unis; ces compagnies louent donc des voitures qui datent de trois ou quatre ans. Que leurs noms plutôt colorés ne vous effraient pas. «Rent-a-Wreck» ou «Rent-A-Heap-Cheap» ne présagent rien de bon, mais ces dénominations ne sont là que pour attirer notre attention. Les compagnies de location de telles voitures les gardent en bon état et fonctionnent à peu près de la même façon que Budget, Hertz ou Greyhound.

Pour environ la moitié du prix d'une sous-compacte de modèle courant, vous pouvez louer une automobile de grandeur standard, climatisée et confortable. Toutefois, ne vous attendez pas de vous présenter à un bureau de location et qu'on vous remette immédiatement une voiture. Elles sont tellement en demande qu'il est nécessaire d'en faire la réservation au moins un mois à l'avance et les bureaux canadiens locaux ne peuvent pas les réserver pour vous. Donc, pour effectuer ces réservations, regardez dans les Pages Jaunes de la ville floridienne la plus rapprochée de votre destination, puis écrivez ou téléphonez pour votre réservation. (Vous pouvez trouver des annuaires téléphoniques de la Floride dans les bureaux de la compagnie de téléphone ou à la bibliothè-que publique.)

Si vous avez acheté une maison en Floride et comptez passer plusieurs mois d'hiver dans l'État, il serait alors peut être plus avantageux d'acheter une automobile là-bas.

Nous avons déjà souligné les avantages qu'il y a à posséder une automobile en Floride, mais l'achat et l'immatriculation d'une voiture appellent certaines considérations qui doivent être entiè-rement comprises.

Devriez-vous alors acheter une voiture neuve ou d'occasion? Quelle sorte d'automobile constituerait le meilleur achat? Comment et où devez-vous magasiner si vous préférez une auto neuve? Votre achat peut-il être assuré par votre compagnie d'assurances canadienne? Ce ne sont là que quelques-unes des questions dont la réponse vous préoccupe.

Étant donné que les automobiles neuves coûtent tellement cher et que vous n'utiliserez ce véhicule que six mois par année, vous opterez probablement pour une voiture d'occasion. De grosses automobiles d'occasion constituent souvent un meilleur achat car, compte tenu de la hausse du prix de l'essence, on peut les ache-ter à des prix qui étonneraient la majorité des Canadiens. Ne vous inquiétez pas de l'âge de l'automobile: en Floride, libre de neige et de glace, même les plus vieilles voitures ne rouillent pas. Cer-taines automobiles de quinze ans ont l'aspect de neuves à peine sorties da la ligne d'assemblage. D'anciennes Cadillac et Conti-nental sont si communes dans les villes de retraités qu'elles ont été surnommées les «Florida Fords». Voilà donc votre chance de posséder la voiture de vos rêves, pour une fraction du prix d'une automobile neuve. Ainsi, les prix d'une Cadillac de sept ou huit ans commencent à 2 000 $, sensiblement la même chose que les Ford, Chevrolet et Plymouth, plus conventionnelles.

L'achat d'une automobile d'occasion peut être moins coû-teux que la location d'une voiture. Cependant, ne pensez pas ache-ter une automobile en Floride pour la ramener ensuite au Canada. Les lois des douanes canadiennes interdisent l'importation d'automobiles au Canada par des citoyens canadiens qui demeurent hors du pays moins de douze mois consécutifs.

Les taux d'assurance en Floride sont généralement moins élevés que dans les villes canadiennes, mais varient selon les diverses régions de l'État. Ainsi, l'assurance-automobile est presque deux fois plus coûteuse dans le comté de Dade (Miami) que dans celui de Charlotte (Port Charlotte). Si vous annulez votre assurance-automobile floridienne lorsque vous revenez au Canada, vous devez remettre vos plaques d'immatriculation étant donné qu'aucun véhicule en Floride ne peut être immatriculé à moins que le propriétaire ne maintienne un minimum de protection d'assurance. Vous serez probablement obligé de prendre une police séparée sur votre automobile parce que tous les véhicules immatriculés dans cet État doivent être assurés par des compagnies enregistrées dans l'État.

Même si les automobiles en Floride ne rouillent pas de l'intérieur vers l'extérieur, comme elles le font au Canada, elles doivent être lavées fréquemment parce que le sel marin dans l'atmosphère en rouillera l'extérieur et spécialement sous la moulure de la vitre arrière où l'humidité s'accumule. Les permis d'immatriculation coûtent légèrement moins cher qu'au Canada et vous conservez les plaques si vous vendez le véhicule.

• Emmener votre animal domestique

Si vous êtes un *Snowbird* qui passe tout l'hiver en Floride et si vous êtes propriétaire d'un animal domestique, certaines questions demandent des réponses. Pouvez-vous emmener votre animal en Floride? Devez-vous le faire? Et si vous décidez de le laisser à la maison, comment vous assurer que votre chat ou votre chien sera bien soigné?

Ma femme et moi avons dû envisager ces questions lorsque nous avons décidé de passer mon congé sabbatique de 1975-1976 en Floride. Après y avoir mûrement réfléchi, nous avons décidé d'emmener notre chatte de dix ans, nommée Samantha, plutôt que de la laisser aux bons soins de notre famille. (Samantha ne m'aurait jamais pardonné de ne pas l'avoir utilisée en tant que sujet d'étude de cette section de mon livre...) Cet été-là, nous nous sommes rendus en Floride en automobile et Samantha s'est jointe à nous quelques jours plus tard, à la suite d'un agréable voyage à l'air conditionné dans une réacté d'Air Canada. Si vous vous êtes déjà rendu en Floride en été dans une automobile privée d'air conditionné, vous apprécierez le traitement préférentiel reçu par Samantha. (Malheureusement notre fidèle Samantha nous a quittés pour un monde meilleur en novembre 1986, à l'âge respectable de 22 ans.)

Si vous décidez d'expédier votre chat ou votre chien aux États-Unis par avion, vous devez vous conformer à deux lois bien spécifiques: celles de la compagnie d'aviation et celles des douanes américaines.

Les lois des douanes aux États-Unis stipulent qu'un chat ne demande aucune forme de certificat de santé si le douanier juge que l'animal semble en bonne santé. Cependant, il est impossible de ramener le même chat par les douanes canadiennes, à moins de détenir un certificat en bonne et due forme, par lequel un vétérinaire certifie que l'animal a été vacciné contre la rage au cours des trois dernières années. Dans le cas d'un chien, c'est différent; pour qu'il puisse pénétrer aux États-Unis, vous devez posséder un certificat valide, signé par un vétérinaire, indiquant qu'il a reçu un vaccin contre la rage dans les douze derniers mois.

Air Canada complique le problème en requérant un certificat de santé du vétérinaire aussi bien pour les chats que pour les chiens; le document doit être daté d'au moins trente jours de la date du départ et de pas plus de six mois. Pour éviter problèmes et délais, soyez prêt à satisfaire à toutes ces demandes bureaucratiques.

L'animal doit être livré au bureau de cargaison aérienne au moins trois heures avant le vol, dans une cage ou une caisse fournissant un espace adéquat et de la ventilation. (Des cages peuvent être achetés de la compagnie aérienne, à un prix modique.) Les coûts d'expédition sont très modérés. Ainsi, pour transporter un chat de dix livres de Toronto à Tampa, le tarif est de 42 $

en devises canadiennes. Des animaux plus gros et plus lourds entraîneraient un tarif proportionnellement plus élevé.

Si vous vous rendez en Floride pour moins de deux mois, le voyage aller-retour peut être une expérience stressante et débilitante pour votre chien ou votre chat et je suggérerais que d'autres arrangements soient pris pour que quelqu'un s'occupe de l'animal pendant votre absence. En outre, emmener l'animal avec vous, dans votre voiture, peut aussi créer des problèmes: plusieurs motels n'acceptent pas les animaux.

Gardez aussi en tête que la Floride est une région subtropicale et votre chien, ou chat, sera exposé à contracter des maladies ou courra certains risques qui pourraient l'affecter sérieusement. Si votre animal est âgé ou de santé frêle, réfléchissez bien avant de décider si la vie en Floride lui conviendrait.

Qu'arrive-t-il si vous décidez de le laisser à la maison mais que parents et amis ne sont pas disponibles pour en prendre soin? Si vous craignez de laisser votre animal favori aux soins d'un vétérinaire ou du personnel d'un chenil, il existe un service alternatif disponible dans la plupart des grands centres. «Pet Exercising and Feeding Services» (Service d'exercice et alimentation de votre animal) est inscrit dans les Pages Jaunes de l'annuaire. Cette compagnie se chargera d'envoyer du personnel qualifié pour nourrir votre petite bête et passer quotidiennement de vingt à trente minutes avec elle. Faisant partie du même service, la personne désignée arrosera vos plantes, s'occupera du courrier et vérifiera la maison. Une telle compagnie, bien établi à Toronto, demande 7,50 $ par visite pour ce service. Si vous vous rendez en automobile en Floride, ils prendront soin de votre animal jusqu'à votre arrivée et le livreront à l'aéroport pour environ 25 $.

Finalement, rappelez-vous de vérifier les restrictions qui concernent les animaux lorsque vous achetez une demeure dans un développement en Floride!

Étant donné que les prix changent rapidement,
tous les prix cités dans ce livre
devraient être utilisés uniquement
en tant que base de comparaison.

La plupart des points et problèmes rattachés
au mode de vie dans les États ensoleillés
sont universels. Les études de cas illustrent
des points spécifiques, mais la signification
de chacun est généralement applicable
à toutes les localités des États ensoleillés.

CHAPITRE 7

Choisir votre demeure en Floride

La Floride offre des alternatives de logements que peu de Canadiens considéreraient comme pratiques ou appropriées à leur mode de vie chez eux, au Canada. Dans ce chapitre, nous évaluerons ces options à partir de deux points de vue: celui de l'investisseur qui tente de faire des placements lucratifs dans l'immobilier, et celui du retraité dont les intérêts incluent à la fois le mode de vie et l'investissement.

Certains livres récemment publiés sur la vie en Floride consacrent un espace assez important au logement. Malheureusement, dans quelques-uns de ces livres parmi les plus largement distribués, le chapitre réservé au logement est la répétition du matériel emprunté directement aux brillantes brochures produites par les entrepreneurs en immobilier et peu de tentatives ont été faites pour analyser ces options d'habitations. Un livre, publié en 1985, contient moins d'une page sur les condominiums et consacre juste un peu plus d'espaces aux maisons mobiles. Cependant, aujourd'hui ce sont les deux sortes d'habitations que préfèrent les Canadiens en Floride. C'est donc dire que, dans ce chapitre, les deux aspects seront entièrement examinés.

Dans ces quelques dernières années, la hausse du prix d'une maison unifamiliale conventionnelle ou d'un condominium n'a pas été beaucoup plus forte que le taux d'inflation. Des maisons et condos vendus sur le marché 40 000 $ ou 60 000 $ il y a trois ou quatre ans coûtent maintenant de 15 % à 20 % de plus, et les nouvelles propriétés qui leur sont comparables figurent dans les mêmes barèmes. Les taux hypothécaires ont décliné pendant que les coûts ascendants des services municipaux ont nécessité annuellement une augmentation de l'imposition des taxes immobilières et de l'évaluation des propriétés. Acheter un «morceau de soleil» sans vous renseigner au préalable ne vous enrichira pas. Le seul fait qu'un ami ait acheté un condominium il y a dix ans, et dont la valeur a doublé, ne vous garantit pas nécessairement les mêmes résultats. Rien ne peut vous assurer qu'un prix actuel quelconque doublera dans les années suivantes. En fait, le marché peut continuer à surpasser la demande, comme il l'a fait depuis plusieurs années.

Néanmoins, même les experts ont fait des erreurs dans le passé et en commettront encore dans le futur. Il y a quelques années, ma femme et moi envisagions très sérieusement d'acheter un condominium de style villa, avec jardin, à Highland Lakes, un développement près de la U.S. 19, au nord de Clearwater. Le prix de vente était de 30 000 $. Pour diverses raisons, nous ne l'avons pas acheté, à notre plus grand regret. Aujourd'hui, ces unités se vendent jusqu'à 60 000 $. Oubliez un moment que le condominium se vendait 30 000 $ il y a quelques années et posez-vous cette question: Est-ce un bon investissement actuellement à 60 000 $ U.S.? Le marché est saturé d'habitations à 60 000 $ et les reventes se font à un rythme très lent. Si vous tentez de vendre votre résidence en Floride, il vous faudra au moins un an pour en disposer, à moins que vous ne soyez consentant à vendre à sacrifice.

Ne permettez pas à n'importe quel agent immobilier de fausser votre bon jugement. Les vendeurs vous aviseront que les prix seront à la hausse le mois suivant ou que quelqu'un d'autre voudrait faire une offre d'achat. Ne vous pressez pas pour faire un achat important. Pour trouver votre résidence, celle qui vous conviendra sur tous les plans, cherchez soigneusement. Cela demande temps et énergie. Il n'y a aucune pénurie de logement, et cela dans les États ensoleillés. L'exposé de ce chapitre vous orientera dans la bonne direction.

• Acheter une maison pour une vie confortable

Lorsque nous sommes sur le marché du travail, nos options de modes de vie, de styles de comportement et de relations sociales ne sont pas orientées avant tout vers tel type de logement ou telle ville dans laquelle nous vivons. Elvereene et moi vivons présentement dans un complexe d'habitations coopératif, au centre-ville de Toronto; mes meilleurs amis et collègues d'enseignement résident, pour leur part, dans des habitations différentes... allant de maisons unifamiliales en ville, à de petites fermes à la campagne. En dépit de ces différences dans nos résidences respectives, nos styles de vie sont très semblables. Pourquoi? Nos attitudes, valeurs sociales, statuts et même nos relations familiales découlent, pour une grande part, de nos situations de travail. Une bonne partie de nos vies tournent autour de notre emploi. Même nos activités sociales et culturelles sont conditionnées, et à un degré significatif, par notre travail.

Le statut et l'amour-propre relatifs à un emploi s'estompent au moment de la retraite. Du même coup, le travail ne gouverne plus la façon dont nous disposons de notre temps. C'est alors que les buts et les rêves de la vie doivent être satisfaits grâce au mode de vie offert par la demeure, le développement et la ville dans laquelle nous avons choisi de passer toute ou une partie de notre retraite. Même la traditionnelle maison familiale, jadis si confortable pour élever des enfants, peut devenir moins qu'adéquate sous ces nouvelles circonstances.

Le processus de sélection d'une demeure pour la retraite implique quelques considérations qui ne s'appliquent pas lorsqu'il faut choisir une maison pendant que nous sommes sur le marché du travail. Même notre traditionnelle maison unifamiliale devrait être réévaluée à partir de cette perspective. Certaines considérations peuvent s'appliquer à la Floride, mais toutes devraient être gardées à l'esprit en préparation d'une demeure de retraite.

Étant donné que les modes de vie en Floride reposent principalement sur la vie à l'extérieur, la recherche du confort, des divertissements et de la possibilité d'établir des relations avec les voisins est plus importante que le genre de maison que vous achetez. Quelle que soit la sorte de «boîte» dans laquelle vous vivrez — condominium, maison mobile, maison unifamiliale conventionnelle ou maison remorque — il s'agit là de considérations secondaires; la priorité devrait être donnée à l'agglomération urbaine et à ce qu'elle pourra vous apporter. L'excitation de posséder une belle résidence avec vue sur l'océan pourrait tourner à la déception et à la frustration si vos priorités sont mal dirigées.

Comment est-ce possible pour vous de poursuivre ces intérêts et activités s'ils ne sont pas fournis par la municipalité? (Chaque samedi et dimanche, Elvereene et moi hantons les marchés aux puces. L'une des raisons pour lesquelles nous avons choisi notre résidence à Pompano Beach, c'est que nous avions accès à au moins dix marchés aux puces chaque fin de semaine.) Peut-être un membre de la famille aura-t-il besoin de l'automobile pour aller jouer au golf? Y aura-t-il suffisamment d'activités stimulantes à l'intérieur de la localité pour l'épouse laissée parfois à la maison? Existera-t-il un atelier de votre choix ou un club affilié à votre fraternité situé à proximité?

La plupart des gens ne voudraient pas occuper un emploi là où il y aurait désaccord et incompatibilité avec des compagnons de travail ou l'autorité. Dans un développement de retraités, les voisins et membres de la direction des lieux remplacent les collègues de travail et vous devrez bien vous entendre avec eux plus de huit heures par jour. Votre future demeure en Floride devrait être choisie à partir de cette perspective. Circulez d'abord dans la localité et parlez aux gens. Faites-vous un point d'honneur de vous présenter à vos voisins éventuels. Vous devriez être capable de discerner la qualité des relations qui existent entre les dirigeants et les résidants. Nous nous sommes promenés à travers une agglomération de maisons mobiles, sans avoir à traîner un vendeur; plusieurs résidants nous déconseillèrent d'acheter une maison dans ce développement, celui-ci éprouvant de sérieux problèmes financiers ce qui entraînait un important déclin dans la qualité des services et commodités.

Plusieurs personnes ambitionnent de payer comptant leur maison en Floride, afin de ne plus jamais avoir à penser aux versements hypothécaires. Ceci n'est peut-être pas aussi avantageux qu'il semble. Même si les taux d'intérêt hypothécaires sont légèrement plus bas aux États-Unis, les Canadiens doivent tenir compte du dollar canadien déprécié et fluctuant. Aimeriez-vous être pris avec une hypothèque fermée ayant été calculée sur une base d'un budget modique et ensuite être forcé de faire des paiements avec des dollars canadiens dévalués d'un additionnel 10% ou 20%? Si vous envisagez d'acheter une maison déjà occupée, rappelez-vous que plusieurs vendeurs souhaitent faire la vente rapidement et ils accepteront même une hypothèque en dessous des taux en cours. Ne soyez pas gêné d'user d'une telle stratégie lorsque vous ferez une offre d'achat. Et si vous décidez un jour de vendre votre propriété en Floride, vous obtiendrez probablement un meilleur prix si moins d'équités y sont reliées et s'il y a une hypothète importante assumable à taux moindre que celui du marché.

Alors qu'il est important de considérer votre demeure de retraite en Floride en termes de vos propres besoins et intérêts, gardez à l'esprit que, au moment où vous décidez de revendre cette maison, les acheteurs éventuels l'évalueront, eux, selon leurs besoins et intérêts personnels. Ceci pourrait affecter la mise en marché de la résidence. Ainsi, un acheteur éventuel pourrait ne pas être intéressé par des miroirs au plafond de la chambre à coucher ou par un coûteux système de stéréophonie. En d'autres mots, si vous ajoutez à votre demeure des fantaisies trop onéreuses, le prix que vous demanderez pour la vendre pourrait bien ne pas être concurrentiel.

• Facilités de location

Louer un endroit pour passer tout ou la plus grande partie de l'hiver en Floride est une alternative à l'achat d'une maison. Partout en Floride il est possible de louer un logement sur une base hebdomadaire, mensuelle, saisonnière ou bisannuelle; on peut aussi louer avec ou sans bail. Il est également possible de louer des motels et des unités avec cuisinette disponibles pour quelques jours ou une saison complète; il y a également des condominiums, des appartements, des maisons unifamiliales, des maisons mobiles, des véhicules récréatifs et des roulottes ou remorques dans les parcs à cet effet.

Le motel est habituellement l'équivalent d'une chambre simple ou d'une garçonnière incluant chambre et cuisinette. Ces unités sont meublées et incluent une cuisine entièrement équipée, de la literie, un téléviseur couleur, un climatiseur et un téléphone; certaines possèdent aussi le service de femme de chambre. Le coût varie selon le degré de luxe, la grandeur, l'endroit et la durée de votre séjour. Les loyers commencent à environ 500 $ par mois, incluant les commodités; des escomptes sont généralement offerts pour le locataire saisonnier et les taux sont plus élevés pour ceux qui y demeurent sur une base quotidienne ou hebdomaire. Plusieurs *Snowbirds* passent leurs hivers dans des unités de motel. Pour obtenir les meilleurs services, faites vos réservations au plus tard à la mi-septembre et, de préférence, encore beaucoup plus tôt.

Des appartements meublés à louer sont aussi disponibles. Très peu cependant peuvent être loués pour moins d'un mois et un bail mensuel ou saisonnier, selon le cas, est habituellement obligatoire. Le coût des services, appareils et autres peuvent être inclus ou non; avec des frais additionnels, ce système peut devenir assez onéreux. Les appartements sont généralement plus coûteux que les unités de motel, mais les loyers dépendent d'une variété de facteurs.

Malheureusement, les appartements et unités de motel à louer deviennent de plus en plus rares en raison de l'engouement actuel pour les condominiums: plusieurs motels et appartements sont convertis en condos ou en unités à temps partagé. Cette rareté croissante a entraîné des loyers plus élevés et une pénurie d'endroits de location dans la plupart des régions populaires.

Il y a encore d'autres possibilités de location conventionnelles. Plusieurs Canadiens, Américains et Européens ont acheté des condominiums ou des maisons conventionnelles ou mobiles pour fins d'investissement et les ont mis en location. D'autres personnes ont acheté une propriété avec l'intention de la louer, pour que les revenus les aident à payer l'hypothèque sur leur future demeure de retraite. La plupart de ces résidences sont meublées et sujettes à des lois communautaires. On peut les louer sur une base hebdomadaire, mensuelle, saisonnière ou annuelle. Un dépôt de sécurité et les premier et dernier mois de location sont généralement exigibles à l'avance. Si vous désirez faire la location d'une maison ou d'un condo pour plus de deux mois, un bail est d'usage. Un luxueux condominium à deux chambres avec vue sur l'océan sera loué entre 1 200 $ et 2 000 $ U.S. par mois; un autre à une chambre, situé moins avantageusement pourrait coûter la moitié moins. Des maisons mobiles à deux chambres et deux salles de bains dans les concentrations cinq étoiles sont disponibles pour environ 700 $ à 1 000 $, mensuellement; des maisons mobiles similaires dans des développements moins opulents ne sont pas coûteuses. Le locataire a droit à tous les privilèges des résidants et peut utiliser tous les services récréatifs et sociaux offerts aux résidants. Certaines commodités cependant peuvent être additionnelles. Afin de trouver ce genre de locations lorsque vous serez en Floride, consultez les petites annonces des journaux locaux et vérifiez avec des agents immobiliers ou renseignez-vous dans les bureaux d'administration des développements individuels. Au Canada, référez-vous à la rubrique location dans les petites annonces des grands journaux. Le *Toronto Star* publie une colonne de petites annonces intitulée «Out of Country Rentals» (Locations hors du pays). Vous y trouverez la liste de douzaines d'offres de ce genre. Il est aussi possible de louer un excellent logement sans visiter la Floride parce que le conseiller astucieux vous montrera des photographies de l'unité et du développement et pourrait même avoir en sa possession des brochures illustrées ayant déjà été utilisées pour faire la promotion de la localité. Cette littérature décrit habituellement les unités et le développement dans lequel elles sont situées et peut même parfois décrire et énumérer les commodités et services qu'offre cette région particulière de la Floride.

Certains agents cherchent à louer des condominiums non vendus et des maisons unifamiliales pour fins de revenus, souvent dans l'espérance que vous «tomberez en amour» avec la demeure et le développement et que vous achèterez ultérieurement. Dans certains cas, une portion de votre loyer peut même s'apliquer à l'achat d'une maison à l'intérieur d'une certaine période.

• Louer ou acheter?

La location d'un logement implique des avantages et des désavantages; ceci est vrai autant au Canada qu'aux États-Unis et chaque couple ou individu doit prendre une décision selon les termes de sa situation particulière.

Pour mieux comprendre la situation, prenons le cas de Sam et Edna. Sam vient tout juste de prendre sa retraite avec une pension satisfaisante de fonctionnaire civil. Edna, pour sa part, a passé sa vie au foyer pour s'occuper de sa famille. Ils sont propriétaires d'une maison de quatre chambres à coucher à Etobicoke et d'un cottage au lac Simcoe, tous deux libres d'hypothèque. Leurs enfants ont quitté le toit familial. Sam et Edna ont donc décidé de passer leurs hivers en Floride, mais leur revenu de retraite et leurs économies ne sont pas suffisants pour maintenir leurs deux maisons au Canada et une résidence d'hiver en Floride.

Voici quelques options avec lesquelles ils pourront jongler:
- garder leurs deux maisons au Canada et louer un logement en Floride;
- conserver leur maison familiale traditionnelle à Etobicoke et acheter une propriété en Floride avec les revenus de la vente du cottage à la campagne;
- garder le cottage pour y résider pendant les six mois qu'ils passeront au Canada, vendre la maison familiale, en utiliser le profit pour acheter une maison de rêve en Floride et investir le reste pour augmenter leurs revenus;
- vendre le cottage et la maison et acheter un condominium à prix plus modéré ou une maison plus petite au Canada et investir le solde des revenus de la vente, après avoir acheté une résidence en Floride;
- vendre leurs deux propriétés canadiennes, en investir les revenus et louer appartements ou condo, autant au Canada qu'en Floride.

Chacune de ces options, et d'autres encore étant possibles, doit être évaluée à partir des perspectives de revenus, d'impôts et de taxes. Sam et Edna auraient intérêt à obtenir les conseils de professionnels pour résoudre leur dilemme financier. Et même si les aspects financiers sont importants, la décision finale devrait aussi dépendre de la possibilité qu'a une de ces options de satisfaire au mieux leurs besoins financiers et émotionnels. En ce qui concerne l'impôt, il serait peut-être opportun de vendre la maison et de prendre un gain de capital exempt d'imposition, mais il faut penser que le couple aurait peut-être une certaine répugnance à vendre une maison remplie de souvenirs de leurs enfants qui vivent maintenant leur vie d'adultes ailleurs. Si Sam et Edna prennent une décision basée uniquement sur des considérations financières, peut-être deviendront-ils riches mais malheureux. Comme eux, vous devez peser avec soin tous les facteurs pertinents à la situation avant de décider quoi que ce soit. Gardez à l'esprit votre situation personnelle et considérez les avantages et les désavantages de la location d'un logement en Floride.

Avantages

En louant pour une saison dans une localité qui semble s'ajuster à vos besoins, vous découvrirez si vraiment c'est un bon endroit pour y passer chacun de vos hivers. Si la région semble combler vos aspirations et besoins de retraité et que vous vouliez y acheter une résidence, vous aurez suffisamment de temps pour enquêter soigneusement avant de faire votre choix. Il pourrait même arriver que vous soyez désenchanté de la Floride et, si vous avez loué plutôt qu'acheté, vous éviterez ainsi d'avoir à passer par le processus long et compliqué de la vente de votre maison.

Louer vous permettra de vivre en différentes parties de la Floride et dans une variété de localités, ce qui vous donnera la chance de comparer les nombreux et divers modes de vie. Vous pourrez également faire la comparaison entre la vie en condo et celle dans une maison mobile ou d'une caravane. Pensez à toutes les nouvelles connaissances que vous rencontrerez!

Si le logement n'est pas satisfaisant, vous n'avez qu'à faire vos malles et partir; au pire, il y aura une perte monétaire relativement minime.

La location saisonnière de motels, condominiums, maisons unifamiliales et mobiles, appartements et autres, fournit généralement des logements meublés et équipés, alors vous n'aurez pas à vous procurer les nombreux articles nécessaires pour meubler une demeure. Les coûts de déménagement seront également éliminés si l'endroit ne vous convient pas ou si la vie en Floride s'avère décevante ultérieurement.

En tant que locataire, vous serez dispensé des problèmes internes de condominium et ne serez pas responsable de l'entretien de votre demeure.

Louer vous procure plus de flexibilité, alors que votre capital n'est lié par aucun investissement majeur.

Finalement, vous gagnerez plus de flexibilité si la valeur de notre dollar monte ou descend de manière significative.

Désavantages
Payer un loyer ne construit pas des équités et peut manger votre capital. La disponibilité de logements conventionnels a diminué par le fait que les édifices à appartements et motels ont été convertis en condominiums. La location de logements à prix modéré dans les endroits les plus populaires devient plus rare et les loyers augmentent légèrement plus rapidement que les coûts des habitations. Si la tendance actuelle persiste, dans cinq ans, le coût d'un loyer moyen sera d'un tiers plus élevé qu'il est présentement. Où cela laisse-t-il le retraité dont le revenu ne suit pas le taux d'inflation? Dans quelques années, certains *Snowbirds*, locataires en Floride pour la saison hivernale, devront cesser leur migration annuelle.

Dans certains condominiums et développements de maisons mobiles, les propriétaires traitent les locataires comme des citoyens de second ordre; ils cherchent à les exclure des événements sociaux et découragent leur implication dans certaines activités récréati-

168

ves. Je connais un développement au sud-ouest de la Floride où ce sont les résidants permanents qui organisent les programmes d'activités et font preuve de snobisme à l'égard de tous les locataires qui désirent participer. Vérifiez et renseignez-vous avec soin avant de louer!

En tant que locataire, vous ne serez pas impliqué dans les réunions de condominiums ou d'associations de résidants et vous perdrez ainsi de nombreuses occasions de rencontrer les gens de la localité. Ces réunions sont habituellement plus que des rencontres d'affaires; souvent, une proportion significative des résidants de l'endroit y assistent et elles sont combinées avec des événements sociaux, tels dîners et danses.

Il y a cinq ou six ans, je vous aurais conseillé de considérer plutôt l'achat d'une propriété. Mais, devant l'incertitude concernant l'avenir de notre dollar et la stabilité relative du marché de l'habitation en général, je recommande que les individus étudient et analysent soigneusement la situation en termes d'objectifs qui sont les leurs à la retraite et de leurs options de revenus, avant de choisir entre la location ou l'achat d'une demeure.

• Louer votre propre maison à des locataires

La méthode la plus facile et la moins accaparante de louer votre demeure est d'en confier le soin à un agent immobilier, au bureau d'administration de votre condominium, si tel est le cas, ou au bureau de ventes de votre agglomération de maisons mobiles. Pour une commission de dix ou vingt pour cent du taux de location, ces représentants s'occuperont de louer votre demeure, de collecter le loyer et les dépôts de sécurité, de surveiller l'inventaire du mobilier et les effets de la maison après le départ de chaque locataire, et de faire effectuer le nettoyage pour que votre maison soit prête à vous accueillir, vous ou le prochain locataire. De plus, votre agent vous tiendra au courant des autres taux de location dans le secteur afin que votre prix soit concurrentiel. Finalement, il y aura quelqu'un pour s'occuper de certaines urgences comme celles de la plomberie ou autres problèmes d'entretien. La paix de l'esprit vaut probablement le coût de ce service.

Si, par contre, vous décidez de louer vous-même votre propriété en plaçant une annonce dans votre journal canadien local, vous économisez le montant de la commission, mais vous aurez à rédiger les formules du bail et à collecter le loyer. Et puis, il y a toujours le risque que vos locataires fassent mauvais usage de votre demeure. Pour éviter ce problème, je recommande que vous louiez seulement à des gens que vous connaissez ou que vous fassiez passer une entrevue à vos éventuels locataires, à leur domicile. Il ne faut pas oublier que si vous vous occupez vous-même de la location, cette situation peut engendrer d'autres problèmes. Par exemple, que ferez-vous si votre locataire vous appelle de Floride pour vous dire que la maison a besoin d'être vaporisée contre les insectes, ou encore que la toilette est bouchée?

Il semble plus avantageux de laisser votre agent floridien s'occuper de la location et de l'entretien de votre maison, mais soyez bien prudent en choisissant votre agent immobilier. J'ai reçu jadis le coup de fil frénétique d'un retraité qui avait confié la location de sa maison mobile à Largo à un courtier en immeubles. Après quelque temps, mon ami n'ayant reçu aucune nouvelle de son courtier, à savoir si sa maison avait été louée, lui téléphona pour s'entendre dire que la demeure n'avait pas été louée. Par la suite, il reçu une lettre d'un voisin en Floride le félicitant d'avoir réussi à louer sa maison si rapidement. Il semblait donc que l'agent avait empoché l'argent des loyers du propriétaire absent. Je lui ai recommandé de communiquer avec le Pinella County Board of Realtors pour qu'il intercède en sa faveur, mais je n'ai pas su la fin de l'histoire puisque je n'ai plus entendu parler de ce monsieur, fâché avec raison. La morale de cette histoire: soyez très prudent dans le choix de la personne ou de la firme qui s'occupera de la location de votre propriété. Ce serait très utile si un voisin, un ami, ou un parent pouvait jeter un coup d'oeil sur votre maison.

• Maisons mobiles (maisons usinées ou préfabriquées)

Vivre dans une maison mobile est une situation nouvelle ou vaguement familière pour plusieurs Canadiens. Plusieurs confondent souvent les maisons mobiles avec de simples caravanes et les considèrent comme des résidences inférieures, habitées par des gens à revenus modestes ou par des voyageurs de passage. Pour diverses raisons, l'industrie de l'usinage des maisons mobiles doit lutter pour subsister au Canada, se tenant loin derrière les développements de ce genre aux États-Unis.

Une maison mobile est une maison dont la structure est construite en usine, généralement avec un revêtement d'aluminium. La différence majeure entre celle-ci et les conventionnelles maisons à revêtement extérieur avec lesquelles nous sommes tous familiarisés, c'est qu'une maison mobile est construite en usine et terminée sur le site de son érection. La maison mobile moderne dont on parle présentement n'est mobile que lorsqu'elle est remorquée par un camion de l'usine à son site permanent. Lorsqu'elle a été installée sur son emplacement, cette prétendue «maison mobile» n'est plus mobile du tout. Depuis quelque temps, l'industrie fait des pressions afin de changer son appellation pour la suivante «maison usinée» ou «maison préfabriquée», qui est en réalité plus appropriée.

Les maisons mobiles étaient, à l'origine, des modifications de roulottes (caravanes) mais, depuis 1945, elles ont subi des modifications dramatiques. Au début, elles mesuraient huit pieds seulement de largeur. Puis, elles furent agrandies à dix, douze et plus récemment à quatorze pieds de largeur. Actuellement, seuls les modèles de douze et quatorze pieds de largeur sont disponibles et appelés «largeur simple». Pour fabriquer des maisons mobiles qui ressemblent davantage aux maisons conventionnelles et aussi pour y ajouter plus d'espace, deux unités de largeur simple sont combinées pour obtenir une «largeur double» ou «double largeur». Parfois même trois unités sont combinées pour donner une largeur triple. (Les maisons mobiles de largeur double mesurent entre vingt-quatre et vingt-huit pieds, alors que celle de largeur triple peuvent atteindre quarante-deux pieds.) En longueur, les maisons mobiles varient entre trente-six pieds et plus de soixante pieds. Une maison mobile moyenne fournit un espace habitable d'environ mille pieds carrés. Les unités combinées sont assemblées à l'usine, remorquées au site d'emplacement comme des unités de largeur simple puis jointes ensemble en permanence.

Le prix de base d'une maison mobile inclut généralement les appareils ménagers, rideaux, moquettes, armoires moulées, vaisseliers et buffets, climatiseur et chauffage; dans les modèles de luxe peuvent être compris un lave-vaisselle et un broyeur à déchets. Le coût du transport de la maison mobile sur son terrain, son installation prête à l'occupation, la pose d'un abri d'auto recouvert et d'une remise utilitaire sont généralement inclus dans la plupart des prix de vente.

Il existe plusieurs manufacturiers de maisons mobiles en Floride et chacun d'eux produit une variété de modèles. Comme les automobiles, les maisons mobiles sont identifiées par un nom de marque, modèle et année de fabrication — par exemple, vous pouvez être propriétaire d'une Fuqua Hacienda 1972 ou d'une House of Merit Dutch Manor 1979.

De plus en plus de gens choisissent des maisons mobiles pour y vivre à leur retraite, pour des vacances, ou à des fins d'investissement. Les raisons de cette tendance deviendront apparentes lorsque nous examinerons de quelle façon sont dirigées les agglomérations de maisons mobiles et ce que vous devez savoir lorsque vous magasinez en vue de l'achat d'une maison mobile, quels seront les coûts à anticiper après son achat et, enfin, les pour et les contre du mode de vie en maison mobile.

• Comment fonctionnent les agglomérations de maisons mobiles?

Avant d'acheter un terrain dans une ville, un village ou une région rurale, en vue d'y installer une maison mobile, neuve ou achetée d'occasion, vérifiez attentivement les restrictions de zonage. La plupart des régions urbaines ont des règlements de zonage qui interdisent l'installation de maisons mobiles dans les localités réservées aux maisons unifamiliales conventionnelles. Par conséquent, vous devrez probablement limiter votre choix de sites aux régions rurales, plutôt qu'aux municipalités incorporées. Lorsque vous prendrez possession de votre maison, celle-ci sera évaluée pour fins de taxation et vous devrez payer, pour les services et commodités, les mêmes tarifs que paient les propriétaires de maisons conventionnelles.

La plupart des maisons mobiles se trouvent dans des secteurs qui leur sont spécifiquement assignés. Ces lotissements sont organisés de plusieurs façons différentes. L'arrangement le plus courant est celui où les résidants sont propriétaires de leur maison et paient un tarif mensuel pour la location du lot, les services d'entretien et l'utilisation des sites et des équipements récréatifs communautaires. Les loyers mensuels diffèrent d'une localité à l'autre et peuvent varier de 50 $ à plus de 200 $ US. Le tarif dépend des services et commodités disponibles sur le lotissement. Les lots individuels situés en bordure du cours d'eau, de terrains de golf ou d'intersections paient des loyers plus élevés.

Dans les lotissements les plus récents, le bail standard vise souvent une période de quatre-vingt-dix-neuf ans, et l'augmentation des loyers se fait en fonction du taux d'indexation au coût de la vie, tel qu'établi par le gouvernement fédéral américain. Certains centres offrent parfois des baux d'un an ou même d'un mois. Bien des gens sont tellement impressionnés par les palmiers et par l'idée d'avoir leur propre maison en Floride qu'ils ne lisent par leur bail attentivement.

Dans un développement de location de lots pour maisons mobiles, les propriétaires de maisons ne sont pas propriétaires des lots; par conséquent, ils ne sont pas responsables des taxes foncières directes. Pour fins de taxation, le gouvernement place ces maisons mobiles dans une catégorie semblable à celle des remorques de voyage et les propriétaires doivent payer un tarif annuel pour leur permis. Ce tarif est basé sur la grosseur de la maison. Prenons, par exemple, une maison mobile de vingt-quatre pieds, double largeur, et de quarante-quatre pieds de long. Une maison de quarante-quatre pieds, simple largeur, exige un permis dont le tarif est de 40 $ par année; puisque nous parlons d'une maison mobile double largeur, le coût du permis sera de 80 $ par année. Le tarif annuel pour une maison de quarante-quatre pieds, triple largeur, est de 120 $ par année.

Maple Leaf Estates, un vaste lotissement bien coté situé à Port Charlotte et dont les anciens propriétaires étaient des Canadiens, est très représentatif des nouveaux parcs de location pour maison mobiles. À l'été de 1986, l'agglomération comptait plus de 1 100 maisons mobiles. Les aspirants propriétaires doivent acheter leurs maisons de Maple Leaf Estates puisqu'on ne loue pas de lots aux personnes qui ont acheté leurs maisons ailleurs. Toutes les maisons ont double largeur; aucune à simple largeur n'est acceptée et le bail en vigueur est le bail de quatre-vingt-dix-neuf ans. Le loyer mensuel est d'environ 160 $, et une maison neuve typique se vend environ 50 000 $, non meublée. Bien qu'on puisse choisir parmi différents modèles, toutes les maisons de Maple Leaf Estates sont construites par le même fabricant. Par conséquent, l'apparence extérieure des maisons présente une similitude ennuyeuse qui nuit au cachet d'un développement par ailleurs très beau.

Les services couverts par le loyer mensuel incluent notamment un excellent service de sécurité, la collecte bihebdomadaire des déchets, l'approvisionnement en eau, la tonte de la pelouse et l'entretien des haies. De plus, on a accès à deux centres récréatifs, trois piscines, des saunas, des courts de tennis, un terrain de bowling sur gazon, un atelier de menuiserie et un grand nombre d'activités organisées. L'agglomération possède également un terrain de golf; on peut s'y abonner ou simplement payer chaque fois qu'on veut jouer.

Les premiers propriétaires de Maple Leaf Estates avaient concentré leur campagne de marketing au Canada, ce qui explique que plus de 80 % des maisons appartiennent à des Canadiens. Pendant les mois d'hiver, l'endroit est très achalandé et très actif, mais lorsque les Canadiens s'en vont au printemps, tout prend l'apparence d'une ville fantôme. N'y restent, de la fin d'avril à la fin d'octobre, que les quelques résidants américains qui y vivent en permanence.

Un grand nombre de Canadiens qui possèdent des maisons sur ce lotissement ont pour but soit d'investir dans ces maisons, soit de préparer leur retraite éventuelle. En saison, ils peuvent louer leurs maisons jusqu'à 1 000 $ US par mois, y compris les commodités; les loyers qu'ils perçoivent compensent pour les paiements hypothécaires et augmentent le capital appliqué à leurs maisons de Floride. La meilleure période pour louer c'est janvier, février, mars et le début d'avril. Les loyers de novembre et de décembre sont beaucoup plus bas. Il est presque impossible de trouver des locataires pour le reste de l'année parce que Maple Leaf Estates est réservé aux adultes seulement. Les possibilités de location sont les mêmes pour la plupart des centres de maisons mobiles et des condominiums pour adultes seulement.

Les développements de maisons mobiles ne fonctionnent pas toutes à la manière de Maple Leaf Estates. Dans certains centres, on ne loue par le lot: on l'achète en même temps que la maison. Pour fins de taxation, vous êtes considéré propriétaire et assujetti aux mêmes taxes foncières que les propriétaires de maisons unifamiliales conventionnelles. Le promoteur du lotissement reste généralement propriétaire du complexe récréatif, qu'il loue annuellement à l'Association des propriétaires de maisons ou individuellement à chacun des propriétaires. De plus, chaque propriétaire paie un loyer mensuel pour l'utilisation des commodités et autres services essentiels. Dans certains parcs de maisons mobiles, les propriétaires ont le choix de ne pas payer pour l'utilisation des équipements récréatifs; dans d'autres, le tarif applicable à ces équipements est obligatoire et fait partie du contrat de vente, dans lequel cas vous pourriez avoir à payer pour des commodités que vous n'utiliserez jamais. Selon la localité et l'étendue des services et des commodités récréatives qui y sont offerts, les coûts mensuels d'entretien varient présentement de 50 $ à 125 $ US.

Les techniques de marketing varient pour ce genre de lotissements pour maisons mobiles. À Lemon Bay Isles, près de Engelwood, vous achetez d'abord votre lot, qui vous coûtera entre 16 000 $ et 18 000 $. Avant la fin d'une période de temps spécifique, vous devez acheter du promoteur une maison qui sera installée sur votre lot. Chacune des maisons, qui sont toutes double largeur, coûte environ le même prix qu'à Maple Leaf Estates. À Port Malabar, une agglomération établie près de Melbourne par General Development Corporation, le lot et la maison sont vendus ensemble. Une maison mobile de douze pieds sur cinquante-deux pieds, simple largeur, coûte moins de 45 000 $, incluant le terrain.

Certains parcs de maisons mobiles sont structurés selon les principes d'un condominium. La plupart des développements qui suivent ces principes étaient à l'origine des centres à loyer modique, qu'on a convertis en propriétés organisées en condominium. Les propriétaires de maisons qui louent leurs terrains et qui ne sont pas intéressés à les acheter peuvent continuer de louer et, dans certains cas, on laisse aussi aux nouveaux arrivants le choix de louer ou d'acheter leur terrain.

Les lotissements qu'on a convertis en condominiums sont habituellement très grands et souvent divisés en plusieurs villages, chacun possédant son propre centre récréatif. Chaque village est administré en condominium séparé et une partie des frais d'entretien individuels est appliquée aux services et aux commodités utilisés par l'ensemble des résidants du lotissement. Référez-vous aux pages 193 à 195 pour plus de détails sur le fonctionnement, les avantages et les désavantages de la propriété en condominium.

Les coopératives ressemblent aux condominiums et certains développements de maisons mobiles fonctionnent sur ce principe. Hawthorne, à Leesburg, au nord-ouest d'Orlando, est un exemple d'un système de location de lots pour maisons mobiles qui a été converti en coopérative.

• L'achat d'une maison mobile

Une maison mobile neuve exige un investissement initial peu élevé: elle coûte, au pied carré, environ la moitié de ce que coûte une maison conventionnelle. Une maison mobile neuve à deux chambres à coucher, deux salles de bains, double largeur, offrant un espace habitable de 900 à 1 000 pieds carrés, peut être acquise pour aussi peu que 25 000 $. Une maison simple largeur, avec deux chambres à coucher et une ou deux salles de bains, peut être acquise pour aussi peu que 9 000 $.

Dans la plupart des parcs de maisons mobiles les mieux cotés, vous devez acheter votre maison du promoteur, même si le même modèle est disponible, à un prix beaucoup plus bas, chez un détaillant de maisons mobiles. Si vous examinez plusieurs développements de maisons mobiles, vous remarquerez qu'un même modèle, du même fabricant, sera offert à un prix différent dans chacun d'eux. À première vue, il vous semblera qu'on essaie de vous rouler mais, habituellement, les parcs de maisons mobiles les plus huppés offrent des équipements récréatifs plus élaborés et une plus grande variété de commodités récréatives. Il faut bien que quelqu'un paie!

Quand vous magasinerez pour votre maison en Floride, gardez à l'esprit qu'il ne s'agit pas simplement de vous trouver une belle «boîte» dans laquelle vivre. Les possibilités de mode de vie offertes par votre maison et par l'emplacement sont beaucoup plus importantes que les attributs physiques de votre maison mobile; n'oubliez pas que ce sont ces possibilités qui déterminent la qualité de votre vie de loisirs. Il peut s'avérer plus sage de payer plus cher pour une même maison dans un centre qui offre les commodités récréatives et sociales essentielles. Par contre, vous ne devriez pas payer pour des commodités dont vous n'avez pas besoin. Si vous n'aimez ni le golf ni les bateaux, pourquoi feriez-vous les frais d'un terrain de golf coûteux ou d'une marina?

La meilleure période de l'année pour magasiner pour votre maison s'étend de mai à la fin de septembre, c'est-à-dire la saison chaude et pluvieuse, alors que les *Snowbirds* et autres investisseurs potentiels ont tendance à rester chez eux. Les vendeurs et les promoteurs seront plus tentés de faire des compromis durant ces mois-là, et si vous êtes prêt à marchander, vous pourrez bénéficier de toutes sortes d'aubaines, surtout en ce qui a trait aux meubles et aux maisons meublées. Toutes sortes de promotions ont court: certains promoteurs accepteront un paiement initial en argent canadien, à raison de 1,20 $ canadien pour chaque dollar américain; certains offriront des appareils de télévision ou des fours à micro-ondes gratuits. Soyez audacieux et demandez-en un peu plus! Le vendeur tentera peut-être de vous faire croire que votre offre sera refusée par le gérant des ventes, mais insistez pour qu'il la lui présente telle que vous lui avez dictée: vous serez peut-être agréablement surpris. Le pire qui puisse vous arriver, c'est qu'on vous présente une contre-offre. Le reste dépend de vous. Vous devriez pouvoir sauver au moins 2 000 $ sur une maison de 30 000 $, en vous montrant ferme.

La plupart des gens n'hésiteraient pas à acheter une vieille maison conventionnelle ou un condominium moins récent, si l'un ou l'autre correspondait à leurs besoins; il ne devrait pas en être autrement des maisons mobiles. Les maisons qui ont déjà été occupées sont nombreuses et coûtent beaucoup moins cher que les maisons mobiles neuves. L'été dernier, alors que je faisais des recherches pour ce livre, nous avons examiné l'éventail complet des maisons mobiles anciennement mises en vente et nous en avons trouvé de tous les prix, pour tous les goûts. Nous avons visité une maison de 12 ans, tout équipée, simple largeur, dans un parc qui n'était pas laid, et mise en vente pour 7 000 $, et une autre, d'un an, meublée de façon exquise, double largeur, dans un parc les mieux cotés, en vente pour 35 000 $.

Pour trouver d'anciennes maisons mobiles dans un lotissement ou une région spécifique de la Floride, consultez les petites annonces sous la rubrique «Mobile Homes for Sale», les agences immobilières locales, les comptoirs de vente des lotissements particuliers qui vous intéressent, ou promenez-vous tout simplement en auto en surveillant les affiches *For Sale*. Il arrive que des propriétaires tentent de vendre leurs maisons eux-mêmes pour éviter de payer une commission à une agence immobilière ou à un promoteur. Théoriquement, si vous achetez directement du propriétaire, vous devriez pouvoir épargner de l'argent — le prix de vente n'inclut aucune commission — mais souvent le propriétaire-vendeur se fait une idée exagérée de la valeur de sa maison. Avant d'acheter d'un vendeur propriétaire, vérifiez le prix des maisons comparables dans les environs.

Un grand nombre de maisons sont mises en vente par suite d'un décès ou d'une maladie dans la famille et les vendeurs sont pressés de se débarrasser de la propriété. Ce n'est peut-être pas gentil à dire, mais les meilleurs achats sont souvent le résultat du malheur de quelqu'un; les acheteurs peuvent tirer profit du fait d'être à la bonne place au moment où le vendeur ne pense qu'à se débarrasser de sa propriété le plus rapidement possible.

Nous avons acheté une maison en Floride dans ces conditions précises. Nous avons fait notre offre au moment où les acheteurs étaient rares; nous avons offert 25% de moins que le prix demandé. À notre grande surprise, notre offre a été acceptée, et quatre mois plus tard nous avons refusé une offre qui était plus élevée que le prix qu'on nous avait demandé à l'origine! Nous étions conscients d'avoir fait un bon investissement et vous pouvez en faire tout autant si vous prenez le temps de magasiner attentivement.

• Devriez-vous acheter ou louer votre terrain?

Cette question n'a pas qu'une réponse puisqu'il y a de bons arguments pour les deux côtés. Le promoteur de locations de lots vous fera vite remarquer que les lots coûtent entre 7 000 $ et 12 000 $ dans les meilleurs parcs de maisons mobiles et que, vu que le prix des maisons ne cesse de grimper, vous pourrez acheter la vôtre avec un paiement initial plus petit si vous louez votre terrain plutôt que de l'acheter. Le promoteur de ventes de lots, pour sa part, sera aussi rapide à vous souligner qu'acheter votre lot vous procurera la sécurité de l'entière propriété de votre maison et de votre terrain, et que vous n'aurez pas à faire continuellement les frais de hausses de loyers.

Il n'existe pas de réponse toute faite et votre décision dépendra des circonstances, de vos finances et de votre attitude face à l'idée d'être propriétaire d'un terrain.

Voici quelques faits qui devraient vous aider dans votre décision. Si l'idée vous répugne de ne pas être propriétaire du terrain sur lequel votre maison est située et si l'argent n'est pas un problème pour vous, ignorez totalement la possibilité de loyer modique, même si vos amis et votre parenté vous disent que votre désir d'être propriétaire est contraire aux réalités de notre époque. Après tout, notre société considère la propriété comme une forme élémentaire de sécurité. Et si vous êtes propriétaire de votre lot, vous aurez autre chose, pour votre argent, qu'une pile de reçus de loyers. Vous pouvez clôturer votre propriété et, à l'intérieur de certaines limites, faire ce que vous voulez avec votre terrain. De plus, votre statut de propriétaire vous donnera plus d'ascendant lorsque des décisions seront prises au sujet du développement. Les décisions finales en regard des hausses de frais d'entretien et des projets de nouvelles commodités sont prises par les propriétaires de lots.

Même si les promoteurs éprouvent des problèmes financiers, vous n'aurez pas à vivre dans l'insécurité, à craindre que votre investissement soit compromis. Un parc de location de lots pour maisons mobiles avait de sérieux problèmes de trésorerie il y a quelques années, mais on avait négligé d'en informer les résidants. Les services ont commencé à se détériorer et bien des gens se sont mis à s'inquiéter de leur avenir. Le promoteur a tenté de résoudre ses problèmes financiers en convertissant le tout en condominiums et a donc offert aux résidants la possibilité d'acheter leurs terrains. Cette communauté est aujourd'hui un intéressant mélange de lots loués et de villages de maisons mobiles organisé en condominiums. La menace qui planait sur les investissements des propriétaires de maisons mobiles n'avait jamais atteint un point vraiment critique, mais le climat d'incertitude avait affecté le groupe pendant plus d'une année.

Si vous voulez acheter votre lot mais ne pouvez investir qu'un montant limité dans votre maison de Floride, le coût du lot limitera le montant que vous pourrez dépenser pour la maison. Mettons, par exemple, que vous disposez de 30 000 $ pour l'acquisition de votre maison, qu'il s'agisse d'un investissement ou de votre future maison de retraite. Vous ne pourrez investir que 20 000 $ ou moins sur la maison elle-même, ce qui limitera certainement votre choix. Mais si vous louez le terrain, les 10 000 $ ou 15 000 $ que vous auriez payés pour le lot pourront être appliqués à l'achat d'une maison plus luxueuse et plus spacieuse, ou servir à d'autres investissements. Aux taux d'intérêts actuel — 9 % ou 10 % — les intérêts de votre investissement pourraient couvrir les frais de location de votre lot tout en gardant votre capital intact.

Un autre désavantage à l'achat d'un lot, c'est que votre maison mobile devient une propriété taxable et que vous devrez payer des taxes foncières. De plus, vous aurez peut-être à défrayer les coûts additionnels de services qui sont normalement inclus dans un contrat de location, notamment l'approvisionnement en eau, la collecte des déchets, l'entretien des équipements récréatifs et des aires communes. Ces coûts et d'autres, ajoutés aux taxes foncières, se chiffreront probablement à près de 200 $, l'équivalent du tarif de location mensuel moyen. Si vous louez le terrain, il vous faudra acquérir un permis annuel pour votre maison mobile. Le coût dépend des dimensions de votre maison (voir p. 173).

Je suis arrivé à la conclusion qu'il n'y a pas beaucoup de différence, sur le plan économique, entre acheter ou louer le terrain d'emplacement de votre maison mobile. En général, les critères suivants s'appliquent, que vous achetiez ou que vous louiez le lot, si vous achetez une maison cette année.

Si le développement n'a que quatre ou cinq ans et si tout n'est pas vendu, l'augmentation de la valeur marchande de votre maison se limitera probablement au taux de l'inflation. Ceci parce que le promoteur vendra des maisons offrant de nouvelles caractéristiques et que l'augmentation annuelle du prix des maisons se situe généralement entre 5 % et 10 %. Pourquoi un acheteur éventuel choisirait-il votre maison et vous accorderait-il un bon profit, alors qu'il peut acheter une maison neuve du promoteur pour à peu près le même prix?

Les meilleurs investissements se trouvent dans les concentrations bien administrées et qui sont établies depuis cinq à dix ans. Il devrait y avoir peu de maisons à vendre, et il devrait être facile d'avoir accès aux commodités récréatives et aux services. La plupart des nouveaux parcs sont situés dans des régions retirées, loin des centres commerciaux, des restaurants et autres services essentiels, où les terrains ne coûtent pas cher. Les concentrations les plus vieilles ont commencé de cette façon, et le développement subséquent de ces régions a rendu leur emplacement plus intéressant; un grand nombre d'entre elles bénéficient même aujourd'hui de services de transport en commun. Les maisons des centres plus anciens ne se retrouvent habituellement sur le marché qu'à la suite de maladies, de décès ou de changements de situation dans la familles, et peuvent souvent être acquises à des prix inférieurs à celui du marché, si vous vous donnez la peine de magasiner. Un grand nombre de vendeurs cherchent à vendre rapidement et ne sont pas prêts à attendre pour obtenir un meilleur prix. Vérifiez les petites annonces des journaux ou visitez les bureaux administratifs des lotissements: vous serez surpris de ce que vous y trouverez. En août 1981, alors que je faisais des recherches en vue de la première publication de ce livre, Elvereene et moi-même étions à Pompano Beach, où il existe peu de parcs de maisons mobiles, mais où nous en avons trouvé à visiter grâce aux petites annonces du quotidien de Fort Lauderdale. Parmi ceux que nous avons visités se trouvait Country Knolls, en bordure de l'autoroute 95. C'était une agglomération intéressante, typique des complexes de maisons mobiles un peu plus vieux, dont l'emplacement était excellent et les commodités récréatives raisonnablement variées. Nous n'avions aucunement l'intention d'acheter une maison, mais nous étions tellement impressionnés par l'ensemble et les possibilités qu'il offrait que nous avons tout de même étudié les offres de vente. Si nous trouvons une maison convenable, à la portée de notre budget, avions-nous décidé, nous ferons une offre. Il n'y avait que quelques maisons en vente, mais nous en avons trouvé une qui répondait à nos besoins et une semaine plus tard, après des négociations fermes de notre part, nous étions propriétaires d'une maison en Floride. Bien sûr, nous avons mis nos propres listes en pratique! (Voir p. 212 et p. 251.)

Comment se comparent l'achat et la location d'un terrain, en termes de dollars et de cents? Supposons que certains coûts, telles les assurances et les réparations, restent les mêmes. Les loyers augmenteront au cours des années, mais les taxes et les coûts des services augmenteront probablement au moins dans les mêmes proportions que les loyers. Étudions une maison hypothétique double largeur, qui aurait coûté 25 000 $. Acheter le terrain nécessitera 10 000 $ de plus. Les taxes foncières d'environ 300 $ par année et le coût des services, l'eau et la collecte des ordures ménagères s'élèveraient aussi à 300 $ par année. Le tarif d'entretien des aires communes et des équipements récréatifs est de 600 $ par année. Le total des coûts, par conséquent, serait de 1 200 $ par année ou 100 $ par mois.

Le terrain se loue à 150 $ par mois, donc 1 800 $ par année. Le loyer inclut l'eau, la collecte des ordures ménagères et l'utilisation des aires communes et des équipements récréatifs. Le total des frais est donc de 1 863 $ par année ou 155,25 $ par mois. Mais qu'en est-il des 10 000 $ que nous avons épargnés et qui correspondent au prix d'achat du lot? Investir cet argent à un taux d'intérêt de seulement 10 % représente un profit de 1 000 $, soit près de 60 % des frais d'opération. En conséquence, les frais de location annuels sont réduits à 863 $ par année, soit 71,92 $ par mois.

Pour la personne qui achète dans le but d'investir et qui a l'intention de louer la maison, louer le terrain exige une plus petite dépense de capital et rapporte les mêmes revenus de location qu'à l'investisseur qui a acheté le terrain. Le *Snowbird* qui est votre locataire potentiel se cherche simplement une maison convenable pour l'hiver et il lui est indifférent que le propriétaire ait acheté ou loué le terrain.

• Conseils additionnels

Un livre qui traite des multiples facettes de l'investissement immobilier en Floride et du choix de votre mode de vie de retraité dans cette région n'offre jamais suffisamment d'espace pour explorer toutes les questions importantes. J'ai résumé quelques-uns des faits concernant la vie dans une maison mobile pour les soumettre à votre gouverne.

Les frais d'entretien sont peu élevés. Puisque l'extérieur des maisons mobiles est fait d'aluminium et de fibre de verre, l'entretien se résume à laver et à cirer la maison. Toutefois, le toit doit être traité avec une peinture spéciale à peu près tous les deux ans pour s'assurer qu'il n'y ait pas de fuite. Le coût d'un tel traitement est d'environ 100 $ pour une maison de quarante pieds, double largeur.

Dans les développements qui vendent des maisons construites par différents fabricants, il est important de vérifier la réputation de chacun. Si vous avez un problème avec votre maison, c'est avec le fabricant, et non avec le promoteur, que vous devrez faire affaire. Avant d'acheter une maison, enquêtez auprès des résidants de la communauté. Demandez-leur ce qu'ils pensent des services du fabricant; ne manquez pas aussi de vous enquérir de la fiabilité du fabricant quant à la livraison de la maison à la date promise. Faites votre achat en conséquence.

Vous pouvez commander votre maison selon vos désirs en apportant des modifications à ses caractéristiques, mais chaque modification mineure augmentera le prix et retardera la date de livraison. Le vendeur vous encouragera peut-être à la modifier, car plus vous faites de modifications, plus sa commission sera élevée. Des amis à nous ont demandé plusieurs modifications et se sont retrouvés avec un prix d'achat de 8 000 $ de plus que le prix de base. Ils ont appris plus tard que le plafond cathédrale qu'ils avaient demandé leur coûtait 35 % de plus en frais de chauffage, et les délais nécessaires pour la fabrication de leur maison modifiée ont retardé de près de deux mois leur arrivée en Floride.

Toutes les maisons mobiles construites depuis 1976 doivent se conformer aux standards établis par le HUD, Housing and Urban Developement Department du gouvernement fédéral américain. Cette branche du gouvernement établit des critères sévères et exigeants en regard de la construction des maisons mobiles, critères qui couvrent la protection contre les incendies, la plomberie, le système de chauffage, l'isolation, l'équipement électrique, et ainsi de suite. Ces standards sont plus élevés que ceux qui régissent n'importe quel type d'habitation conventionnel. Le sceau de HUD se trouve habituellement sur le mur intérieur près du réservoir d'eau chaude.

Dans le cas des maisons mobiles construites avant 1976, un certificat de l'American National Standards Institute, affiché au même endroit, certifiera que la maison satisfait aux standards minimaux. Avant d'acheter une maison ancienne, faites-la vérifier au complet.

Assurez-vous de lire attentivement les règlements du parc quant à ce qu'il vous est permis et ce qu'il vous est interdit de faire autour de votre maison. Il peut même y avoir des restrictions quant aux types de fleurs qu'il est permis de planter. Les règlements peuvent aussi limiter les âges auxquels les enfants peuvent être admis et même le nombre de personnes qui peuvent habiter votre maison.

D'autres règlements peuvent interdire la sous-location ou établir une période minimale durant laquelle vous pouvez sous-louer la maison. Dans certains cas, le promoteur peut s'opposer à votre choix de locataires.

Si vous avez l'intention d'amener votre animal de compagnie, assurez-vous que les règlements vous le permettent. Dans certains centres, les propriétaires d'animaux sont limités à certaines rues; parfois, la grosseur et le nombre d'animaux sont soumis à des restrictions.

La plupart des maisons mobiles sont vendues avec une véranda faite de moustiquaires. Ne planifiez pas d'y mettre des meubles d'intérieur car les pluies torrentielles de la Floride détruiront tout ce qui n'est pas meubles de patio. Nous avons rencontré beaucoup de gens qui avaient installé des tapis de prix et des meubles antiques sur leurs vérandas en moustiquaires, et qui les ont retrouvés plus tard gonflés d'eau. Il est possible de faire recouvrir votre véranda de verre; il en coûte entre 1 500 $ et 2 000 $. Une fois que c'est fait, votre véranda devient une pièce supplémentaire qui peut être chauffée ou équipée d'un système de climatisation.

Si vous avez l'intention d'emprunter pour acheter votre maison, le paiement initial minimum peut être aussi bas que 5 % ; des hypothèques à long terme à taux fixes sont disponibles. Magasinez afin de dénicher les taux d'intérêts les plus bas. Si vous achetez dans un lotissement qui n'est pas complètement vendu, il est possible que le promoteur ait fait des arrangements avec une maison de prêts pour venir en aide aux acheteurs. Lorsque les taux d'intérêts étaient de 17 % et 18 %, le Maple Leaf Estates avait une entente avec une banque de Naples qui lui permettait d'offrir aux acheteurs des taux d'intérêts sur hypothèques de 15,5 %. Il vaut aussi la peine de comparer les prix avant d'acheter de l'assurance pour votre maison.

Les parcs de maisons mobiles ont tendance à être plus petits que bien des concentrations de maisons unifamiliales. Une agglomération moyenne compte, à maturité, entre trois cents et cinq cents maisons mobiles. Certains complexes plus récents compteront 1 200 maisons quand tous les lots auront été répartis. Pour fins d'organisation, les plus gros lotissements sont habituellement divisés en villages; ces villages fonctionnent essentiellement à la manière de petites villes. Tout le monde connaît tout le monde et les gens ont tendance à avoir un esprit communautaire. Des voisins qui ne se connaissaient pas quelques mois auparavant s'aident mutuellement et l'atmosphère est beaucoup plus détendue et plus amicale que dans les édifices de condominiums ou dans les gros complexes de maisons unifamiliales conventionnelles. Vivre dans une maison mobile n'est pas simplement un autre mode d'habitation, c'est un mode de vie.

• Les condominiums et leur fonctionnement

La plupart d'entre nous n'ont fait l'expérience que de quelques-uns des modes d'habitation présentement disponibles. Les options les plus traditionnelles vont de la location d'un appartement ou d'un duplex à l'achat ou à la location d'une maison unifamiliale. Le concept du condominium, une innovation de plus en plus populaire dans de nombreuses régions du Canada et des États-Unis, repose sur deux notions: la propriété individuelle et la propriété partagée. Un grand nombre de Canadiens vivent dans des condominiums au Canada; d'autres ont fait l'acquisition de condominiums en Floride, en guise d'investissements, de lieux récréatifs ou de refuge pour leur retraite, loin des misères des hivers canadiens.

Chez bien des gens, le mot condominium fait surgir l'image d'un édifice géant, mais presque n'importe quel type d'habitation — les grands édifices à multiples appartements, les petits édifices à multiples appartements, les maisons de ville, les lotissements de maisons à un étage, les lotissements pour maisons mobiles, les parcs à vocations, les propriétés périodiques et les propriétés partagées — peut être administré selon le concept du condominium. En termes simples, un condominium est l'espace que vous habitez dans un lotissement ou dans un édifice à appartements multiples. Les propriétaires individuels achètent et détiennent le droit de propriété de leur maison ou appartement, lequel est décrit dans l'acte notarié. Ils détiennent également un droit sur toutes les aires et tous les équipements communs du lotissement. «Les aires et équipements communs» comprennent les vestibules, les trottoirs et les espaces verts. Les éléments spécifiques qui font partie des équipements communs sont détaillés dans la déclaration de condominium, dont une copie est incluse dans le prospectus.

Chaque mois, chacun des propriétaires paie un tarif d'entretien qui inclut sa part des taxes et des coûts d'entretien et d'exploitation du lotissement. Tous les propriétaires du condominium partagent les frais de fontionnement du lotissement. La part de ces dépenses perçue auprès de chacun des propriétaires est habituellement appelée frais d'entretien.

Aux premiers stades de développement du lotissement, le promoteur établit les frais d'entretien et les perçoit de chacun des propriétaires de maisons. Une fois le promoteur parti, le conseil d'administration de l'association du condominium décide du tarif. Des frais d'entretien peu élevés dans un nouveau lotissement ne reflètent pas nécessairement une gérance efficace; il se peut que le promoteur subventionne lui-même les frais d'entretien pour attirer des acheteurs. Si les coûts d'opération ne s'apparentent pas à ceux de lotissements comparables dans la même région, les propriétaires verront peut-être leurs frais d'entretien monter en flèche quand le promoteur sera parti. Les frais d'entretien incluent, entre autres, les taxes foncières applicables à la propriété appartenant au condominium, le salaire des employés, les assurances, les frais de services et d'entretien des aires communes, l'administration, les frais juridiques et de comptabilité, les dépenses de bureau et les fonds nécessaires au maintien d'une réserve d'argent liquide.

En plus des frais d'entretien, le propriétaire de condominium est responsable de certaines dépenses spéciales. Ainsi, l'exemple qui suit. Après une longue et tumultueuse discussion, la Tranquil Palms Condominium Association a voté en faveur d'exiger

500 $ de chaque propriétaire en vue de la construction d'une marina. Les quelques membres qui s'étaient opposés à cette dépense et qui avaient voté contre se sont vus dans l'obligation de payer leur part du coût de la marina. Un membre qui a refusé de payer sa part est menacé de saisie par l'association. En d'autres termes, tous les membres sont liés légalement par n'importe quelles décisions prises par leur association.

Le concept du condominium est né en Europe. Il a été introduit aux États-Unis au cours des années 50 et s'est ensuite répandu au Canada. Il n'existe pas de lois fédérales relatives aux condominiums au Canada; chaque province et État a ses propres règlements et ceux-ci varient d'un État à l'autre et d'une province à l'autre. Les aspects légaux et les détails administratifs sont différents en Ontario, au Québec et, par exemple, en Floride. Il est peu probable que votre avocat du Canada soit familier avec les lois qui régissent les condominiums en Floride.

Avant le début des années 70, les lois régissant les condominiums en Floride jouaient surtout en faveur des promoteurs et laissaient la porte ouverte à toutes sortes d'abus. D'innombrables histoires de fraudes et de fausse représentation ont commencé à faire surface. Les problèmes étaient si répandus que de nouvelles lois furent instaurées; des amendements aux règlements destinés à protéger le consommateur sont entrés en vigueur en 1971*. Bien que les lois aient été grandement améliorées en Floride, elles ont encore un bon bout de chemin à faire avant de pouvoir se comparer à celles de la Californie et de l'État de New York. Si vous voulez en savoir plus long sur les dangers encourus lors de l'achat de condominiums en Floride durant la période où la fraude était à l'ordre du jour, lisez le best-seller fascinant de John D. Mac-Donald, *Condominium*.

Environ un cinquième de tous les condominiums des États-Unis se trouve en Floride, et ce mode d'habitation est celui qui

---

* On peut obtenir une copie gratuite des lois qui s'appliquent aux condominiums en Floride en écrivant au Department of Business Regulations, Division of Florida Land and Condominiums, The John's Building, 725 South Bronough Street, Talahassee, Florida 32304.

se répand le plus rapidement dans cet État. On trouve des condominiums de tous les genres partout en Floride, mais les plus fortes concentrations se situent sur la côte de l'Atlantique, dans les régions qui s'étalent de Palm Beach à Miami Beach. L'exploitation de condominiums est assez intensive sur cette côte pour avoir fait dire à un observateur que si le taux d'expansion se maintient jusqu'à l'an 2000, on verra un véritable mur de tours de condominiums s'étendre de Jacksonville à Key Biscayne. Et, d'ajouter l'observateur, les seules personnes qui pourront voir l'océan Atlantique seront les résidants de ces condominiums. Peut-être n'est-ce pas aussi exagéré que l'on pense!

Le prix des condominiums varie d'environ 35 000 $ pour un appartement dans un édifice de hauteur limitée, à plus de 500 000 $ pour un penthouse à Palm Beach.

Le promoteur du condominium peut fournir toutes sortes de commodités, comme il peut n'en fournir aucune. Parmi les commodités parfois offertes se trouvent les terrains de golf, les centres récréatifs, l'artisanat et les passe-temps, les courts de tennis, les lacs ensemencés de poissons, les parcs, les piscines, les systèmes de transport particuliers et les boutiques. Vous, le propriétaire, paierez éventuellement pour ces commodités et leur entretien, que vous les utilisiez ou non.

Les complexes immenses, tels les quatre Century Villages, sont des agglomérations presque entièrement autosuffisantes, qui offrent un éventail complet de commodités destinées à satisfaire les besoins récréatifs et sociaux de chaque résidant. Chacun de ces complexes abrite ou abritera près de 15 000 personnes et le point central des activités est le «club des millionnaires». Les Century Villages offrent des appartements dans des édifices de hauteur limitée à des prix variant de moyens à modiques. En juillet 1987, un condominium d'une chambre à coucher à leur complexe de Pembroke Pines se vendait 36 900 $, et un luxueux appartement à deux chambres se vendait 63 990 $. Chaque mois, chaque propriétaire du Century Village paie un tarif d'entretien, qui inclut sa part des taxes foncières et des frais d'entretien des éléments communs.

• Que faire lorsque vous avez trouvé le condominium de vos rêves?

Supposons que les *Snowbirds* Jean et Janette *Moineau d'Hiver* aient trouvé le condominium qui convient le mieux à leurs besoins de retraités et que Marcel et Martha en aient trouvé un qui leur semble un excellent investissement producteur de revenus. Les deux familles ont eu recours à mes listes guides avant de prendre leur décision et elles sont maintenant prêtes à acheter. Quelles étapes doivent-elles suivre pour devenir propriétaires de ces condominiums?

Dans le cas Jean et Janette, la construction de l'édifice de vingt étages, le Noisy Pelican, où se situera leur condominium, ne fait que commencer. Le choix de Marcel et Martha s'est arrêté sur une maison de six ans, à un étage, et qui fait partie d'un complexe, le Alligator Haven. Bien que les procédures d'achat d'une habitation neuve d'un promoteur ou d'une maison plus ancienne d'un vendeur particulier soient essentiellement les mêmes, il y a certaines différences et ces différences doivent être bien comprises.

Jean et Janette ont visité le bureau des ventes à plusieurs reprises pour obtenir toutes les informations possibles à propos de l'édifice qu'ils habiteront et ils sont satisfaits du prix et de la situation de l'appartement qu'ils ont choisi. L'étape suivante consiste à faire un petit dépôt, peut-être de mille dollars, peut-être moins, ce qu'il faut pour réserver l'appartement de leur choix. Sur réception de leur dépôt, le promoteur est tenu par les lois en vigueur en Floride de leur remettre copie du prospectus et des documents pertinents.

Parmi ces documents, ils trouveront la déclaration de condominium, les documents relatifs à l'incorporation de l'association en condominium, les règlements de l'association du condominium, tous les baux (si le terrain ou les services sont loués), les ententes relatives à l'entretien et à l'administration, de même qu'une copie des contrats de plus d'un an, le budget projeté, le programme des dépenses des propriétaires, les plans du terrain et des appartements, les formulaires des contrats de vente, une copie de la fiducie et des copies de tous les documents restrictifs relatifs à l'ensemble de l'édifice ou aux appartements individuels.

Jean et Janette ont décidé d'acheter dans un nouvel édifice. Mais si le Noisy Pelican était un édifice de location en train d'être converti en condominium, ce qui est courant, une attestation de l'état de l'édifice et une preuve d'inspection des dommages possibles causés par des termites seraient incluses dans l'enveloppe de documents.

Jean et Janette se sont vu remettre tous les documents requis par la loi. Mais ils savent qu'ils ont encore le droit de changer d'idée et de ne pas conclure l'achat: les lois de la Floride stipulent que l'acheteur d'un condominium neuf peut annuler son offre d'achat jusqu'à quinze jours après avoir reçu tous les documents nécessaires, en envoyant une lettre enregistrée à cet effet. Le promoteur est tenu par la Loi de lui remettre son dépôt. Votre dépôt vous permet donc de réserver votre appartement tout en vous allouant un peu plus de temps pour juger de la sagesse de votre décision.

Le commun des mortels ne comprendra pas toute la masse de documents légaux inclus dans le paquet, documents qui, bien souvent, comptent plusieurs centaines de pages. Jean et Janette vont soumettre les documents à un avocat, qui les leur expliquera en langage simple, de sorte qu'ils comprennent bien en quoi consistent leurs obligations, celles du promoteur et celles de l'association du condominium.

Tous les documents détenus par Jean et Janette sont également importants; je vais en mentionner trois comme exemples, pour vous donner une idée de ce qui se passe entre eux et leur avocat.

La déclaration de condominium, l'acte de base, définit légalement le complexe et toutes ses parties, et constitue le noyau auquel se rattachent tous les autres documents. Tous les règlements et procédures sont détaillés dans le second document, relatif à l'association en condominium. Les règlements les plus courants traitent des conditions selon lesquelles vous pouvez vendre ou louer votre appartement et des règlements relatifs aux enfants et aux animaux de compagnie. L'entente relative à la fiducie rend compte de la distribution des argents laissés en dépôt avant la conclusion de la vente. Si le promoteur déclare dans l'entente qu'une partie des fonds servira à la construction, la loi lui permet d'utiliser un maximum de 10 % de ces fonds dans ce but. À moins qu'une telle utilisation soit spécifiée dans l'entente, tout l'argent des dépôts doit rester en fiducie.

Marcel et Martha achètent une maison qui a déjà été occupée, plutôt qu'un appartement neuf; ils ne bénéficient donc pas de quinze jours de grâce. Pas plus qu'ils n'ont droit aux copies de documents que Jean et Janette ont reçues: le vendeur d'habitation déjà occupée n'est pas obligé par les lois de la Floride de fournir de prospectus ni de documents. Mais, dans l'offre d'achat préparée par leur avocat, Marcel et Martha ont inclus un droit d'annulation de quinze jours. S'ils changent d'idée à propos de l'achat de la maison, leur dépôt leur sera rendu. Leur offre est aussi conditionnelle à la réception de copies du prospectus original et de tous les documents que Jean et Janette ont reçus. Ils ont aussi exigé des copies de tous les ajouts et des amendements apportés aux documents par l'association des propriétaires de Alligator Haven, de même que des copies des budgets les plus récents, des évaluations et des rapports financiers.

L'avocat de Marcel et Martha leur a expliqué la déclaration de condominium, les lois et règlements et leurs responsabilités relatives aux équipements communs; il a aussi discuté de la situation fiscale du condominium et de son impact, à court et à long terme, sur leur budget.

Le tout a semblé satisfaire Jean et Janette, qui sont maintenant prêts à conclure l'achat. La construction de leur édifice n'étant pas terminée, on leur a offert un échéancier: le solde de leur versement initial doit être payé au moment de la signature du contrat.

L'avocat de Marcel et Martha a analysé soigneusement tous les documents et leur a souligné quelque chose que le vendeur avait négligé de leur dire: un grand nombre de copropriétaires accusaient régulièrement du retard dans le paiement de leurs frais d'entretien, et l'association était engagée dans deux litiges qui risquaient d'affecter les frais de condominium. De plus, un amendement récemment apporté aux règlements donne à l'association le droit de s'opposer à l'achat de Marcel et Martha, de même qu'à la vente de n'importe quelle unité du condominium. Cet amendement inclut aussi une clause qui interdit aux propriétaires de souslouer pour des périodes de moins de six mois; la clause exige également que tous les aspirants-locataires soient approuvés par le conseil d'administration de l'association.

Marcel et Martha sont surtout intéressés à obtenir le maximum de revenus de location pour payer leur hypothèque et voudront vendre quand les prix auront monté, afin de réaliser un gain en capital rapide. Ils réalisent maintenant que Alligator Haven ne répond pas à leurs besoins. Ils décident donc d'annuler leur offre d'achat et leur dépôt leur est rendu. Leur seule dépense est la somme que leur ont coûtée les sages conseils de leur avocat. Ils ont décidé de visiter d'autres condominiums la prochaine fois qu'ils iront en Floride.

• Faits additionnels

Lorsque vous achetez un condominium, assurez-vous de ne pas vous engager dans une entente de location, c'est-à-dire dans une situation où le promoteur reste propriétaire de l'ensemble ou d'une partie des aires communes, tels les piscines, les courts de tennis ou le parc de stationnement; ces derniers, dans un tel cas, sont loués à long terme à l'association des propriétaires du condominium. Le bail contient des clauses d'indexation qui permettent au promoteur d'augmenter les tarifs de location chaque année. C'est ce qu'on appelle un bail de récréation.

Un autre arrangement du même genre permet au promoteur de vendre les habitations individuelles tout en demeurant propriétaire du terrain; les lots sont loués à long terme aux propriétaires du condominium. Cette entente comprend aussi une clause d'indexation des coûts de location.

Ces coûts à la hausse ont poussé bien des associations de propriétaires de condominiums à négocier le rachat des baux. Une telle décision, bien sûr, est financièrement avantageuse, mais chaque propriétaire risque de se voir obligé de contribuer à l'achat, qui peut très bien se chiffrer à plusieurs milliers de dollars. De telles dépenses peuvent s'avérer désastreuses pour des retraités à budget limité. Évitez toute location de terrains ou d'équipements récréatifs!

Lorsque vous prenez des mesures pour vous assurer que vos meubles conviendront à votre habitation, ne tenez pas pour acquis que les dimensions de votre appartement seront exactement les mêmes que celles de l'appartement modèle; la loi permet quelques variations mineures dans la construction. Nous avons rencontré un couple qui avait mesuré le mur d'un appartement modèle et qui avait été enchanté de constater que leur précieux vaisselier chinois antique pourrait y être rangé sans perdre un seul pouce d'espace. Après avoir emménagé, ils ont été horrifiés de découvrir que leur mur avait huit centimètres (trois pouces) de moins que celui de l'appartement modèle et que la porte d'entrée irait frapper sur le vaisselier chaque fois qu'on l'ouvrirait complètement.

Le conseil d'administration d'un condominium est élu par les propriétaires. Il a le pouvoir d'établir et d'administrer les lois et les règlements relatifs au fonctionnement du condominium. Ce corps administratif établit le budget et a le pouvoir d'imposer des frais spéciaux aux propriétaires, à l'intérieur des limites établies par les règlements. Les règlements peuvent être si sévères qu'un membre doive obtenir la permission du conseil d'administration avant de planter des arbres ou des arbustes sur son lot, ou de louer son appartement. Tous les règlements peuvent être changés à n'importe quel moment, en accord avec les arrêtés. Si vous songez à vous joindre à un condominium, assurez-vous de comprendre en quoi ses arrêtés, ses lois et ses règlements risquent d'affecter votre situation.

Il y a deux grands avantages à posséder un condominium plutôt qu'une maison mobile ou une maison unifamiliale conventionnelle: premièrement, vous avez plus de temps libre puisque vous n'avez pas à vous soucier des tâches d'entretien de l'extérieur de votre maison ou de la cour, par exemple; deuxièmement, la plupart des condominiums jouissent de systèmes de sécurité qui surveillent les maisons quand elles sont vacantes, ce qui est particulièrement important pour les investisseurs et les *Snowbirds* qui s'absentent de leurs maisons pendant de longues périodes de temps. Un système de sécurité qui vérifie les maisons régulièrement n'est pas seulement une protection contre le vandalisme, mais aussi contre des ennuis, des tuyaux brisés par exemple, qui, sans cette surveillance, pourraient tourner au désastre. S'il n'y a pas de patrouille de sécurité dans votre complexe, trouvez-vous un voisin qui y réside en permanence et qui accepte de vérifier votre maison régulièrement.

Un grand nombre de condominiums sont construits sur des plages, en bordure de lacs, de cours d'eau ou d'autres sites de première qualité, beaucoup trop onéreux pour une maison unifamiliale. À titre de propriétaire de condominium, vous partagez le prix de ce site de première qualité avec les autres propriétaires et jouissez ainsi d'un emplacement pour votre maison que vous n'auriez pas pu vous permettre autrement.

Bien des gens qui emménagent dans un condominium ne réalisent pas qu'ils sont engagés dans une entreprise coopérative. Si vous êtes du genre de personnes qui n'aiment pas partager le pouvoir de décision avec d'autres, ou qui exigent l'intimité complète, la vie en condominium et ses obligations peuvent s'avérer une expérience insatisfaisante pour vous. Par contre, les condominiums sont d'excellentes occasions pour les gens qui aiment s'engager ou qui ont l'esprit communautaire. Assister aux réunions de l'association, servir dans les comités ou au conseil d'administration et participer aux programmes récréatifs offrent toutes sortes d'occasions de se faire des amis et d'établir ses racines dans la place.

• Les maisons unifamiliales conventionnelles

Être propriétaire d'une maison de deux, trois ou quatre chambres à coucher où élever sa famille fait partie d'une tradition depuis longtemps établie chez les Canadiens. Jusqu'à il y a quelque dix ans — quand le dollar canadien valait plus ou autant que le dollar américain — les Canadiens qui achetaient des maisons en Flo-

ride optaient souvent pour des maisons unifamiliales conventionnelles. On pouvait trouver, sur le marché, de superbes maisons
à deux chambres, avec tapis mur à mur, sur des terrains exquise-
ment aménagés, pour 25 000 $ US, de même que l'on pouvait
facilement obtenir des hypothèques à 5 % sur trente ans. Il y a
vingt-cinq ans, un de mes parents éloignés a acheté une maison
de trois chambres à coucher, sur un terrain entièrement aménagé
du 9th Court, à North Miami Beach. Le prix d'achat — 13 000 $
— incluait les appareils électriques et les tapis.

Aujourd'hui, les maisons unifamiliales les moins chères coûtent en moyenne 50 000 $. Aussi, ce genre d'habitation est-il de
moins en moins populaire auprès des *Snowbirds*. Le prix est un
facteur, bien sûr, mais il y a d'autres raisons qui expliquent cette
tendance.

La plupart des promoteurs de maisons conventionnelles visent
le marché des jeunes couples avec enfants, et non celui des retraités. Leurs programmes récréatifs, leurs programmes sociaux et
leurs équipements s'adressent aux jeunes familles plutôt qu'aux
adultes d'âge mûr. Un acheteur peut se trouver à payer des frais
d'entretien pour des commodités surpeuplées ou inappropriées.
Les adolescents et les jeunes adultes se couchent tard; les complexes de maisons unifamiliales sont habituellement beaucoup plus
bruyants que les condominiums pour adultes seulement ou les
regroupements de maisons mobiles. De plus, un couple de retraités
risque de ne trouver personne d'autre de son âge dans tout le voisinage. Très peu de ces complexes offrent leur propre système
de sécurité — ils se fient à la police locale — et le vandalisme
est plus courant dans les centres à orientation familiale. La plupart des condominiums et des parcs de maisons mobiles ont leurs
propres systèmes de sécurité, qui surveillent les maisons ou les
appartements quand les propriétaires sont absents. C'est un facteur particulièrement important, puisque les propriétés des *Snowbirds* sont vacantes six mois par année. Les investisseurs ont le
même problème, mais avec une dimension de plus. Pour des raisons évidentes, bien des retraités hésitent à louer des maisons dans
une communauté à orientation familiale; les propriétaires-
investisseurs peuvent donc se voir obligés de louer à des famil-

les. J'ai eu vent de bien des cas où le défaut à payer le loyer et les dommages causés à la maison ont diminué les profits de façon substantielle et même, dans un cas particulier, alors que le propriétaire absent payait une commission de 15 % à une agence de location pour qu'elle surveille la propriété. Le dépôt de garantie que cet investisseur avait perçu était loin de compenser pour les réparations. Les *Snowbirds* sont généralement plus stables financièrement et assument la responsabilité des dommages causés à la maison.

Il y a d'autres inconvénients. Afin de construire un complexe suffisamment grand pour pouvoir vendre ses maisons à un prix raisonnable, le promoteur doit acheter des terrains qui ne coûtent pas trop cher. Les seuls terrains qui ne coûtent pas cher se trouvent dans des régions habituellement assez éloignées des principaux centres commerciaux et médicaux et d'autres commodités. Par exemple, les résidants d'un complexe situé au sud-ouest d'Ocala doivent faire près de 33 kilomètres (20 milles) en auto pour aller magasiner ou voir des spectables.

La pelouse et les fleurs continuent de pousser pendant que les *Snowbirds* sont au Canada; ils devront retenir les services d'un paysagiste pour couper, arroser et fertiliser le gazon, sinon la pelouse se transformera en jungle ou elle mourra. Durant les mois d'été, chauds et pluvieux, tout pousse tellement rapidement que les pelouses et les plates-bandes ont besoin de soins réguliers. L'entretien du parterre peut coûter de 35 $ à 40 $ par mois. Dans les parcs de maisons mobiles, l'entretien de la pelouse est souvent inclus dans le loyer mensuel.

Lorsqu'on atteint un niveau de prix plus élevé sur le marché des maisons, un grand nombre des problèmes dont nous avons discuté disparaissent.

Le Sun City Center, à Ruskin, impose des limites selon un âge minimum, et le complexe s'adresse essentiellement à des adultes d'âge mûr. Bien que le centre urbain le plus proche, Tampa, soit situé à plus de 33 kilomètres (20 milles), la plupart des services et des commodités sont offerts sur le site. On y trouve une clinique médicale, un motel, une allée de bowling, de même qu'un centre commercial de dimensions respectables, y compris un supermarché Winn-Dixie, un restaurant, un cinéma, une quincaillerie et d'autres boutiques spécialisées. Ce gros complexe a d'excellents équipements récréatifs et compte plus d'une centaine de clubs et d'organisations. Si vous pouvez vous permettre de dépenser 60 000 $ ou plus et que vous soyez intéressé à acheter une maison unifamiliale, allez visiter le Sun City Center. Un acheteur-investisseur devrait aussi considérer la possibilité d'acheter une maison dans ce développement.

Il y a d'autres faits importants qu'il vous faut savoir avant de faire une offre d'achat.

• L'assurance-titres

Il y a un aspect des transactions immobilières en Floride qui n'existe pas au Canada: l'assurance-titres. Personne n'achèterait une maison au Canada sans d'abord demander à un notaire d'enquêter sur les titres pour s'assurer qu'ils sont en règle. S'ils le sont, le notaire rédigera un abrégé, un document attestant qu'une enquête a été faite et que, à son avis, le vendeur détient un droit de propriété incontestable sur la maison. Toute restriction est notée dans l'abrégé. Une fois la vente finalisée, il est toujours possible qu'une personne s'amène et fasse légalement objection au droit de propriété, sous prétexte d'un lien, par exemple, qui aurait échappé au notaire. L'acheteur pourrait alors intenter, contre le notaire, des poursuites en dommages-intérêts pour négligence. Si l'acheteur peut prouver qu'il y a eu négligence, des compensations lui seront accordées. Mais si le notaire est en mesure de démontrer qu'il a enquêté soigneusement, aucune compensation ne sera accordée. Ce type de litige ne s'est produit que rarement au Canada.

Le processus de vérification des titres existe aussi en Floride, mais il a donné lieu à de nombreux problèmes. Pour les éviter, des compagnies d'assurances spécialisées ont établi une nouvelle forme d'assurance. En échange d'une prime unique, ces compagnies assurent les titres d'une propriété contre toute réclamation d'un tiers. C'est ce qu'on appelle l'assurance-titres.

Si un abrégé de vérification des titres est suffisant au Canada, pourquoi ne l'est-il pas en Floride? La complexité des lois de la Floride relatives aux héritages contribue au problème. Il y a eu une série de booms dans l'immobilier, durant lesquels de grosses et de petites parcelles de propriétés ont changé de mains à plusieurs reprises, après des vérifications de titres superficielles; inévitablement, des erreurs ont été commises dans les enregistrements et les recherches. L'assurance-titres assure une protection contre les poursuites occasionnées par une vérification inadéquate des archives publiques; elle protège aussi contre tout défaut au droit de propriété — par exemple, un lien qui n'a jamais été enregistré — que l'enquête la plus méticuleuse n'aurait pu révéler. Les autres défauts comprennent les faux, les héritiers non déclarés ou disparus, les actes notariés signés par des personnes supposément célibataires mais qui, en réalité, sont mariées; les erreurs d'écriture, les erreurs d'interprétation des testaments, et ainsi de suite. Les tribunaux de la Floride ont été inondés de poursuites résultant de titres douteux.

L'assurance-titres vous compensera pour tout jugement affectant votre droit de propriété; elle couvre aussi les frais juridiques nécessaires pour vous défendre contre une poursuite. Depuis la création de l'assurance-titres, nombre de propriétés et de maisons ont été achetées dans un grand nombre de complexes importants sans l'aide d'avocats. Je vous recommande toutefois de ne jamais signer de documents légaux sans consulter un avocat.

Lors de notre séjour à un motel de Clearwater, il y a quelques années, nous avons rencontré un couple de Halifax qui était en train d'acheter une vieille maison à Tampa. La compagnie responsable de l'assurance-titres avait fait enquête et découvert que les titres étaient viciés; elle a refusé d'émettre une police d'assurance-titres. Le couple a immédiatement perdu tout intérêt pour la maison.

Afin de se protéger, les maisons de prêts de la Floride exigent l'achat d'une assurance-titres sur la propriété avant d'accorder un prêt hypothécaire.

Vous ne payez qu'une fois, et non pas chaque année, pour une assurance-titres et il en coûte environ 400 $ pour une maison de 50 000 $.

• Les insectes

Les insectes que vous voyez dans et autour de votre maison en Floride — et ceux que vous ne voyez pas — peuvent vous occasionner des problèmes financiers.

Vous avez peut-être vu, en Floride, des maisons et des édifices complètement recouverts de cocons de tissu scellés. Vous observiez alors des maisons en train d'être traitées contre les termites. Les résidants quittent leur foyer pendant quelques jours, durant lesquels un gaz empoisonné est injecté dans le cocon pour détruire les visiteurs importuns. Les termites constituent un problème dans certaines villes du Canada; dans le climat subtropical de la Floride, elles sont un véritable fléau.

Elles peuvent causer des centaines ou des milliers de dollars de dégâts à une maison avant même qu'on se rende compte de leur existence. Un grand nombre des plus vieilles maisons de la Floride sont faites surtout de bois et sont donc particulièrement vulnérables. Les murs de plâtre peuvent masquer des termites à l'oeuvre. Les blocs de ciment et le béton coulé remplacent de plus en plus le bois dans la construction, et le bois est maintenant traité contre les termites. Et avant que la construction commence, on traite également le sol sur lequel la maison sera construite. Si vous achetez une maison neuve, demandez au vendeur quelles précautions seront prises.

Si vous achetez une maison qui a déjà été occupée, demandez au propriétaire si la maison est endommagée ou s'il a déjà eu des problèmes avec les termites. Avant de faire une offre d'achat, amenez votre propre exterminateur pour qu'il inspecte la maison.

La guerre contre les deux variétés de termites les plus courantes est, au mieux, une impasse. Comme si ce n'était pas assez, une troisième variété, en provenance de l'Asie, est apparue récemment en Floride; les nouveaux immigrants sont insensibles aux gaz chimiques utilisés contre les termites indigènes.

Bien que les termites soient les ennemis les plus coûteux, elles sont plus faciles à contrôler que les autres insectes. Certaines personnes qui déménagent en Floride, que ce soit dans des maisons mobiles, des tours de condominiums ou des maisons unifamiliales conventionnelles, sont persuadées que toutes les variétés de mouches domestiques de l'Amérique du Nord vivent dans cet État, et en nombres qui n'existent que dans les récits de science-fiction.

Fourmis, mouches, araignées, poissons d'argent et autres insectes visiteront probablement votre maison; les coquerelles vous visiteront certainement!

Il existe quatre types de coquerelles en Floride. L'espèce la plus répugnante est la coquerelle américaine, qui peut atteindre jusqu'à quatre centimètres (un pouce et demi) de longueur. Leur première rencontre avec cette créature a fait sursauter nombre de *Snowbirds* novices, dont certains étaient prêts à monter à bord du prochain avion de retour vers le Canada. La coquerelle américaine (American Cockroach) s'est vu octroyer un nom trompeur: l'insecte Palmetto (Palmetto Bug). C'est peut-être un nom nouveau, mais il s'agit toujours de la bonne vieille coquerelle américaine*.

Que faire si vous apercevez quelques coquerelles dans votre nouvelle maison? Laissez-moi vous raconter une confrontation majeure. Nous avions réservé un appartement meublé à Clearwater Beach, en prévision de mon année sabbatique. Nous sommes arrivés de Toronto à environ 21 heures, après quatre heures de route. Nous avons ouvert la porte de notre appartement et allumé les lumières. À notre grande horreur, nous avons vu des dizaines de coquerelles géantes partir à la course pour se cacher. Elvereene a refusé de franchir le seuil de la porte et nous avons passé la nuit dans un motel. Lorsque nous sommes revenus le len-

---

* Une nouvelle variété de coquerelle asiatique a fait son apparition dans la région de Tampa - Lakeland. Il s'agit d'une coquerelle volante (Asian Flying Cockroach) et ce n'est qu'avec le temps qu'on saura s'il s'agit d'un véritable problème.

demain matin et que nous avons rencontré nos voisins, ils se sont esclaffés et nous ont dit de faire venir un exterminateur. Quelques heures plus tard, un camion blanc est arrivé, d'où est sorti un homme vêtu d'une chemise de chirurgien. Il a fait des pulvérisations dans notre appartement et nous a présenté un pot à confitures plein de coquerelles mortes.

Si une telle infestation s'était produite dans la demeure de quelqu'un au Canada, la victime aurait été embarrassée. L'exterminateur serait arrivé dans un camion non identifié ou dans un fourgon portant une inscription nébuleuse du genre «Ingénieurs écologiques». En Floride, on n'essaie pas de se cacher. Tout le monde sait comment Orkin, Arab, Terminix, Nozzle Nolen et Trudo (pas Pierre) gagnent leur vie. La compagnie Terminix affiche une coquerelle géante sur la cabine de ses camions. C'est une preuve de propreté que de faire venir l'exterminateur une fois par mois. Traiter un appartement de deux chambres à coucher prend environ dix minutes et coûte aux alentours de 12 $ quand on a un contrat.

Les coquerelles ne sont pas un problème aussi sérieux qu'elles peuvent sembler. Une fois maîtrisées, vous n'en verrez pas beaucoup, à moins d'en emporter dans vos sacs d'épiceries ou de laisser votre porte-moustiquaire ouverte. Vous pouvez faire les pulvérisations vous-même, ou vous pouvez utiliser une bombe aérosol spéciale. Vous la mettez en marche le matin, après avoir fermé toutes les fenêtres; vous devez quitter la maison pour toute la journée et l'aérer au retour. Nous avons essayé la bombe aérosol dans notre maison de Pompano Beach et nous avons été débarrassés des coquerelles pendant trois mois.

Afin de garder les coquerelles au minimum, ne laissez pas traîner de vaisselle sale jusqu'au lendemain et assurez-vous de ranger tous les aliments dans des contenants de plastique ou des sacs scellés. Mettez tous les déchets dans des contenants à fermeture hermétique ou scellez-les dans des sacs de plastique. Si vous suivez ce simple conseil, vous n'aurez pas de problème sérieux. Les coquerelles iront chercher leur nourriture ailleurs.

Les seuls autres insectes courants qui risquent de vous causer des ennuis sont les fourmis, mais les traitements contre les coquerelles se chargeront d'elles. Les fournis ne sont pas un problème dans les tours d'habitations, mais si vous vivez dans une maison mobile ou une maison conventionnelle, examinez votre pelouse pour voir si elle n'abrite pas des nids de fourmis. Si vous trouvez un nid, achetez l'aérosol approprié et suivez le mode d'emploi.

Des problèmes d'infestation mineurs ne sont-ils pas un bien petit sacrifice en échange de tous les plaisirs que procure la vie en Floride?

• Les caravanes et les parcs

Les caravanes et les autres véhicules de plaisance font partie du mode de vie des Canadiens en vacances. Peu de Canadiens vivent dans des remorques pendant des mois ou en permanence. Mais les caravanes que bien des Canadiens considèrent comme des véhicules de camping peuvent très bien servir d'habitations à long terme, dans des conditions climatiques favorables.

La caravane est un mode d'habitation populaire en Floride auprès des touristes d'occasion, des *Snowbirds* et des résidants permanents parce qu'elle est économique et pratique, et que le climat est généralement compatible avec ce mode de vie. On retrouve en Floride le même mélange de terrains de camping qu'au Canada, avec quelques aspects supplémentaires. La Floride a un parc national et un système de camping excellents; les séjours dans les parcs sont limités à des périodes relativement courtes et la demande est très forte pour les sites à caravanes durant l'hiver. On peut difficilement se fier à ce système si l'on veut s'assurer son gîte de *Snowbirds*. Il existe aussi de nombreux terrains de camping privés, dont un grand nombre sont beaucoup plus luxueux que ceux que l'on trouve normalement au Canada. Les coûts de location quotidienne varient selon les commodités disponibles et la période de l'année. Au Sunshine Key Camping Resort des Florida Keys, les tarifs quotidiens vont de 24 $ à 29,50 $; au St. Petersburg KOA Campground, il en coûte entre 16,96 $ et 23,95 $; les parcs nationaux et municipaux demandent entre 6 $ et 12 $.

La plupart des terrains de camping offrent des tarifs hebdomadaires, mensuels et saisonniers.

Pour de plus amples informations au sujet des terrains de camping privés et publics, consultez le *Woodall's Campground Directory* (publié annuellement). Ce répertoire est disponible chez un grand nombre de vendeurs de caravanes et de tentes-remorques, dans les librairies et les kiosques à journaux. Cherchez la version qui énumère tous les terrains de camping situés à l'est du Mississippi, ou la version consacrée à la Floride. Tous les terrains de camping y sont cotés, les commodités énumérées et les prix listés. Les membres du CAA peuvent obtenir gratuitement le guide des terrains de camping de l'AAA.

Jusqu'à ces dernières années, la plupart des campeurs qui passaient l'hiver en Floride traînaient leur remorque vers le sud chaque automne ou hiver et la ramenaient vers le nord au printemps. Mais depuis 1987, alors que l'essence coûtait presque deux fois plus cher qu'en 1976, un grand nombre de *Snowbirds* entreposent leurs caravanes en Floride (ce qui leur coûte aussi peu que 30 $ ou 35 $ par mois). Certains campeurs, aujourd'hui, se rendent en Floride en avion et louent une auto à leur arrivée; d'autres continuent de se rendre en Floride en auto, et prennent des arrangements pour que leur caravane soit installée sur un terrain avant leur arrivée. Les bons terrains de camping deviennent de plus en plus coûteux, surpeuplés et rares.

Les terrains de qualité sont consacrés de plus en plus à des fins plus lucratives. Certains des meilleurs terrains de camping ont été transformés, par exemple, en condominiums de caravanes et de véhicules de plaisance. Ces complexes fonctionnent essentiellement de la même façon que n'importe quel autre condominium et les dispositions légales sont aussi similaires (pour des renseignements sur les complexités légales relatives à l'achat d'un condominium, voyez les pages 186 à 189).

Dans le condominium de remorques, les sites de camping individuels sont vendus aux acheteurs. Présentement, les prix varient de 10 000 $ à 20 000 $. Les meilleurs terrains du Outdoor Resorts, à Jensen Beach, se vendent entre 25 000 $ et 60 000 $, mais ces prix élevés font exception. Les prix varient à l'intérieur d'un même complexe, et les terrains les plus chers sont ceux qui sont situés en bordure de cours d'eau, sur des intersections ou dans des coins plus intimes. L'acquéreur achète les titres relatifs à son terrain et peut bénéficier, entre autres choses, d'un raccord au système d'égouts, d'un barbecue, d'une table de pique-nique, de bancs et d'une base de béton où stationner sa caravane. Le propriétaire est responsable de tous les frais de services et d'une part des frais mensuels d'entretien des aires communes, des taxes et d'autres nécessités comme la collecte des déchets, le nettoyage des égouts, et ainsi de suite.

La plupart des parcs ont un centre récréatif, une piscine, des jeux de palets et d'autres équipements récréatifs. L'entretien de ces derniers est inclus dans les frais d'entretien mensuels, qui, tout en variant d'un parc à l'autre, vont de 50 $ à 75 $. Gardez à l'esprit que nous parlons d'un système de condominium; on aura donc un conseil d'administration, des assemblées des membres du condominium, des lois et des règlements. Le simple camping est passé par-dessus bord!

L'organisation en condominiums des terrains de camping est permise par la loi dans nombre d'États américains, mais elle n'est pas permise dans toutes les provinces canadiennes. En Ontario, les terrains de camping ne peuvent pas être vendus en condominiums. Certains promoteurs ont contourné la loi en vendant et en accordant des titres sur les terrains pour des périodes de vingt ans. À la fin des vingt ans, le droit de propriété du site retourne au promoteur.

Il y a certains avantages à acheter un terrain de camping en Floride si vous possédez déjà une caravane ou un véhicule de plaisance de bonnes dimensions. Pour une somme raisonnable, vous serez propriétaire d'une maison permanente en Floride. Certains retraités passent ainsi leurs hivers en Floride dans une caravane et reviennent vivre sur un terrain de camping du Canada le reste de l'année.

Bien des propriétaires laissent leur caravane ou leur véhicule sur leur terrain, sur des blocs de ciment, et ne le déplacent jamais — motivés qu'ils sont par le coût élevé de l'essence et par le stress physique et émotionnel créé par le déplacement d'une caravane de trente-six pieds. De plus, un certain nombre de conducteurs ont délaissé les grosses automobiles et les camions nécessaires pour tirer la remorque, et conduisent plutôt des voitures compactes ou sous-compactes. Si, pour une raison particulière, le véhicule de plaisance doit être déplacé, les propriétaires peuvent prendre des arrangements spéciaux. Les parcs où les caravanes sont installées en permanence pendant que les propriétaires vont et viennent sont appelés des *parcs de destination*.

Il y a d'autres signes de permanence que les blocs de ciment sur lesquels trônent les caravanes. Un grand nombre de propriétaires ont ajouté des vérandas de moustiquaires de dimensions pouvant aller jusqu'à 12 pieds sur 24 pieds. Certaines de ces vérandas sont recouvertes de verre en guise de protection contre les températures inclémentes, ce qui accroît l'espace intérieur utilisable de plus de 100 %. Une véranda de ce genre et de ces dimensions ne coûte pas plus de 3 000 $. C'est impressionnant de voir une Airstream étincelante, assise sur des blocs de ciment et arborant une véranda de moustiquaires, des plates-bandes et des arbustes. Je viens de vous décrire un condominium de 60 000 $ ou plus!

J'hésite à vous recommander des parcs de destination en particulier, puisque c'est l'une des quelques possibilités que nous n'avons pas essayées, bien que nous ayons fait quelques enquêtes préliminaires. Fort Myers Beach Kampground est un parc intéressant et les terrains, vendus en condominiums, se détaillent à environ 17 000 $ US.

• La multipropriété (ou séjour à temps partagé)

Qu'est-ce que la multipropriété et comment fonctionne-t-elle en pratique? En termes simples, la multipropriété (ou séjour à temps partagé) signifie acheter une maison de villégiature en paquets d'une semaine. Chaque acheteur n'acquiert que le nombre de semaines durant lesquelles il a l'intention d'utiliser la maison chaque année, et se porte acquéreur de la même période de temps pour toutes les années visées par le contrat. L'investissement d'origine et les frais d'entretien de la maison sont divisés entre les usagers de chaque unité. Le coût, pour chaque propriétaire, est infime en comparaison du coût total de la maison.

Le concept de la multipropriété a été introduit en Floride au début des années 70 et, après avoir connu des débuts tumultueux, il occupe aujourd'hui une place de plus en plus grande sur le marché immobilier. Il existe des propriétés à temps partagé dans toutes les régions de la Floride, et un grand nombre d'entre elles sont situées dans des régions populaires comme Pompano Beach, Fort Myers Beach, Sarasota et St. Petersburg.

Les habitations sont habituellement vendues en condominium; l'acheteur est donc engagé dans toutes les complexités et les obligations relatives à l'achat de n'importe quel condominium. (Voir pages 186 à 193.) Les propriétaires reçoivent des titres — comme les propriétaires de n'importe quelle propriété — même si ces titres ne s'appliquent qu'à une semaine par année.

En Floride, le marché des multipropriétés vise les vacanciers de tous les âges. On attire les touristes dans les bureaux de ventes par tous les moyens possibles. Les annonces placées dans les journaux locaux et dans les brochures touristiques promettent des repas gratuits, des montres, des caméras, des tirages d'appareils de télévision, et même de l'argent si le vacancier accepte d'assister à une présentation et de visiter le complexe. Les annonces spécifient qu'il n'est pas nécessaire d'acheter pour avoir droit aux cadeaux. Souvent, on distribue des prospectus aux vacanciers qui se prélassent sur les plages. Enseignes, prospectus et annonces font tous la même réclame: «Devenez propriétaire de votre propre maison de vacances pour aussi peu que 5 000 $.» Le prix varie, mais pas la chanson.

Nous jouons souvent le rôle de touristes d'âge moyen et assistons à des présentations. Quand on arrive au centre de villégiature, on voit parfois un édifice neuf, à plusieurs étages, ou un vieux motel en train d'être rénové, ou même les deux, à des stades différents de construction. On nous demande alors de remplir un formulaire, qui donnera au vendeur une idée de notre situation. La visite consiste à faire la tournée d'appartements témoins. À l'un des complexes que nous avons visités, l'autre couple qui nous accompagnait jouait le rôle d'acheteurs intéressés, mais il était évident qu'il avait été engagé par le promoteur pour aider le vendeur.

Bien que notre but ait été d'aller nous renseigner sur le complexe, le film et les diapositives qu'on nous a montrés ne parlaient pas des unités d'habitation mais se contentaient de souligner les avantages de la multipropriété. Nous avons appris que le prix d'un appartement ne dépend pas seulement de ses dimensions, mais aussi de laquelle des trois périodes de temps nous choisirions. Les semaines où les prix sont les plus élevés sont les semaines d'hiver, en pleine saison. L'autre point qu'on nous a souligné était que nous pouvions échanger le temps que nous achetions contre des hébergements semblables dans des centres de villégiature associés, partout à travers le monde, y compris le Canada. Il y aurait des restrictions et des frais additionnels si nous décidions de faire de tels échanges.

Le prix des propriétés hebdomadaires dépend aussi de la qualité des services et des commodités. Chaque appartement est complètement meublé et inclut les services d'une domestique.

Lors de l'une de nos tournées, on nous a offert, à Elvereene et moi, un appartement compact dans un motel rénové de l'Intracoastal Waterway, à Gold Coast, au coût de 5 500 $ par semaine, en pleine saison. Lorsque nous avons mentionné que nous étions intéressés à acheter trois semaines, le prix est tombé à 5 000 $; si nous payions comptant, nous a-t-on dit, on nous accorderait une autre réduction de 10 %. Elvereene dit au vendeur que nous préférions ne pas payer comptant, et il nous offrit alors un programme de financement. À raison de 5 000 $ par semaine, notre appartement nous coûterait 15 000 $. On nous offrit une hypothèque de 11 200 $ à 16 % sur cinq ans, ce qui signifiait des paiements de 272,38 $ par mois. Les frais d'entretien, pour nos trois semaines, s'élevaient à 429 $ par année.

Tous les programmes publicitaires sont axés sur l'idée que l'inflation fait grimper les coûts de séjours dans des centres de vacances au-delà des limites budgétaires de la plupart des gens, et que la multipropriété est un bon investissement financier et un moyen, pour une famille, de s'assurer qu'elle aura toujours les moyens de se payer des vacances dans le Sud.

En ce qui concerne l'investissement financier, j'ai mes doutes. Très peu d'investisseurs ont vraiment fait un profit avec leur investissement, et un grand nombre d'entre eux essaient même de vendre leur propriété à perte. Et supposons que j'investisse plutôt les 15 000 $ que me coûteraient mes trois semaines de propriété, au taux d'intérêt actuel de 9 %. Les intérêts sur mon investissement — 1 350 $ — suffiraient amplement à me payer un séjour de plus de trois semaines au bord de la mer.

D'autre part, investir dans une multipropriété est-il vraiment un moyen de garantir des vacances économiques à des familles à revenus moyens et à budgets limités? La plupart des frais d'entretien sont peu élevés quand les propriétés sont neuves et les promoteurs les maintiennent parfois à ces niveaux pour favoriser les ventes. Les années, l'usure et l'inflation finiront toutefois par augmenter ces frais et un montant raisonnable de 143 $ par année peut très bien devenir un inabordable 230 $ si, par exemple, les coûts d'entretien augmentent de 10 % par année pendant cinq ans. Les frais d'entretien sont particulièrement astreignants si le propriétaire doit aussi s'acquitter d'une hypothèque.

Nous en concluons que la multipropriété n'est pas la meilleure solution pour des retraités à revenus fixes; elle ne semble pas non plus être un bon investissement financier. Elle est plutôt pratique et abordable pour les professionnels relativement jeunes qui sont intrigués par les possibilités d'échanges.

• Derniers conseils sur les modes d'habitation

Avant d'acheter une maison dans quelque complexe que ce soit, examinez attentivement ce complexe. Parlez à des gens qui font déjà partie du développement. Si la construction n'est pas encore commencée ou pas tout à fait terminée, examinez les premières phases du complexe ou visitez une des habitations construites précédemment par le promoteur, afin de vous faire une idée de la qualité de son travail. La plupart des propriétaires se feront un plaisir de vous parler de leurs relations avec la compagnie, surtout s'ils ont eu des problèmes.

Si vous achetez un condominium, demandez si le budget d'entretien présenté était réaliste. Ces frais sont parfois volontairement maintenus très bas pour favoriser la vente des appartements. Renseignez-vous sur la qualité de la construction et la rapidité avec laquelle les défauts ont été corrigés. Demandez si les équipements promis ont tous été livrés. Vous serez peut-être choqué ou, au contraire, encouragé par les réponses que vous recevrez mais, quoi qu'il en soit, ces informations vous aideront énormément à choisir la maison de vos rêves.

Peu de projets de construction sont terminés à l'échéance et il est important que vous sachiez la date exacte à laquelle vous pourrez prendre possession de votre maison. Si la fin des travaux est prévue pour la mi-décembre, ne comptez pas emménager avant février. Les personnes qui achètent des maisons à des fins d'investissement ne pourront probablement pas les louer à temps pour la première saison et ne devraient donc pas compter sur des revenus de location avant l'hiver suivant pour les aider à payer leurs hypothèques.

Le meilleur moment pour chercher n'importe quel genre de maison est durant la saison morte, de mai à la fin de septembre. Les *Snowbirds* sont encore au Nord, et la plupart des chercheurs de maisons sont des résidants locaux ou des gens qui veulent s'installer en Floride en permanence. Mai, juin et septembre sont les mois les plus lents pour le marché immobilier de la saison morte; propriétaires et agents sont donc impatients et pressés de conclure un marché. C'est aussi la saison durant laquelle les vols d'avion en direction de la Floride, les motels, les restaurants et les divertissements coûtent le moins cher. Visiter la Floride à cette période de l'année vous donnera une idée de ce à quoi vous attendre durant la saison morte. Elvereene et moi-même avons épargné beaucoup d'argent en achetant une maison à la fin d'août.

Une autre bonne raison pour chercher votre maison ou vous mettre en quête d'aubaines immobilières durant la saison morte est que c'est la période pluvieuse de l'année et que vous aurez l'occasion de voir si le terrain s'égoutte bien. Le lot peut vous paraître beau et bien drainé durant la saison sèche de l'hiver, mais un sol qui s'égoutte mal signifie des dépenses ultérieures — et bien des insectes et bestioles rampantes répugnants. Si les circonstances vous permettent de faire vos recherches seulement durant l'hiver, surveillez les pins, les chênes et les palmiers nains sur la propriété qui vous intéresse ou sur les propriétés adjacentes: leur présence est le signe d'un sol bien égoutté.

Assurez-vous que votre police d'assurances inclut une clause de protection contre les inondations. Une grande partie de la Floride est plate et pas plus élevée que le niveau de la mer. Le gouvernement américain a désigné certaines régions comme étant sujettes aux inondations et, conséquemment, subventionne les assurances-inondations dans ces régions. Même si vous êtes un étranger, vous pouvez bénéficier de cette aide gouvernementale.

Si vous achetez une maison qui a plus de quelques années, préparez-vous à devoir changer les installations électriques, qui ne sont probablement pas très efficaces en termes d'économie d'énergie. Les frais d'électricité sont environ deux fois plus élevés en Floride qu'au Canada. Les maisons nouvelles sont habituellement équipées d'appareils conservateurs d'énergie, tels que les pompes à air chaud et les réservoirs d'eau chaude isolés. Si vous n'êtes pas prêt à installer des appareils conservateurs d'énergie, attendez-vous à des factures d'électricité de 40 $ à 50 $ par mois en hiver, et jusqu'à 150 $ par mois en été.

Exigez du vendeur un certificat d'inspection contre les termites si vous achetez une maison conventionnelle déjà occupée. Les trois variétés de termites locales sont voraces et peuvent réduire rapidement en poussière le bois non traité.

• Liste des points à surveiller dans le choix d'une demeure

J'ai préparé une liste de vérifications à faire qui énumère les facteurs dont il faut tenir compte lorsqu'on évalue et que l'on compare des maisons. Sa forme de tableau en facilite l'usage. La liste inclut également des questions clés à poser au vendeur lorsque vous inspectez une maison ou un complexe en Floride. Elvereene et moi-même utilisions cette liste lorsque nous faisions la chasse aux maisons. Vous pouvez la modifier pour l'adapter à vos besoins particuliers, et éliminer ainsi une bonne part de la confusion qui entoure le choix d'une habitation en Floride.

La liste sera tout aussi utile au *Snowbird* qui prépare sa retraite qu'à l'investisseur dont le but premier est de s'acquitter de l'hypothèque et de se bâtir un actif. J'ai un conseil spécial pour l'investisseur: vos meilleurs locataires viendront du marché des retraités; afin de vous assurer les meilleurs loyers et une location complète durant l'hiver et durant la présaison et la fin de la saison, consultez notre liste pour déterminer le genre d'habitations et de développements qui attireront la clientèle.

Liste de vérification
des habitations

Utilisez cette liste comme modèle pour vous aider à en rédiger une qui conviendra à vos besoins personnels ou à ceux de vos locataires éventuels.

Adresse de la maison A
Adresse de la maison B
Adresse de la maison C
et ainsi de suite

| | MAISON | | |
	A	B	C
PRIX			
Moins de 35 000 $			
de 35 000 $ à 44 999 $			
de 45 000 $ à 50 000 $			
(Dressez votre gamme de prix)			
TYPE D'HABITATION			
1. Conventionnelle			
2 chambres à coucher, 1 salle de bains			
2 chambres à coucher, 1 1/2 salle de bains			

	A	B	C

2. Maison mobile
   2 chambres à coucher, 1 1/2 salle de bains,
   double largeur
   2 chambres à coucher, 2 salles de bains,
   double largeur
   Lot loué
   Lot acheté

3. Condominium
   Neuf
   Remis en vente
   Maison de ville
   Villa de campagne
   Tour d'habitations
   Édifice à hauteur limitée
   1 chambre à coucher, 1 salle de bains
   2 chambres à coucher, 1 1/2 salle de bains
   2 chambres à coucher, 2 salles de bains

CRITÈRES GÉNÉRAUX RELATIFS AU
SITE
(Commodités à distance raisonnable en auto-
mobile)
Important centre commercial
Plage en bordure de l'océan
Services médicaux
Choix de restaurants
Cinéma
Bibliothèque universitaire
Marchés aux puces

SERVICES LOCAUX
Magasinage quotidien
Banque
Bibliothèque
Restaurant
Station service
Église

	A	B	C
TRANSPORTS			
Publics			
À l'intérieur du complexe			
À l'extérieur du complexe			
ÉQUIPEMENTS RÉCRÉATIFS SUR LE SITE			
(Inclus dans le loyer ou les frais d'entretien)			
Piscine extérieure chauffée			
Bain tourbillon et sauna			
Golf			
Salle d'exercices			
Salle de billard			
Atelier de menuiserie			
Jeu de palets			
Tennis			
Bowling sur gazon			
Studio d'artisanat			
Bingo			
Directeur d'activités à plein temps			
AUTRES SERVICES			
(inclus dans le loyer ou les frais d'entretien)			
Collecte des déchets			
Approvisionnement en eau			
Entretien de la pelouse			
Lutte contre les insectes			
Patrouille de sécurité			

COMMENTAIRES

QUESTIONS ADDITIONNELLES À POSER ET CHOSES À FAIRE	A	B	C
Avez-vous vérifié la fiabilité et l'intégrité du promoteur?			
La patrouille de sécurité vérifie-t-elle les maisons en l'absence des propriétaires?			

	A	B	C
La compagnie vous servira-t-elle d'agent de location si vous voulez louer votre habitation?			
La compagnie se charge-t-elle de revendre?			
Pouvez-vous visiter avant d'acheter?			
Y a-t-il des restrictions quant aux animaux de compagnie?			
Adultes seulement ou complexe familial?			
Y a-t-il des restrictions quant à la durée des visites par de jeunes enfants?			
Acompte Taux d'intérêt sur hypothèque Durée de l'hypothèque Frais de fermeture et autres frais relatifs à l'hypothèque Paiements mensuels • Intérêts • Capital • Taxes • Entretien • Loyer • Assurances			
Opinion globale (Faire une offre, laisser tomber, comparer avec d'autres, etc.)			

CHAPITRE 8

Le financement de votre maison: les taxes, les frais de services publics et un budget pour les *Snowbirds*

Au chapitre 7, nous avons examiné les choix d'habitation offerts à quiconque songe à acheter une maison en Floride.

Une fois la maison choisie, il faut s'occuper des taxes, des permis et d'autres dépenses spécifiques. L'investisseur, qui considère sa maison comme une entreprise productrice de revenus, doit tenir compte de l'aspect fiscal de ses revenus de location et du profit qu'il fera lorsqu'il revendra la maison. Pour la plupart des *Snowbirds* qui préparent leur retraite, ce ne sont pas là des questions importantes. Ils s'inquiètent plutôt, comme tout le monde, des taxes foncières à la hausse, mais ils doivent aussi tenir compte des frais réguliers de leur maison en Floride, telles les factures de services publics, qu'ils doivent continuer de payer après leur retour au Canada. J'inclus dans ce chapitre un exemple des dépenses annuelles, de même qu'un budget pour les *Snowbirds* à revenus fixes et qui doivent composer avec les dépenses additionnelles d'une seconde maison.

Il existe une entente fiscale entre le Canada et les États-Unis, entente qui accorde des avantages fiscaux aux résidants canadiens qui louent leurs maisons de Floride ou les vendent à profit. Toutefois, les États-Unis ont apporté à leurs lois fiscales des amendements unilatéraux qui affectent les profits de ventes immobilières réalisés par tous les non-résidents (y compris les Canadiens). De plus, si les négociations sur le libre-échange aboutissent à une entente, elles pourront, ou non, avoir un effet sur les avantages fiscaux offerts aux Canadiens qui investissent dans l'immobilier des États ensoleillés. Si vous louez votre maison ou si vous prévoyez la vendre, je vous recommande fortement de consulter un fiscaliste ou un comptable spécialisé dans les lois fiscales américaines.

• Le financement hypothécaire et les frais de fermeture du dossier

Il serait stupide de spéculer sur les taux d'intérêts hypothécaires, même à court terme, dans un livre écrit au printemps de 1987. Les maisons de prêts hypothécaires de la Floride, comme partout ailleurs, traversent une période de changements. Il y a quelques années, la plupart des hypothèques étaient financées par les associations d'épargnes et de prêts, mais la récession a menacé la stabilité de certaines de ces institutions financières et cette source de prêts hypothécaires s'est graduellement tarie. Aujourd'hui, les principaux fournisseurs de prêts hypothécaires sont les banques.

Désirez-vous acheter une maison dans un complexe important? Le promoteur a peut-être pris des arrangements avec une banque pour qu'elle s'occupe des clients éventuels. De tels arrangements éliminent les chinoiseries administratives et les délais dans la conclusion de la vente. Il arrive parfois que le promoteur a obtenu de la banque une promesse de prêt à un taux inférieur au taux hypothécaire en vigueur. Visitez tout de même les autres institutions prêteuses de la région avant de conclure un marché rapide. Un pourcentage de 1 % ou même de ½ % dans les taux d'intérêts peut faire une grosse différence, en termes de dollars, durant toute la durée de l'hypothèque. Et essayez d'obtenir votre hypothèque en Floride — même si vous êtes en pays étranger, la plupart des demandes d'hypothèques reçoivent une réponse plus rapide que celles du Canada. Je répète qu'il faut magasiner et comparer les taux hypothécaires, car ils varient d'un prêteur à un autre.

Gardez à l'esprit que vous aurez d'autres frais à payer chaque mois, en plus des paiements hypothécaires. Même dans un condominium à frais d'entretien fixes, il y a d'autres dépenses qu'il vous faut prendre en considération lorsque vous achetez une maison.

Si vous avez l'intention de louer la maison, préparez-vous à payer entre 15 % et 20 % de vos revenus à un agent de location. Prévoyez de mettre de côté un certain pourcentage de vos revenus qui sera affecté au remplacement des meubles défraîchis et à la redécoration périodique de votre maison. Vous devrez payer des factures de services publics même lorsque la maison sera vacante. S'il s'agit d'une maison conventionnelle, il y aura des taxes, des frais d'entretien de la pelouse et d'autres dépenses d'entretien. Et n'oubliez pas que vos prévisions de revenus de loyer ne se matérialiseront peut-être pas complètement; avez-vous un abri financier personnel? Calculez soigneusement toutes les dépenses prévues et possibles, ajoutez-les aux versements hypothécaires mensuels, et vous verrez de façon réaliste si votre budget peut soutenir l'achat d'une maison. (Pour plus de détails sur le budget d'une maison en Floride et ses implications, l'investisseur devrait se référer aux pages 236-237.)

Si vous avez acheté une maison au Canada, vous êtes au courant des frais qui doivent être acquittés par l'acheteur avant ou au moment de la fermeture. Au total, ces frais représentent un déboursé relativement mineur. Mais les frais de fermeture que vous devez payer lorsque vous achetez un condominium, une maison conventionnelle ou une maison mobile et un terrain en Floride constituent un déboursé majeur.

À quel genre de frais devez-vous vous attendre, et à combien s'élèvent-ils? Supposons que vous vouliez acheter une propriété de 48 600 $ et que vous décidiez de faire un versement initial de 5 %. L'hypothèque, que vous êtes en train de négocier avec une banque ou une association d'épargnes et de prêts, sera de 46 170 $; le prêteur est tenu par la loi fédérale de vous présenter une estimation des frais de fermeture au moment où vous faites votre demande. Vous devrez payer 125 $ à la banque pour une évaluation et la vérification de votre solvabilité.

Une fois l'hypothèque approuvée, il y a des dépenses additionnelles; toutes ces dépenses combinées constituent les frais de fermeture. Vous devez payer à la banque des frais de service de 1 384 $ pour avoir financé l'hypothèque, 95 $ pour une expertise, 100 $ pour les services de l'avocat de la banque, 25 $ pour l'enregistrement et 275 $ pour une assurance-titres. Ces frais varieront selon l'importance de l'acompte et de l'hypothèque. Dans notre exemple, les frais de fermeture s'élèvent à 2 004 $.

De plus, vous devez faire un dépôt en fiducie. Vous paierez aussi des intérêts intérimaires sur votre hypothèque durant la période précédant la date de fermeture; les intérêts pour quinze jours se chiffreront à environ 250 $ (selon le taux d'intérêt). L'assurance-accidents est de 145 $ et le dépôt de deux mois de taxes vous coûtera 134 $. Puisque votre acompte est inférieur à 20 %, vous devez aussi payer l'équivalent d'un an de primes d'assurances-hypothèque personnelles. Ces frais sont éliminés si votre acompte est d'au moins 20 %. Dans notre exemple, les charges prépayées s'élèveront à 1 000 $. Les déboursés qui précèdent la prise de possession de votre maison sont les suivants:

Frais de fermeture . . . . 2 004 $
Charges prépayées . . . . 1 000 $
Acompte de 5 % . . . . 2 430 $

Total . . . . 5 434 $

Ces dépenses seront moindres si vous déposez un plus gros acompte ou si vous achetez votre maison comptant. Mais peu importe comment vous achetez votre maison, prévoyez des déboursés supplémentaires.

• Les taxes foncières

Les taxes foncières doivent être payées chaque année et sont basées sur la valeur marchande de votre maison ou de votre propriété, en accord avec l'évaluation établie par la commission de votre comté. Les lois de la Floride exigent que toutes les propriétés soient évaluées selon le marché. Vos taxes foncières seront peut-être plus élevées ou plus basses que celles d'une propriété apparemment semblable dans une subdivision comparable. Pour fins de taxation, les évaluations sont souvent basées sur les prix de ventes antérieures des propriétés d'un condominium ou d'un complexe particulier. Ron et Janet, par exemple, ont payé 45 000 $ pour leur condominium il y a cinq ans et, à l'époque, leurs taxes avaient été calculées selon une évaluation très proche du prix qu'ils avaient payé. Cette année, un appartement semblable dans le même condominium s'est vendu 82 000 $; pour fins de taxation, l'évaluation actuelle de l'appartement de Ron et Janet est près de 82 000 $. Ils doivent être prêts à payer le prix d'un heureux investissement de leur part. Si les appartements de leur condominium n'étaient pas particulièrement recherchés, leur évaluation serait plus basse. Même si les taux de taxation ne changent pas, les factures d'impôt peuvent doubler d'une année à l'autre.

Alors que nous habitions en Floride, Elvereene et moi avons rencontré un couple qui vivait dans une attrayante subdivision à quelques milles d'endroits très recherchés par les *Snowbirds*, qui en avaient fait escalader les prix. Les maisons où habitait ce couple n'avaient pas été vendues et revendues pour fins de spéculation, et les prix de vente individuels étaient de loin inférieurs à ceux d'habitations comparables mais plus proches de la mer. Cette année-là, leurs taxes ne leur ont coûté que 7 $ de plus que l'année précédente.

Quelles seront, exactement, les taxes foncières qu'un propriétaire devra payer? Bay County est assez typique, mais n'oubliez pas qu'il y aura des variations puisque les évaluations et les unités d'évaluation sont établies selon chaque comté individuel et non de façon générale à travers l'État.

En 1987, les propriétaires de maisons de Panama City payaient, en taxes régionales, environ 4 $ pour chaque 1 000 $ d'évaluation de leurs propriétés. L'unité d'évaluation était légèrement inférieure à celle de l'année précédente, mais un grand nombre des évaluations avaient été augmentées de façon substantielle. En plus des taxes régionales, les propriétaires ont payé, en taxes scolaires, 5,94 $ pour chaque 1 000 $ d'évaluation, 0,05 $ au N.W. Florida Water Management District, 3,70 $ pour chaque 1 000 $ d'évaluation en taxes municipales, et 0,18 $ pour chaque 1 000 $ d'évaluation pour la lutte contre les maringouins. Le propriétaire d'un condominium de Panama City dont la propriété était évaluée à 70 000 $ aurait donc payé 832,80 $ en taxes, soit environ un pour cent de la valeur de sa propriété sur le marché.

Dans les comtés plus ruraux, où les services municipaux et les frais scolaires sont moins élevés, la valeur des propriétés est plus basse. En conséquence, les évaluations et les unités d'évaluation sont aussi plus basses.

Chaque comté a un conseil de révision chargé d'étudier les évaluations contestées par les propriétaires. Les contribuables peuvent aussi bénéficier de réductions s'ils paient leurs taxes rapidement.

Les propriétaires de condominiums paient leur part des taxes du complexe à même leurs paiements mensuels et les propriétaires de maisons mobiles qui ont acheté leurs terrains seront soumis à une évaluation. Les propriétaires de maisons mobiles qui louent leurs terrains ne paient pas de taxes foncières directes, mais les hausses de taxes sont éventuellement incorporées dans les hausses de loyer.

• Exemptions de taxes aux résidants

Pour avoir droit à des exemptions de taxes foncières en Floride, vous devez être un résidant permanent de cet État. Le simple fait d'acheter une maison ou un condominium ne fait pas de vous un résidant permanent; pas plus que le terme «résidant permanent» ne signifie qu'une personne passe la plus grande partie de son temps en Floride. Mais il y a certaines choses que vous pouvez faire pour montrer que vous êtes, de fait, un résidant de l'État. La première, bien sûr, est d'acheter — et d'habiter — une maison en Floride. Après cela, vous pouvez manifester votre intention en accomplissant autant des tâches suivantes que vous permet votre situation particulière:
• demandez le statut de résidant étranger aux États-Unis;
• remplissez un formulaire de déclaration de domicile au greffe de la cour d'assises du comté où vous résidez;
• déclarez dans votre testament que vous êtes un résidant de la Floride;

- immatriculez votre automobile en Floride et demandez un permis de conduire de la Floride;
- déclarez dans toutes vos transactions, légales ou autres, que vous êtes un résidant de la Floride;
- transférez vos comptes en banque et vos coffrets de sûreté dans une banque de la Floride;
- à titre de résidant, vous aurez à soumettre au gouvernement fédéral des rapports d'impôts sur le revenu, par le biais du bureau régional d'Atlanta, en Georgie;
- transférez vos adhésions à des organisations, religieuses ou autres, à une église ou des associations affiliées de la Floride;
- lorsque vous voyagez à l'extérieur de l'État, déclarez, dans les registres des hôtels, que votre lieu de résidence est la Floride.

N'oubliez pas: il n'est pas nécessaire que vous résidiez vraiment en Floride pour la plus grande partie de l'année. Lorsqu'il s'agit d'établir votre domicile en Floride, votre intention est plus importante que le temps que vous passez dans cet État.

Une fois devenu résidant de la Floride, vous aurez droit à des exemptions de taxes foncières.

Exemptions de résidant de 5 000 $

Au premier janvier de l'année fiscale, vous devez avoir été propriétaire et avoir occupé votre propriété de la Floride depuis au moins un an. La propriété doit être votre résidence permanente officielle et vous, le propriétaire, devez déclarer sous serment que vous êtes un résidant de l'État de la Floride.

Exemptions de taxes scolaires de 5 000 $

Au premier janvier de l'année fiscale, vous devez avoir droit à l'exemption de résidant de 5 000 $; de plus, vous devez être légalement résidant de la Floride depuis les cinq dernières années consécutives.

Exemptions de résidant de 20 000 $

Au premier janvier de l'année fiscale, vous devez avoir droit à l'exemption de résidant de 5 000 $, et vous devez être légalement résidant de la Floride depuis les cinq dernières années consécutives.

Exemptions supplémentaires de 5 000 $ pour personnes âgées

Au premier janvier de l'année fiscale, vous devez avoir droit à l'exemption de résident de 5 000 $; de plus, vous devez être âgé d'au mois soixante-cinq ans et être légalement résident de la Floride depuis les cinq dernières années consécutives. (Vous ne pouvez réclamer à la fois cette exemption et l'exemption de résident de 20 000 $.)

Il y a également des exemptions pour les veufs et les personnes handicapées. Pour demander de telles exemptions, vous devez vous présenter en personne au bureau de l'évaluateur de propriétés du comté, avant le premier mars de l'année fiscale. À part les exemptions de veuf et celles pour les personnes handicapées mineures, vous n'avez pas droit à plus de 25 000 $ en exemptions de résident.

Un dernier conseil pour les Canadiens qui passent l'hiver en Floride, mais qui ne jouissent pas du statut de résident étranger: je connais personnellement plusieurs *Snowbirds* canadiens qui ont réclamé les exemptions de résident et qui se sont retrouvés emberlificotés dans toutes sortes de problèmes légaux et fiscaux. Alors que nous visitions Port Charlotte un été, nous avons lu dans le journal local un article qui faisait état du procès d'une personne accusée d'avoir fait de fausses déclarations en vue d'obtenir des exemptions de résident.

• Les impôts sur les gains en capital et sur les revenus de location

Un changement survenu dans les lois fiscales canadiennes a eu et continue d'avoir d'importantes répercussions sur les résidants canadiens qui ont vendu leur maison de la Floride après ou depuis le 1er janvier 1982. Auparavant, une famille propriétaire à la fois d'une maison de vacances et d'une maison familiale pouvait désigner chacune, individuellement, comme étant la demeure principale d'un membre de la famille. Lorsqu'une des maisons était vendue, on avait droit à une exemption complète des impôts sur les gains en capital réalisés grâce à la vente de la propriété. Si la famille comptait trois membres, la maison de vacances au Canada pouvait être portée au nom du fils ou de la fille, la maison familiale au nom du mari, et la maison de Floride au nom de l'épouse. On ne payait ainsi aucun impôt sur les gains en capital à la vente de l'une ou l'autre ou même des trois maisons. L'entente fiscale entre le Canada et les États-Unis avait prolongé cette exemption sur les gains en capital jusqu'aux résidants canadiens qui vendaient leurs maisons aux États-Unis.

Depuis le 1er janvier 1982, chaque famille n'a droit qu'à une résidence principale officielle, et toutes les autres propriétés sont soumises à l'impôt sur les gains en capital au moment de la vente. Si vous songez à vendre l'une de vos maisons, consultez un comptable avant de prendre quelque décision que ce soit. Un fiscaliste suggère une façon de réduire les impôts sur les gains en capital: mettez sur pied une compagnie privée et limitée que vous déclarerez propriétaire des maisons qui ne sont pas votre résidence principale. Les corporations sont taxées sur une base différente et les impôts sur les gains en capital payés par une corporation sont moins élevés que ceux qui sont payés par un contribuable particulier. Il y a de nombreux facteurs à considérer et, une fois encore, je vous recommande de recourir à un professionnel.

Bien que certains résidants canadiens ne fassent pas état des revenus de location de leurs maisons en Floride lorsqu'ils soumettent leur déclaration de revenus, la loi exige que les Canadiens déclarent tous les revenus qu'ils réalisent, que ce soit au Canada ou à l'étranger. Les amendes imposées pour avoir fait de fausses déclarations sont sévères, et vous courez toujours le risque de vous faire prendre. Supposons, par exemple, que votre locataire tente de déduire son loyer, ou une partie de son loyer, à titre de dépense d'affaires: la déclaration de revenus du propriétaire pourrait alors être révisée et il serait difficile d'expliquer l'absence des revenus de location.

La présente entente fiscale stipule que les résidants canadiens qui sont propriétaires d'une maison aux États-Unis et qui la louent sont tenus de payer des impôts au gouvernement américain, même s'ils ne gagnent pas d'autres revenus aux États-Unis. Tous les impôts payés aux États-Unis sur les revenus de location peuvent être crédités dans la déclaration canadienne. En d'autres termes, tous les revenus doivent être déclarés, mais une personne ne paie pas d'impôts deux fois en regard des mêmes revenus.

Un résidant canadien peut être taxé pour l'un ou l'autre de deux façons aux États-Unis, et c'est à vous de choisir votre méthode:

- vous pouvez payer un impôt de 15 % calculé sur le revenu brut. Cet impôt est déduit à la source;
- ou vous pouvez payer un impôt calculé sur le revenu brut, moins les dépenses: taxes foncières, amortissement et intérêts sur hypothèque. Bien que les intérêts hypothécaires ne soient pas déductibles au Canada, ils sont déductibles aux États-Unis. Lorsque ces dépenses seront additionnées, le résultat sera probablement inscrit en perte et il n'y aura aucun impôt à payer. Advenant le cas où il y aurait profit plutôt que perte, vous pourrez probablement déduire une partie de votre voyage en Floride pour «inspection» de votre propriété.

Dans certaines circonstances, il pourrait être avantageux pour vous d'utiliser la première méthode; pour d'autres années, la deuxième pourrait être plus profitable. Vous pouvez choisir l'une ou l'autre méthode chaque année et, ici encore, je vous recommande de consulter un avocat ou un comptable.

• Les permis et autres taxes

Les Canadiens, à titre de non-résidants, ne sont pas assujettis, dans la plupart des cas, aux impôts sur les revenus des particuliers. Au Canada, des impôts sont perçus par les gouvernements fédéral et provinciaux. Si un Canadien acquiert le statut de résidant des États-Unis, qu'il vit en Floride et qu'il y gagne des revenus en travaillant ou en investissant, il n'aura à payer des impôts qu'au gouvernement fédéral américain; la constitution de la Floride lui interdit de percevoir des impôts sur les revenus des particuliers. Songez un instant à ce que nous pourrions faire avec les impôts provinciaux que nous payons chaque année!

La taxe de vente, en Floride, est de 5 %. Cette taxe s'applique:
- à la location de propriétés matérielles inhérentes à l'hébergement dans les hôtels, motels et appartements (il y a quelques exceptions). Certaines municipalités imposent une taxe supplémentaire sur les hébergements dans les hôtels et les motels;
- aux admissions dans des lieux d'amusement;
- aux repas pris dans les restaurants;

- à la plupart des ventes au détail.

Les aliments et les médicaments ne sont pas taxés.

Si un *Snowbird* achète en Floride une voiture qu'il a l'intention d'utiliser durant son séjour là-bas, il doit la faire immatriculer et assurer en Floride. Les plaques d'immatriculation sont renouvelées chaque année à l'anniversaire de naissance du propriétaire. Les plaques coûtent entre 16 $ et 34 $, selon le poids de l'auto. L'inspection annuelle obligatoire des voitures a été abolie le premier janvier 1982. Les non-résidents ne sont pas tenus d'obtenir des permis de conduire de la Floride, du moment que leurs permis sont valides dans leur province ou leur État d'origine.

Les propriétaires de maisons mobiles qui louent leurs terrains doivent acheter un permis annuel et l'afficher clairement sur la façade de leur maison. Le prix varie selon la longueur de la maison et selon qu'il s'agit d'une maison simple largeur, double largeur ou triple largeur. Voyez la page 173 pour des exemples de coûts de ces permis.

Ceux qui désirent chasser et pêcher doivent obtenir des permis de chasse et de pêche. Toutefois, si vous avez plus de 65 ans ou moins de 15 ans et que vous soyez un résidant de la Floride, vous n'êtes pas tenu d'acheter de permis. Les coûts sont minimes et les non-résidents paient plus cher que les résidants. Pour un *Snowbird*, le coût d'un permis de pêche est de 10,50 $ pour un an; les permis à court terme coûtent moins cher. Il n'est pas nécessaire d'avoir un permis de pêche pour pêcher dans la mer ou sur une propriété privée. Bien que la Floride soit plutôt renommée pour sa pêche en haute mer, certains de mes amis pêcheurs à la ligne m'affirment que c'est dans les centaines de lacs d'eau douce de la Floride centrale que se fait la meilleure pêche de perches en Amérique du Nord.

- ## Les coûts des services publics

L'électricité et le gaz naturel
Les factures d'électricité de la Floride sont élevées par comparaison avec celles du Canada, et elles continuent de monter. La plupart des maisons neuves, surtout les maisons mobiles, sont chauffées et climatisées exclusivement à l'électricité. À l'hiver

de 1985-1986, les factures étaient affreusement élevées. Certains amis qui gardaient leurs maisons de deux chambres à coucher à un confortable 21 °C (70 °F) durant les trois semaines de nuits très froides qu'il y eut cet hiver-là — et qui les refroidissaient à un confortable 21 °C (70 °F) durant les jours de chaleur excessive — ont reçu des factures d'électricité de plus 100 $ par mois. D'avril à novembre, ces coûts peuvent grimper encore davantage. Leur facture pour juillet 1986 s'élevait à 155 $ U.S.!

Il est facile de sauver de l'argent sur les frais d'électricité en mettant en pratique certaines techniques de conservation.

- Assurez-vous que votre réservoir d'eau chaude est bien isolé, afin de prévenir la perte de chaleur. Si vous partez pour la journée ou que vous n'aurez pas besoin d'eau chaude pendant quelques heures, arrêtez le chauffage.
- Réglez votre thermostat de climatisation à 25,5 °C (78 °F). Vous consommez environ 5 % d'énergie de plus à chaque fois que vous baissez votre thermostat d'un degré.
- Utilisez des éventails, plutôt qu'un appareil à air conditionné, pour garder votre maison confortable. Un grand nombre de Floridiens ont installé des éventails au plafond de leur maison, ce qui fait baisser la température d'un ou deux degrés; ces appareils aident aussi à faire circuler l'air et ne coûtent pas cher en électricité. On peut s'en procurer dans les grands magasins pour aussi peu que 15 $ ou 20 $. En attendant d'installer des éventails de plafond, nous avions acheté un gros éventail carré, que nous avions placé sur le plancher de notre chambre à coucher et que nous utilisions, à la place de l'appareil à air conditionné, pour garder la chambre confortable pendant les nuits très chaudes.
- Éteignez l'appareil à air conditionné ou réglez-le à une température plus élevée si vous partez pour la journée, à moins que vous laissiez un animal de compagnie à la maison.
- Durant les grandes chaleurs de la journée, gardez les fenêtres fermées, les rideaux tirés et les auvents baissés.
- Songez à acheter un four à micro-ondes. À long terme, il se paiera par lui-même, en termes d'argent et de confort.

Demandez au bureau régional de la compagnie d'électricité des copies de ses dépliants sur l'économie de l'énergie électrique. Ces dépliants sont gratuits. De plus, la compagnie offre des services d'information pour vous aider.

Lorsque vous vous abonnerez au service électrique, vous devrez faire un dépôt substantiel; le montant variera selon laquelle des cinq compagnies d'électricité qui assure les service dans votre région. Dans notre cas, le Floride Power and Light nous a demandé un dépôt de 100 $.

Le coût du gaz est un peu moins élevé que le coût de l'électricité mais la plupart des maisons n'utilisent pas le gaz. Notre maison de Pompano Beach était chauffée au gaz et nous utilisions un poêle à gaz. Nos factures étaient moins élevées que celles d'une maison fonctionnant entièrement à l'électricité. People's Gas System Inc. nous avait demandé un dépôt de 20 $ et exigeait 5 $ pour le raccordement.

L'eau

Depuis plusieurs années, l'eau est devenue un problème majeur en Floride. La croissance rapide de la population a mis à dure épreuve les systèmes d'approvisionnement en eau de l'État, qui étaient destinés à une population beaucoup moins nombreuse. Les seules sources d'eau fraîche de la péninsule sont les réservoirs naturels, et des averses de pluie insuffisantes durant la saison des pluies font souvent baisser les niveaux d'eau fraîche au point critique dans un grand nombre de régions. Dans certains secteurs de distribution de l'eau, il est parfois nécessaire de restreindre périodiquement l'usage de l'eau. La qualité de l'eau est à la baisse en Floride (comme c'est aussi le cas dans la plupart des centres urbains du Canada) et la vente d'eau potable en bouteille est une entreprise lucrative. Dans les régions côtières plates, l'abaissement des niveaux hydrostatiques a occasionné l'infiltration d'eau salée dans le système de distribution des eaux. Le gouvernement a dépensé beaucoup d'argent pour maintenir des quantités d'eau fraîche adéquates. Les frais d'approvisionnement en eau ont augmenté de façon substantielle au cours des dernières années et les propriétaires qui arrosent leur pelouse, ne serait-ce qu'avec modération, peuvent s'attendre à payer entre 25 $ et 30 $ par mois pour leur eau. Les coûts varient largement d'une région à l'autre, et la même quantité d'eau peut coûter deux fois plus cher à Fort Myers qu'à Orlando. De plus, il y a une charge mensuelle minimale, de sorte que vous recevrez des factures d'eau même durant les mois où vous n'en utilisez pas.

Pratiquer la conservation de l'eau peut aider à diminuer les frais. Quelques briques placées dans le réservoir d'eau de la toilette diminueront la quantité d'eau qui est utilisée chaque fois qu'on active la chasse; on peut aussi économiser de l'eau en installant un jet de douche spécialement destiné à cette fin.

Le téléphone
Les frais de téléphone sont à la hausse en Floride, comme au Canada, mais il y a des façons d'économiser. Il existe dix-neuf compagnies de téléphone en Floride. Leurs tarifs de base varient, mais les frais sont généralement 20 % plus élevés qu'au Canada (et n'oubliez pas le taux d'échange). Voici quelques conseils qui vous aideront à garder les frais de téléphone au minimum:

- Faire installer un téléphone chaque année, quand vous allez en Floride, vous coûtera entre 45 $ et 70 $. Vous pouvez toutefois le garder en service suspendu à un coût mensuel minime. De cette façon, vous économiserez de l'argent tout en évitant l'inconvénient d'avoir à attendre qu'on installe votre téléphone chaque année.
- Ne vous laissez pas convaincre par le personnel de la compagnie de téléphone d'acheter ou de louer des appareils sophistiqués. Vous pouvez acheter les mêmes appareils, ou des appareils semblables, à des prix beaucoup plus bas dans les magasins d'aubaines. Vous pouvez acheter un appareil modeste, dans un magasin d'aubaines, pour aussi peu que 5 $ ou 10 $. Et si vous fournissez votre propre appareil, la compagnie de téléphone inscrira un crédit à votre facture mensuelle. Économisez davantage en emportant votre téléphone avec vous au Canada. Il vous servira de rallonge et vous évitera d'avoir à payer pour une rallonge du Bell.
- Si vous utilisez votre téléphone surtout pour des appels interurbains, considérez la possibilité de demander une ligne partagée, c'est-à-dire de partager le service et les frais, avec un autre usager, ce qui vous permettrait des économies d'environ 20 %. Les employés de la compagnie de téléphone tenteront de vous dissuader d'opter pour une ligne partagée parce que c'est plus compliqué pour eux. Leur argument habituel est que la ligne sera peut-être occupée au moment où vous voudrez placer un

appel. Toutefois, si vous n'utilisez pas souvent le téléphone, c'est une option à considérer.

• La plupart de ceux qui passent de longues périodes de temps en Floride reçoivent des factures d'appels interurbains très élevées parce qu'ils téléphonent régulièrement à leurs familles au Canada. Pour diminuer ces frais, composez toujours directement. Les appels placés par l'opératrice coûtent beaucoup plus cher. Informez-vous auprès de la compagnie de téléphone au sujet des périodes d'appels à frais réduits. Les appels interurbains que vous ferez durant ces plages horaires vous coûteront au moins 50 % de moins qu'en temps normal. Si vous acceptez un appel à frais virés, coupez court à la conversation, demandez le numéro de la personne qui vous appelle et rappelez-la en composant directement. Préparez une liste des choses dont vous voulez parler, avant de faire un appel interurbain; de cette façon, vous limiterez la durée de la conversation.

Elvereene et moi-même mettons toutes ces règles en pratique. Lorsque nous sommes en Floride, nous téléphonons continuellement à la maison et nos appels interurbains nous coûtent souvent entre 50 $ et 75 $ par mois. Je frémis à l'idée de combien il en coûterait si nous ne pratiquions pas ces règles d'économie.

• Un budget pour les propriétaires qui résident l'hiver

Lorsque j'ai commencé à écrire cette partie du livre, j'hésitais à inclure un modèle de budget parce qu'il y a une telle variété de besoins, de goûts et de revenus individuels qu'un, deux, trois, quatre ou même dix modèles de budget ne pourraient aider tout le monde. Toutefois, Elvereene m'a fait remarquer qu'un budget modeste, basé sur nos propres expériences, serait utile aux lecteurs qui ne connaissent que l'aspect touristique de la vie en Floride.

Ce budget est basé en grande partie sur notre expérience d'un mois récent typique. Pour le rendre plus réaliste, nous n'avons aucunement modifié nos façons de dépenser. Si vous n'avez jamais vécu en Floride, ce budget vous indiquera si vos revenus sont suffisants pour vous permettre un mode de vie de *Snowbird* — n'oubliez pas de calculer l'inflation.

Il est possible de limiter ou même de réduire un grand nombre de dépenses en utilisant les règles d'économie énumérées au chapitre 5. Nous les mettons en pratique, ce qui a un effet indéniable sur nos dépenses. Afin d'illustrer leur efficacité, j'ai volontairement omis les économies que nous faisons sur les épiceries en découpant les coupons publicitaires. Le budget établit à 275 $ canadiens le montant dépensé pour les aliments que nous consommons chez nous. Mais cette somme, en réalité, a été réduite à 241,62 $ canadiens, grâce à une sage utilisation des coupons. Nous avons épargné un autre 19,20 $ en achetant le pain et les pâtisseries dans les boulangeries-pâtisseries à rabais (y compris deux visites de gourmandise chez Entenmann's). En fait, nous avons économisé 42,58 $, soit environ 15 % du montant budgeté. Nous avions alloué 275 $ canadiens aux aliments préparés à la maison, mais nous n'avons dépensé que 232,42 $ canadiens. Utilisez les trucs d'économie suggérés dans ce livre et vous épargnerez encore davantage!

Exemple de budget moyen des dépenses mensuelles d'un *Snowbird* en Floride (y compris l'habitation*).

Nourriture	
Préparée à la maison	275 $
Restaurant	125 $
Casse-croûte (café, cornets de crème glacée, etc.)	30 $
Objets de toilette, médicaments non prescrits, etc.	25 $
Assurance-maladie supplémentaire	45 $
Dépenses pour l'automobile	
Essence (600 milles)	60 $
Réparations	35 $
Amusement	75 $
Abonnement au club de golf	30 $
Divers	50 $
	750 $

On me demande souvent combien coûtent les aliments et autres nécessités en Floride, en comparaison avec les prix du

---

* Le budget est calculé en dollars canadiens et basé sur un taux d'échange de 35 % (1 $ US = 1,35 $ canadien).

Canada. Chaque fois que nous allons en Floride, nous évaluons un panier de provisions contenant au moins cent produits qu'on peut trouver au Canada, nous comparons les prix de la Floride et ceux de Loblaws ou de Miracle Mart. Nous excluons délibérément les prix réduits et les spéciaux particuliers à chaque magasin. Les produits portant la marque du magasin sont beaucoup moins chers en Floride qu'au Canada. On peut souvent trouver des oeufs de calibre A (gros) pour aussi peu que 0,80 $ la douzaine dans les supermarchés de la Floride, qui les utilisent souvent comme articles pilotes.

Après avoir converti les poids et mesures de la Floride en poids et mesures métriques, et les dollars de la Floride en dollars canadiens, nos comparaisons ont révélé que le coût total de notre panier de provisions de la Floride est à peu près le même que celui de notre supermarché local à Toronto. Très peu de produits coûtaient beaucoup moins cher au Canada. Bien que certaines viandes soient un peu moins chères au Canada, la volaille et les produits de papier (serviettes de papier et papier hygiénique) étaient considérablement moins chers dans les supermarchés et les pharmacies de la Floride.

Nous avons vérifié les prix des aliments auprès de trois chaînes de supermarchés de la Floride: Publix, Winn-Dixie et Piggley-Wiggley. Les prix des articles de pharmacie sont ceux de Super X, Eckerd's et Shopper's Drug Mart.

Ne croyez pas que le coût de la vie soit le même partout en Floride: il y a des variations d'une région à l'autre. Un bureau du gouvernement de la Floride publie un feuillet comparant le coût de la vie dans les soixante-sept comtés de la Floride. Il utilise une formule qui ressemble un peu à celle de Statistique Canada. Les régions où le coût de la vie est le moins élevé se trouvent dans la Floride centrale et la Floride septentrionale (Panhandle); il est plus élevé dans les régions situées le long de la côte de l'Atlantique, de Palm Beach County en allant vers le sud. Les localités en bordure du golfe du Mexique sont généralement plus intéressantes à ce point de vue que celles qui bordent l'Atlantique.

Bien que l'index du coût de la vie soit basé sur un comté en général, il y a des différences considérables à l'intérieur d'un même comté. Un développement situé dans un comté où l'index du coût de la vie est bas peut être moins avantageux qu'un autre situé dans un comté à coûts élevés. En voici quelques exemples spécifiques. Mes commentaires sont basés sur les statistiques et sur mes propres recherches.

Florida Keys
    Key West: coût de la vie le plus élevé en Floride

Côte de l'Atlantique
    Miami-Miami Beach: numéro 2, après Key West
    Fort Lauderdale: presque aussi cher qu'à Miami
    West Palm Beach: très cher
    Vero Beach: cher, mais vous en avez pour votre argent
    Melbourne: un peu moins cher qu'à Vero Beach
    Daytona Beach: moins cher qu'à Melbourne
    St. Augustine: plus cher qu'à Daytona Beach

Floride septentrionale (Panhandle)
    Panama City: très, très cher
    Fort Walton Beach: un peu plus cher qu'à Panama City

Côte du Golfe
    Naples: très, très cher
    Fort Myers: très cher
    Port Charlotte: parmi les moins chers sur la côte du Golfe
    Sarasota: très cher
    St. Petersburg: beaucoup moins cher qu'à Sarasota
    Clearwater: entre St. Petersburg et Sarasota
    New Port Richey: moins cher qu'à Clearwater (et inférieur à la moyenne du coût de la vie basée sur l'État en général)

Floride centrale
    Gainesville: ville universitaire, prix modéré
    Ocala: généralement moins cher que dans les régions côtières
    Brooksville: une des villes les moins chères de tout l'État
    Orlando: coût de la vie le plus bas parmi toutes les villes importantes

Lakeland: en bas du coût de la vie moyen de l'État
Sebring: moins cher qu'à Orlando.

L'exemple des pages 236 et 237 illustre les types de frais de maintien de l'habitation qui se répètent chaque mois de l'année, y compris les mois où le *Snowbird* est retourné au Canada. Ces frais sont importants aussi pour l'investisseur dont la propriété à louer est vacante et ne produit pas de revenus durant cette partie de l'année. Les coûts réels varient selon le type d'habitation, l'importance des paiements hypothécaires, les frais d'entretien, etc.

Analysez vos revenus avant d'acheter une maison en Floride. Calculez le montant d'argent qu'il vous restera pour maintenir la maison une fois que votre acompte aura été déduit de votre capital. Bien que ce calcul soit important pour quiconque songe à acheter une maison en Floride, il est crucial pour les personnes qui doivent vivre avec des revenus de retraite fixes. Une fois que vous savez combien vous pouvez vous engager à payer, évaluez soigneusement tous les frais fixes nécessaires au maintien de l'habitation que vous songez à acheter. Si votre budget vous permet d'acheter la maison, informez-vous davantage. N'achetez pas une maison au-delà de vos moyens: avoir sa place au soleil ne vaut pas la déception ni les frustrations qui en découleraient.

Ne prenez pas au mot l'opinion d'un vendeur quant aux frais réguliers. La plupart des vendeurs ne vivent pas dans les centres où ils travaillent; certains hésitent à citer des chiffres qui risqueraient de leur faire perdre leur vente. Mais il y a des façons d'évaluer les coûts fixes avec exactitude.
- Visitez aux moins deux banques pour discuter de termes d'hypothèques et de frais de fermeture. Vous aurez ainsi une bonne idée de vos paiements hypothécaires mensuels.
- En vous servant des listes des pages 236 et 237 comme modèle, faites votre propre tableau et inscrivez, dans la colonne appropriée, le montant que vous prévoyez devoir payer en versements hypothécaires.
- Faites connaissance avec des résidants du complexe et posez-leur des questions au sujet du prix des assurances, des services publics, des réparations à la maison et autres dépenses fixes. Si vous parlez à plusieurs personnes, vous serez en mesure de faire une estimation réaliste. Ajoutez 5 % à leur estimation, pour

tenir compte de l'inflation de l'année à venir, puis inscrivez cette somme au tableau.

- Additionnez les colonnes et faites les calculs indiqués dans le tableau modèle.
- Soustrayez vos revenus de location des coûts annuels fixes. Puis comparez ces coûts fixes à votre budget. Pouvez-vous vous permettre d'investir dans cette tranche de la Floride?
- Si la maison qui vous intéresse coûte trop cher, allez en voir d'autres.
- Enfin, gardez à l'esprit que les coûts ne sont pas le seul facteur important dans le choix d'une maison. Consultez notre guide de vérification des habitations des pages 211-215 pour vous guider dans votre prochaine étape.

Cas type

Côuts annuels de maintien d'une maison en Floride en dollars canadiens

Notre cas type est une maison mobile double largeur dans un parc de location de terrains
(Les sommes estimées sont arrondies)

Coûts mensuels pour chacun des six mois passés en Floride

Versement hypothécaire (hypothèque de 20 000 $ à 9 %
sur 10 ans) .... 332 $
Location du terrain................................ 250 $
Assurances sur la maison (600 $ par année) .... 50 $
Services publics — téléphone (service de base) .... 20 $
(appels interurbains)...... 40 $
— électricité .... 50 $
Entretien et réparation de la maison................. 50 $
792 $

Coûts mensuels de maintien de la maison en Floride pour chacun des six mois passés au Canada

Versement hypothécaire (hypothèque de 20 000 $ à 9 %
sur 10 ans) .... 332 $

Location du terrain . . . . 250 $
Assurances sur la maison (600 $ par année) . . . . 50 $
Services publics — téléphone (service de base) . . . . 5 $
                              (appels interurbains) . . . . —
                   — électricité . . . . 15 $
(Réglez votre thermostat à 29,5 °C (85 °F) pour prévenir
la moisissure)
Entretien de la maison . . . . 50 $
                                                                 697 $

Coûts mensuels moyens basés
sur un an $\dfrac{792\ \$\ +\ 697\ \$}{2}\ =\ \underline{745\ \$}$

Coût annuel fixe   745 $ × 12 = 8 940 $

Basé sur l'échange: 1 $ U.S. = 1,35 $ canadien

- Si les versements hypothécaires sont plus élevés ou plus bas, ajustez les calculs en conséquence.
- Si l'habitation est un condominium ou une maison unifamiliale conventionnelle, modifiez pour ajouter les frais d'entretien, les taxes, les frais d'approvisionnement en eau, etc.
- Le coût des assurances variera selon la valeur de la police d'assurance.
- Le téléphone est en service suspendu pendant que vous êtes au Canada.
- Les frais d'entretien et de réparation de l'habitation peuvent varier. Ces frais incluent la peinture du toit de la maison mobile tous les deux ans. Les frais d'entretien augmenteront lorsque les garanties sur les appareils électriques et sur le système de climatisation auront pris fin.

Puisque les prix changent rapidement,
tous les prix indiqués dans ce livre devraient
être utilisés uniquement à des fins de comparaison.

CHAPITRE 9

La Floride devrait-elle faire partie de vos plans de retraite?

La plupart des questions et des problèmes
qui surviennent lorsqu'on décide de vivre
dans les États ensoleillés sont universels.
Les exemples mentionnés
illustrent des points spécifiques,
mais chacun d'eux pourrait s'appliquer
à tous les États ensoleillés.

Planifier sa retraite n'est pas important seulement pour nous, les plus âgés! Si vous croyez que vous pouvez ignorer cette partie du chapitre parce que vous êtes trop jeune pour penser à la retraite ou à un plan de retraite, vous vous trompez. Peut-être n'avez-vous pas commencé à planifier consciemment votre retraite, mais, sans vous en rendre compte, vous avez commencé à la préparer le jour où vous avez accepté votre premier emploi à temps plein. Bien que vous vous inquiétiez présentement surtout de salaire et de promotions, les avantages sociaux offerts par la compagnie pour laquelle vous travaillez joueront un rôle clé dans votre avenir. Si ces avantages sociaux incluent un régime d'épargnes-retraite, des contributions seront déduites régulièrement de votre salaire; si vous n'avez pas de régime de retraite, vous devrez vivre du régime de pensions du Canada, de votre pension de sécurité de la vieillesse et des épargnes que vous aurez accumulées au moment de la retraite.

L'insécurité financière est un problème majeur chez les retraités. Les conseillers financiers sont unanimes aujourd'hui lorsqu'ils affirment que, pour maintenir un niveau de vie satisfaisant après la retraite, vous devez commencer à mettre sur pied un programme financier pratique au moins quinze à vingt ans avant votre retraite. Si vous êtes âgé de trente-cinq ans et que vous prévoyiez prendre votre retraite à cinquante-cinq ans, vous devriez avoir commencé votre programme de planification financière. Votre banque, les sociétés fiduciaires ou les autres institutions de planification financière se feront un plaisir de vous conseiller et de vous aider à l'élaboration de votre programme.

Bien que la sécurité financière joue un rôle clé, il y a beaucoup d'autres facteurs qui détermineront la qualité de votre vie. Même si vous êtes encore à plusieurs années de la retraite, vous devriez comprendre le processus de décision et les alternatives qui entrent en jeu lorsque vous planifiez votre futur mode de vie de retraité. Peut-être serez-vous encouragé à examiner d'un oeil plus critique la direction que votre vie est en train de prendre présentement. (La meilleure référence que je puisse vous donner sur la planification d'un mode de vie à n'importe quel âge est le livre de poche *The Three Boxes of Life*, un livre qui fait réfléchir, signé Richard N. Bolles.)

La plupart des Canadiens qui ne travaillent pas pour leur propre compte prendront leur retraite entre soixante et soixante-cinq ans. Certains seront forcés ou choisiront de se prévaloir d'une retraite anticipée; d'autres continueront de travailler jusqu'à ce qu'ils atteignent l'âge de la retraite obligatoire et qu'ils soient obligés de quitter leur emploi. La retraite, pour les gens qui travaillent à leur compte, est habituellement une question de choix, bien qu'elle soit parfois provoquée par des changements dans la situation de la personne.

Votre situation personnelle s'inscrira à l'un ou l'autre de ces scénarios. Prendre sa retraite signifie entrer dans une nouvelle phase de la vie. Vous ferez face à des occasions excitantes et, possiblement, à des problèmes.

• Préparez un plan de retraite détaillé

Lorsqu'arrive le jour de la retraite, les responsabilités d'une longue carrière touchent à leur fin et vous recevez votre montre en or (?). Votre emploi traditionnel à temps plein n'exige plus la plus grosse tranche de votre temps et de votre énergie. Un grand nombre d'obligations ont diminué. Par exemple, vous avez probablement fini de rembourser l'hypothèque sur votre maison familiale et les enfants sont maintenant adultes et occupés à vivre leur propre vie.

La retraite signale l'entrée dans une nouvelle phase de la vie, laquelle, avec un peu de chance, occupera au moins un quart de la durée de votre vie. Prendre votre retraite signifie être libéré, pour la première fois de votre vie, d'un grand nombre de responsabilités. Bien que vous aurez à composer avec certaines contraintes importantes, la retraite vous offre la possibilité de prendre un plus grand nombre de décisions volontaires quant aux directions que prendra votre vie future.

Tout au long de votre vie professionnelle, votre temps dépend largement de votre emploi. Les relations avec votre famille, votre choix d'amis, les clubs et organisations auxquels vous vous joignez, vos activités récréatives et vos passe-temps, l'endroit où vous vivez et même vos comportements sexuels sont, en grande partie, déterminés par votre réaction face à votre situation de travail. Si vous pensez que le stress provoqué par votre travail n'influence pas votre vie amoureuse, demandez à votre épouse de vous dire franchement ce qu'elle en pense! À partir du moment où vous prendrez votre retraite, votre travail ne déterminera plus votre relation avec votre famille et vos amis, l'endroit où vous vivez, ni votre emploi du temps. Bien sûr, ces trente-cinq ou quarante années durant lesquelles vous avez travaillé continueront d'influencer vos attitudes et vos décisions.

Jusqu'à un certain point, votre travail répond aussi à une variété de besoins psychologiques fondamentaux. Lorsque vous prenez votre retraite, les satisfactions apportées par votre travail sont terminées. Ce que nous accomplissons au travail nous vaut le respect de nos collègues et de nos supérieurs, duquel découle notre estime de nous-mêmes. Le travail nous confère un statut, nous donne du prestige et nous assure une identité sociale. Si on me demande «Que faites-vous?», ma réponse est que j'enseigne. Je ne dis pas que j'élève mes enfants, que je collectionne des coquillages ou que je suis un musicien amateur. L'emploi de Sid Kling lui donne son identité sociale. Et au travail, nous faisons tous partie d'équipes ou de groupes plus ou moins nombreux, et nous sommes conscients de faire partie de quelque chose de plus gros que nous-mêmes. Cela nous procure un sentiment d'appartenance et d'approbation. Notre lieu de travail nous fournit l'occasion d'établir des relations avec nos collègues. Certains d'entre eux deviennent nos meilleurs amis.

Se retrouver à la retraite surprend toujours quelque peu, même si on s'y est préparé soigneusement. Vous devez faire des ajustements soudains et nécessaires à votre mode de vie. Par exemple, apprendre à vivre avec des revenus limités peut provoquer des frustrations. Pour quelqu'un qui n'a pas de programme de retraite détaillé et qui se voit forcé de prendre sa retraite, ou qui pense que la planification financière est la seule clé d'une retraite réussie, ce peut être une expérience traumatisante.

Regarder *Dallas* ou *Bill Cosby* et sortir les poubelles, ça ne remplit pas le vide psychologique qui se produit lorsqu'on quitte son emploi. Comme tout le monde, les retraités veulent les mêmes satisfactions qu'ils recevaient lorsqu'ils travaillaient. Mais ces satisfactions doivent venir d'autres activités et d'autres relations. Les retraités ont besoin, comme tout le monde, de respect et d'estime de soi, de statut, de prestige et de la satisfaction d'avoir accompli quelque chose.

Facilitez votre transition du monde du travail au monde des retraités; préparez un plan de retraite détaillé et réaliste. Commencez à vous préparer des années à l'avance ou le plus tôt possible. La plupart des experts-conseils en planification de la retraite jugent logique et approprié de se préparer de quinze à vingt ans avant la date de retraite prévue.

Dans un livre comme celui-ci, qui ne traite que de quelques-unes d'une multitude d'options de retraite possibles, il serait présomptueux de tenter d'expliquer en quelques pages comment préparer un programme de retraite. Après réflexion, j'ai décidé qu'il serait préférable d'expliquer clairement pourquoi il est absolument nécessaire de planifier sa retraite soigneusement*.

J'aimerais traiter d'un point avant d'expliquer où obtenir de l'aide pour la planification de votre retraite. Le scénario de retraite le plus courant est le suivant: le mari quitte son emploi et se retrouve dans les jambes de tout le monde; par contre, son épouse a passé son temps à s'occuper de la maison et des enfants. Même si ses tâches resteront essentiellement les mêmes au moment de la retraite de son mari, leur relation risque de changer énormément. Il est essentiel qu'elle soit incluse, à titre de partenaire égale, dans le processus de la retraite. Si vous êtes marié, c'est vous et votre partenaire qui prenez votre retraite, pas seulement celui des deux qui a quitté un emploi rémunéré!

Il existe de nombreuses et excellentes sources d'information sur la planification de la retraite, de même qu'il en existe de minables. Traitons d'abord des minables. Au Canada, n'importe qui peut s'improviser planificateur de retraite. Il n'existe aucune loi pour s'assurer que les personnes qui se disent planificateurs de retraite aient même un minimum de compétence. Avant de dépenser quelque montant que ce soit pour un programme de retraite,

---

* Pour des informations détaillées sur la façon d'établir un programme de retraite, consultez le livre que j'ai cosigné: *It's Never Too Early: A Guide To Planning and Enjoying Your Retirement Lifestyle.*

renseignez-vous sur la formation et les qualifications de l'enseignant. Au Canada, on n'a pas écrit beaucoup de livres sur le sujet et, franchement, j'hésite à en recommander, à part celui que j'ai cosigné en 1985.

Heureusement, il existe de bonnes sources d'information sur la planification de la retraite. Les institutions d'enseignement postsecondaire sont pointilleuses sur le choix des enseignants qu'elles engagent pour leurs programmes d'éducation permanente ou d'éducation aux adultes. Contactez votre école ou université régionale pour connaître la teneur des cours qui y sont offerts. Certaines écoles ne chargent pas de frais d'inscription aux étudiants de soixante-cinq ans et plus. Un grand nombre d'entreprises et de départements du gouvernement parrainent des programmes de planification de la retraite pour leurs employés et leurs épouses. Si votre employeur n'offre pas de programme de ce genre, demandez au service du personnel si l'entreprise accepterait de défrayer vos coûts d'inscription à un tel cours offert ailleurs.

Je vous recommande les quelques livres qui suivent sur la planification de la retraite:

Bolles, Richard N. *The Three Boxes of Life and How to Get Out of Them.* Berkeley, California: Ten Speed Press, 1978.

Comfort, Alex. *A Good Age.* New York: Crown, 1976.

Downs, Hugh, et Roll, Richard J. *The Best Years Book.* New York, Delacorte Press/Eleanor Friede, 1981 (maintenant en livre de poche).

Kling Sidney, et Levy, Joseph, *It's Never Too Early: A Guide To Planning and Enjoying Your Retirement Lifestyle,* Toronto: Stoddard, 1985.

Uris, Auren. *Over 50: The Definitive Guide to Retirement,* Toronto: Bantam Books, 1979.

La Floride n'est qu'une des options de retraite parmi plusieurs

La possibilité d'une retraite saisonnière ou permanente en Floride ne devrait pas être envisagée à la légère ni de façon unilatérale. Elle devrait plutôt faire partie du processus de planification de la retraite indiqué précédemment dans ce chapitre.

Le fait de vivre en Floride ne garantit pas, comme par magie, une retraite satisfaisante. Vous ne devriez décider d'opter pour la Floride qu'après avoir évalué les différents modes de vie qu'elle offre, et avoir choisi la combinaison qui convient le mieux à vos buts. Il existe plusieurs options qui méritent d'être prises en considération.

Des retraités de toutes les provinces du Canada ont déménagé à Victoria et ailleurs dans le sud-ouest de la Colombie britannique, où les hivers sont plus doux que dans l'Est du Canada. Peut-être choisirez-vous de rester dans votre province et d'adopter un mode de vie rural en achetant une petite ferme ou en isolant votre chalet pour l'hiver. Vous pouvez vendre votre maison de ville, acheter une maison dans un centre rural adulte et investir le reste. Un grand nombre de retraités de la région de Toronto ont élevé leurs familles dans la banlieue; une fois les enfants partis, ils vendent leur maison et se laissent tenter par la vie en condominium en plein centre de Toronto.

Un grand nombre des États ensoleillés autres que la Floride attirent de plus en plus de Canadiens. Ces États incluent Hawaii, la Californie, l'Arizona, le Nouveau-Mexique, le Texas, l'Arkansas, la Louisiane, le Mississippi, l'Alabama, la Georgie, la Caroline du Sud et la Caroline du Nord. Après la Floride, les États les plus populaires sont le Texas, le Nouveau-Mexique, l'Arizona et la Californie.

Ce ne sont là que quelques-unes des options de résidence à temps partiel ou à temps plein que vous pouvez considérer dans le cadre de votre programme de retraite.

Votre décision d'inclure la Floride dans vos plans de retraite ne devrait pas être le résultat de quelques voyages occasionnels à Fort Lauderdale; ne décidez pas d'aller vous y installer simplement parce qu'un ami ou un parent trouve agréable sa vie de loisirs en Floride. Ce qui est bon pour d'autres n'est pas nécessairement bon pour vous!

Un grand nombre de personnes qui passeraient des mois à chercher avant d'acheter une auto, ou qui parcourraient la campagne pendant des années avant d'acheter un chalet d'été, se laissent aveugler par le soleil de la Floride, les palmiers, les plages sablonneuses, les vendeurs un peu trop parsuasifs, et prennent des décisions subites lorsqu'il s'agit d'acheter une maison en Floride. Une décision impulsive peut mener à une perte financière; elle peut aussi frustrer les plaisirs anticipés d'une retraite bien méritée.

Une enquête que j'ai faite dans une localité d'adultes a révélé que les personnes les plus satisfaites de leur retraite en Floride étaient celles qui avaient visité cet État plusieurs fois avant de s'y installer; elles avaient utilisé ces périodes de vacances pour chercher l'endroit qui conviendrait le mieux à leurs besoins individuels. Toutefois, je ne vous recommanderais pas de suivre l'exemple d'un couple que nous comptons aujourd'hui parmi nos meilleurs amis. Je les appellerai Jean et Marie. Jean était dans la cinquantaine et avait pris sa préretraite. Prudent et précis, Jean a décidé de chercher, avec Marie, l'endroit idéal où vivre leur retraite. Ils ont commencé leurs recherches en Californie et ont voyagé ensuite vers l'Est, à travers tous les États ensoleillés, en notant tous les aspects positifs et négatifs de chaque endroit. Nous avons fait leur connaissance douze ans plus tard. Ils vivaient encore dans leurs valises et cherchaient toujours «la terre promise». Après plusieurs longues discussions qui, j'espère, les ont aidés à clarifier leurs priorités quant au choix d'un mode de vie, ils se sont finalement établis dans une jolie maison au sein d'une charmante agglomération de la Floride centrale. Je crois m'être attiré la gratitude éternelle de Marie.

Une fois que vous avez tracé votre plan de retraite, examinez les options possibles. Si vous sentez le besoin d'explorer davantage la vie dans les États ensoleillés, ce n'est ni en Floride, ni au Texas, ni au Nouveau-Mexique, ni en Arizona, ni en Californie qu'il vous faut commencer votre enquête, mais plutôt chez vous.

Comment commencer, chez soi, à faire des recherches sur la Floride

Vos vacances annuelles dans un motel de Miami Beach, vos voyages à Disney World et vos visites aux autres attractions de la Floride ne font pas de vous un expert sur la vie en Floride. Le monde des touristes est très différent du monde des résidents saisonniers. Le touriste n'a pas à composer avec les questions, les problèmes et les options qui s'imposent au *Snowbird*.

Supposons que votre expérience de la Floride se limite à quelques visites et à des informations glanées auprès de vos parents et amis. Toutes ces informations sont utiles, mais elles ne devraient pas jouer le rôle décisif quand il s'agit de déterminer comment vous allez vivre une partie importante du reste de votre vie. La meilleure place pour commencer à évaluer la Floride est chez vous, au Canada. En vous prérarant soigneusement durant cette étape, vous éviterez de gaspiller votre temps et votre argent lorsque vous partirez à la recherche d'une ville et d'une demeure aptes à contribuer à une retraite satisfaisante.

La Floride est trop vaste et trop variée pour être explorée superficiellement en quelques semaines. Il faut rouler sans arrêt pendant près de six heures pour se rendre de Daytona Beach à Naples, et la distance de West Palm Beach à St.Petersburg est de plus de 325 kilomètres (200 milles). Les régions diffèrent par leur géographie et leur culture: la côte du golfe du Mexique et la côte de l'Atlantique sont tout à fait différentes des régions montagneuses et des lacs d'eau douce de la Floride centrale. La variété est une caractéristique intrinsèque de chaque région. Ocala et Lakeland, deux régions situées en Floride centrale, sont très différentes l'une de l'autre, et la seule chose que Melbourne et Palm Beach ont en commun, c'est qu'elles sont toutes deux situées sur la côte de l'Atlantique. Chaque région de l'État possède des caractéristiques distinctes qui permettent des modes de vie de retraite uniques. Arriver en Floride sans préparation et sans savoir où commencer ses recherches donnera lieu à des frustrations et peut-être à des décisions qu'on regrettera plus tard.

Commencez donc vos recherches au Canada. Allez d'abord visiter la bibliothèque municipale ou votre librairie favorite. Feuilletez des livres sur la Floride et apportez chez vous ceux qui vous intéressent et ceux qu'on vous recommande.

Questionnez vos amis et vos parents sur leur expérience de la Floride. Lisez la chronique de voyages de votre journal du samedi. Certains journaux métropolitains, tels *The Toronto Star*, le *Spectator* (Hamilton), *The Gazette* et *La Presse* (Montréal), et le *Winnipeg Free Press* publient des sections spéciales sur les voyages dans leurs éditions de fins de semaines; la plupart des éditions du samedi présentent des articles utiles et de la publicité qui vous renseigneront sur la Floride. L'édition du dimanche du *New York Times* est aussi une source valable.

Assistez aux séminaires présentés par les agences immobilières locales qui représentent les promoteurs de la Floride. Ces soi-disant séminaires sont de bonnes sources d'information même si on n'y présente que les bons côtés d'une région ou d'un complexe particulier. Vous entendrez parler de choix d'habitations, de commodités récréatives, de disponibilité de services et de coûts. Ces informations sont inestimables et vous apprendrez rapidement quelles sortes de questions poser lorsque vous visiterez de véritables municipalités de la Floride. Votre participation à un séminaire ne vous oblige en aucune façon à acheter et seules quelques agences utilisent la tactique de pression du «souper au poulet». La plupart des entreprises espèrent que leur présentation vous intéressera suffisamment pour que vous vouliez en savoir davantage sur leurs développements des États ensoleillés.

Mes recherches et la rédaction de deux livres en trois ans m'ont obligé à interrompre l'enseignement de mon cours sur «Les plaisirs et les pièges d'une retraite en Floride», mais je compte bien recommencer à l'enseigner quand j'aurai prix ma retraite en 1988. Le service d'éducation aux adultes de votre école ou université ou les organisations de services peuvent prendre des arrangements pour que mon cours soit offert dans votre localité, en me contactant présentement à Ryerson ou en passant par mon éditeur, Stoddart Publishing, 34 Lesmill Road, Toronto, Canada M3B 2T6; le numéro de téléphone est (416) 445-3333.

Votre prochaine démarche consiste à visiter un kiosque à journaux qui vend des journaux américains. À Toronto, je trouve que la meilleure source est Lichtman's, sur la rue Yonge. On y trouve les principaux journaux régionaux et métropolitains de la Floride, de même que les journaux de certaines des plus petites villes. Les quotidiens tels que *The Miami Herald*, *The Orlando Sentinel-Star*, le *St.Petersburg Times*, *The Post* (Palm Beach), le *Fort Myers News Press* et le *Clearwater Sun* reflètent le mode de vie et le caractère des régions qu'ils desservent et font la lumière sur les problèmes locaux et les sujets qui touchent les résidants. Après avoir lu quelques numéros de certains de ces journaux, vous vous découvrirez peut-être un intérêt pour les articles traitant de certaines régions, certaines villes ou certains villages. Afin de vous informer davantage, abonnez-vous à ces journaux locaux. Histoire de limiter les dépenses, abonnez-vous seulement aux éditions du dimanche.

Découpez les articles de journaux qui vous semblent utiles et faites-vous un système simple de classement et de références. Pour obtenir plus d'informations sur les activités récréatives et culturelles, sur le logement, les services médicaux, les services publics, etc., écrivez aux organismes qui sont mentionnées dans les articles ou dans la publicité. Vous pouvez également écrire aux différentes Chambres de commerce*, en leur indiquant vos intérêts et vos besoins en termes d'habitation. On vous fera parvenir des informations et l'on dirigera vos questions vers les entreprises membres qui offrent les produits et les services qui vous intéressent. Peut-être, par exemple, croyez-vous que vous aime-

---

* Les principales Chambres de commerce des États ensoleillés sont énumérées dans l'appendice I.

riez trouver une maison mobile de moins de 20 000 $, avec deux chambres à coucher, près d'un terrain de golf et d'une marina. La Chambre de commerce donnera votre nom aux membres qui offrent ces services particuliers. Pour le prix de quelques timbres, vous recevrez des tas de lettres et d'informations écrites; ajoutées à vos autres sources, ces lettres devraient vous fournir suffisamment d'informations pour décider quelles régions et quelles communautés aller visiter lors de votre prochain voyage en Floride.

Quelle région de la Floride est pour vous? Une liste de contrôle des régions

Vous êtes en train de mettre sur pied votre plan de retraite et, après avoir étudié vos options, vous avez décidé que vous aimeriez passer cinq ou six mois par année en Floride pour échapper au froid, à la glace et à la neige. Votre expérience de la Floride se résume à trois semaines de vacances annuelles dans une motel de Clearwater Beach. Vous et votre épouse aimez souper dans les bons restaurants de Clearwater, St.Petersburg et Tampa. Les samedis et dimanches, vous visitez les marchés aux puces locaux, mais vous passez la plus grande partie de vos vacances allongés sur la plage, à prendre la vie doucement et à vous amuser.

Au retour d'un de vos voyages annuels, vous décidez tous deux que vivre en *Snowbird* en Floride serait un bonne façon de passer vos hivers. Vous faites part de vos plans à vos amis et vos parents, qui n'hésitent pas à vous donner des conseils. Votre cousine vous dit qu'elle a entendu dire que les maisons étaient très chères à Clearwater mais qu'un de ses collègues de bureau a fait une vraie bonne affaire en achetant près d'Ocala. Un voisin vous dit qu'on lui a donné à entendre que la côte du golfe du Mexique est trop humide, mais qu'il a vu de superbes maisons près d'Orlando quand il a amené sa famille à Disney World. Votre agent d'assurance vous recommande un complexe de condominiums de Sarasota comme étant un bon investissement. Votre beau-frère passe l'hiver à West Palm Beach et veut que vous alliez visiter un appartement de son condominium. Pour ajouter à votre confusion, vous réalisez tous deux que votre expérience de la Floride est celle de touristes occasionnels. Comment savoir si Clearwater est un bon endroit où passer un hiver tout entier?

Gardez à l'esprit le point que j'ai souligné au chapitre 7: durant votre retraite, votre mode de vie sera déterminé en grande partie par les choix et les services disponibles dans votre localité et dans votre région en général. Choisir une maison est donc un processus à deux étapes. La première étape consiste à trouver la région qui semble convenir le mieux à vos besoins. Sarasota-Bradenton, Clearwater-St.Petersburg, Melbourne-Cocoa-Titusville, Fort Lauderdale... Il y a une myriade de régions parmi lesquelles choisir.

J'ai dressé une liste de critères que vous pouvez utiliser pour déterminer si une région vous convient. Bien que je traite spécifiquement de la Floride, ces critères son applicables à n'importe quelle région des États ensoleillés et même du Canada.

Étudiez ma liste et préparez une liste maîtresse qui détaillera vos exigences particulières. Si vous êtes marié, votre liste devrait refléter vos exigences et celles de votre partenaire. Bien sûr, il est peu probable qu'une région soit idéale pour les deux. Il peut être nécessaire de faire des compromis sur certains facteurs, mais faire un compromis ne veut pas dire faire des pressions sur un partenaire réticent.

Liste de contrôle
1. Climat et topographie
2. Qualité de l'environnement
3. Services: médecin, magasins, commodités récréatives et sociales
4. Possibilités de récréation physique
5. Possibilités de développer et de nourrir des intérêts intellectuels et culturels
6. Possibilités d'emploi et d'affaires
7. Coût de la vie
8. Organisations de services et confréries; bénévolat
9. La région ou la communauté spécifique continuera-t-elle de satisfaire vos besoins si l'état de votre santé ou votre statut marital change?

La situation de chacun est différente et certains éléments de la liste auront plus d'importance que les autres pour vous. Quand vous dresserez *votre* liste, ignorez les éléments de la liste ci-haut qui vous laissent indifférent.

Elvereene et moi-même avons dressé notre liste et nous l'avons mise en pratique; nous avons finalement choisi la région de Fort Lauderdale. Dans la section suivante, je vais expliciter les éléments de la liste en me servant de nos enquêtes comme exemples. Mais souvenez-vous: notre choix a été le bon pour nous, mais peut être le mauvais pour vous!

Liste de vérification des régions et des localités

1. *Le climat et la topographie*
Les rats, les coquerelles et les êtres humains sont probablement les créatures les plus adaptables sur cette planète qui est la nôtre. Nous ne sommes peut-être pas très à l'aise quand il fait extrêmement chaud ou extrêmement froid, mais nous pouvons survivre à ces deux extrêmes. Néanmoins, à mesure que nous vieillissons, notre résistance au stress des températures très chaudes ou très froides, des hautes altitudes, d'une humidité élevée et des périls de la neige et de la glace, va généralement en diminuant. Lorsque nous choisissons un endroit où prendre notre retraite, il est logique de chercher un climat qui nous offre l'environnement le plus confortable et le plus sain. Il n'y a pas de climat de retraite idéal pour tout le monde parce que les gens réagissent très différemment aux mêmes conditions climatiques. Vos réactions peuvent être le résultat de votre familiarité avec le climat, de facteurs culturels, d'incapacité physique, et ainsi de suite. Toutefois, certains aspects du climat et leurs effets ont fait l'objet d'études approfondies.

À l'exception du sud-ouest de la Colombie britannique, le froid, la neige et la glace ont un effet physique et psychologique profond sur les Canadiens plus âgés. Pour ceux dont les activités d'hiver sont centrées sur ces éléments du climat, il n'y a pas de problème, mais pour la majorité des retraités, ces phénomènes sont producteurs de stress physiologique et émotionnel et de dangers. Les taux d'accidents et de mortalité les plus élevés chez les aînés se produisent en hiver. Les infections pulmonaires, qui apparaissent le plus souvent à cette période de l'année dans tous les groupes d'âges, sont un risque de plus pour les vieilles personnes parce qu'elles offrent moins de résistance aux infections. Rester à l'intérieur, où l'humidité est à peu près la même que durant la saison sèche dans le désert, peut être débilitant.

Il n'est pas nécessaire de détailler les dangers que présentent la glace, la neige et le froid, mais ces éléments de la température ont deux autres effets négatifs. D'abord, ils limitent l'exercice physique nécessaire au maintien de la santé. Deuxièmement, les gens ont tendance à s'enfermer dans leurs maisons en hiver, ce qui les coupe de leurs amis, des commodités récréatives, des activités sociales et autres qui se pratiquent ailleurs qu'à la maison. Tout ceci peut avoir pour effet qu'on s'ennuie, qu'on se sente seul, frustré ou qu'on s'apitoie sur son sort. À long terme, ces stresses peuvent affecter la santé physique et la santé mentale. De nombreux couples nous ont rapporté que cette vie renfermée avait abouti à des tensions entre les époux, qui n'avaient pas d'autres moyens de se soulager des frustrations occasionnées par cet isolement et cette absence de mobilité. C'est au beau milieu de l'hiver que j'ai écrit le premier brouillon de mon premier livre, installé sur la véranda de notre maison en Floride, d'où je voyais défiler continuellement des retraités à bicyclettes, en tricycles pour adultes, à pied, sortis pour leur exercice quotidien ou simplement pour aller visiter des amis. Je me suis arrêté d'écrire un moment pour me demander ce que les retraités de Winnipeg, de Toronto ou de Sudbury étaient en train de faire au même moment. Bien sûr, cela explique l'exode de retraités canadiens en Floride et dans les autres États ensoleillés dès les premiers signes de l'hiver.

À part les régions montagneuses et les lacs de la Floride centrale et de la Floride du nord, la plus grande partie de l'État se trouve à une altitude de moins de 30 mètres (100 pieds). Les régions côtières ou voisines de la côte sont idéales pour les personnes qui souffrent d'hypertension et de problèmes cardiaques, puisque les terres basses semblent médicalement propices aux patients affectés par ces problèmes.

On serait porté à croire que l'humidité élevée des régions côtières aggraverait les problèmes de rhumatisme et d'arthrite mais il semble, au contraire, que l'humidité ait un effet thérapeutique: la douleur diminue. Ma mère, qui a plus de quatre-vingt-dix ans, est l'une de plusieurs personnes qui m'ont fait part de ce phénomène. À Toronto, elle souffre d'arthrite rhumatoïde chronique, mais dès qu'elle arrive à Miami Beach, ses douleurs diminuent de façon dramatique, pour ne revenir que lorsqu'elle retourne à Toronto. Peut-être est-ce la combinaison du soleil, d'une plus grande motivation à faire de l'exercice physique durant ces hivers sans neige, et de l'attitude mentale positive inspirée par la vie en Floride. Peu importe la cause, les résultats sont là!

Avant d'acheter une maison en Floride, vous devriez y faire une visite durant les mois d'été afin de voir si vous pouvez supporter la chaleur et l'humidité élevée. Les orages violents, accompagnés d'éclairs et d'averses torrentielles, peuvent être très bouleversants. Vous songez peut-être à passer seulement les hivers dans les États ensoleillés, mais il peut arriver que votre situation change et que vous ayez à passer plus de temps que prévu dans la maison que vous aviez achetée pour l'hiver seulement. Il peut être sage d'essayer aussi la Floride en été.

Si les régions côtières, plus familières, vous semblent plates et monotones, allez visiter les montagnes et les lacs de la Floride centrale. Nous sommes tombés amoureux d'une localité située en bordure d'un lac dans une forêt de pins près d'Ocala. Mais après des recherches soigneuses et des discussions, nous avons décidé que ce n'était pas pour nous, en partie parce que nous voulions un climat d'hiver plus doux que celui de la région d'Ocala.

2. La qualité de l'environnement

Ce critère est important pour quiconque place un air relativement propre sur sa liste de priorités. Tel qu'on pourrait s'y attendre, les index de pollution sont les plus élevés dans et autour des grandes concentrations urbaines: Miami, Fort Lauderdale, Tampa, St.Petersburg, Orlando, Jacksonville. Les régions adjacentes aux autoroutes à forte circulation qui dissèquent l'État ont aussi des taux de pollution élevés. Par exemple, les sections de l'autoroute

41 qui lient Fort Myers à Sarasota sont aussi congestionnées que des rues de villes à l'heure de pointe, et la section de l'autoroute 19 qui va de St.Petersburg au nord de Clearwater est aussi achalandée.

Notre maison était située à moins de 100 mètres (325 pieds) de l'autoroute 95 mais, pour nous, les aspects positifs pesaient plus lourd dans la balance que les aspects négatifs. Si vous souffrez de problèmes respiratoires ou si le bruit de fond de la circulation vous énerve et vous empêche de dormir, songez plutôt à vivre à la campagne ou dans une plus petite ville.

L'extraction et le traitement du phosphate sont des activités importantes dans la région de Lakeland-Plant et City-Barrow, en Floride centrale. Cette industrie a contribué à la détérioration de la qualité de l'air et la bataille continue toujours entre l'industrie du phosphate et les organisations écologiques. Vivre dans cette région, ou même simplement la visiter, peut aggraver des problèmes respiratoires. Voir le chapitre 2 pour plus d'informations au sujet de cette région.

La Floride péninsulaire a un taux de fièvre des foins extrêmement bas et un grand nombre de touristes et de *Snowbirds* y passent la saison de la fièvre des foins. Un retraité qui a assisté à un de mes séminaires à Ryerson reste à son condominium de Palm Beach durant presque toute la période des mois d'août et septembre. Il revient à Toronto pour quelques mois puis retourne en Floride pour l'hiver. Les taux de pollen les plus bas se trouvent le long de la côte est, de Miami à Palm Beach, et dans la Floride centrale, entre Orlando et Gainsville.

3. Les services: médecins, magasins, loisirs et échanges sociaux
Médecins: La plupart d'entre nous tiennent nos services médicaux et nos médecins pour acquis. Nous avons utilisé le même médecin de famille, les mêmes spécialistes et le même dentiste durant la plus grande partie de notre vie adulte. Nous les tenons tellement pour acquis que, si nous songeons à déménager après notre retraite, l'un des critères auxquels nous pensons le moins en choisissant notre mode de vie — vivre en permanence dans

notre chalet isolé pour l'hiver, déménager dans une petite ville, acheter une maison pour l'hiver en Floride ou au Texas, etc. — c'est la facilité d'accès aux services médicaux généraux et spécialisés.

Au chapitre 4, j'ai expliqué comment obtenir des services médicaux lorsque vous êtes en Floride. Vous pouvez vous renseigner pour savoir si une région possède les équipements nécessaires pour répondre à vos besoins particuliers.

Incidemment, nous avons trouvé notre médecin de famille alors que nous étions en vacances à Pompano Beach, un an avant d'acheter notre maison.

Supposons que votre épouse souffre de maladie cardiaque. Contactez le bureau de la Fondation du coeur la plus près de chez vous et on vous donnera une liste des spécialistes et des hôpitaux qui possèdent les équipements nécessaires. Les autres organismes de santé devraient pouvoir vous fournir des informations du même genre. Ou bien écrivez directement aux hôpitaux de la région ou visitez-les. Renseignez-vous sur leurs équipements, leur personnel spécialisé et les médecins de famille qui acceptent de nouveaux patients. Si vous avez des besoins médicaux spéciaux, vous devrez limiter votre choix de sites possibles à ceux qui sont raisonnablement proches des grands centres urbains. Lorsque vous choisissez un nouveau médecin de famille, un spécialiste ou un dentiste, prenez le temps de visiter les candidats avant de faire votre choix. À titre de patient en puissance, vous avez des droits malgré ce qu'en pensent certains médecins. Pensez à la tranquillité d'esprit qui sera vôtre quand vous saurez que vos besoins médicaux seront traités adéquatement!

Les magasins: À tout le moins, il devrait y avoir une petite épicerie-dépanneur ou un magasin de variétés assez proche pour que vous puissiez y faire de petites expéditions à pied — l'exercice est bon pour vous et vous n'avez pas à utiliser de l'essence qui coûte cher ni à dépenser de l'argent pour les transports en commun. Les grands centres commerciaux accessibles par transport en commun ou par automobile ne devraient idéalement pas être à plus de quelques kilomètres de chez vous. Évidemment, vous pouvez vivre plus loin des magasins si vous avez beaucoup d'espace de rangement, un congélateur et un gros réfrigérateur. Si ce n'est pas le cas toutefois, vous devrez être un acheteur efficace ou avoir une bonne mémoire pour ne pas manquer continuellement de papier hygiénique, de cigarettes ou d'ampoules électriques. Si vous êtes du genre de personnes qui aiment à passer de longues heures à faire du lèche-vitrines dans les centres commerciaux, demandez-vous à quel point vous êtes prêt à restreindre cette activité ou à y renoncer.

Les loisirs et les échanges sociaux: S'ils sont à la tête de votre liste de priorités, les loisirs, les divertissements et les échanges sociaux sont importants. Si vous avez l'habitude d'aller dans des restaurants spécialisés différents chaque semaine, vous vous sentirez peut-être privé sans eux. Si vous aimez être entouré de gens, vous serez probablement très malheureux de vivre loin de votre cercle d'amis. Ce qui est important, c'est que vous puissiez avoir ce que vous voulez avec une certaine facilité.

Si fréquenter une église est important pour vous, cherchez où se trouve l'église de votre croyance dans la région où vous songez à demeurer. Bien des gens qui n'étaient pas pratiquants durant la plus grande partie de leur vie sont devenus beaucoup plus engagés après la retraite. Ce n'est peut-être pas nécessairement le résultat d'un renouvellement de leur foi, mais le fait qu'être membre actif d'une église ouvre la porte à des activités sociales et bénévoles et à des occasions de se faire de nouveaux amis.

4. Les possibilités de récréation physique
Une activité physique adéquate est absolument essentielle au bien-être corporel. L'exercice aide à empêcher la progression d'un grand nombre de maladies dégénératrices. Si vous avez décidé de rester chez vous plutôt que de vous chercher un nouveau nid, demandez-vous si vous avez suffisamment d'occasions de vous récréer physiquement dans votre foyer ou dans les environs, surtout durant les mois d'hiver. Si votre réponse est négative, vous déciderez peut-être de réfléchir à la possibilité de suivre l'exemple de centaines de milliers d'autres retraités canadiens qui ont

choisi de passer l'hiver en Floride ou dans un des autres États ensoleillés, sans neige ni glace. Les hivers de la Floride offrent la température parfaite pour des activités extérieures comme le jardinage, les longues promenades, la bicyclette, le tennis, la natation et les exercices en groupes.

Si vous aimez faire de longues promenades, par exemple, assurez-vous de choisir une région tranquille, où vous ne risquez pas de vous faire agresser si vous vous promenez en soirée! Les cyclistes devraient s'assurer qu'il y a suffisamment de pistes cyclables loin de la circulation dense. Si vous décidez d'aller vivre en Floride mais que vous êtes réticent à l'idée de faire de la bicyclette, activité que vous avez abandonnée il y a 40 ans, pourquoi ne pas essayer un tricycle pour adulte? Des promenades vigoureuses sur ces véhicules très populaires offrent à la fois un bon exercice et la mobilité. Ni moi ni ma femme n'avions fait de bicyclette pendant notre enfance, mais nous sommes devenus des amateurs de tricycles. Les tricycles pour adultes peuvent coûter plus de 200 $ U.S. Nous avons acheté deux tricycles d'occasion pour moins de 50 $ U.S. chacun — nous les avons trouvés par l'entremise des petites annonces de notre quotidien local distribué gratuitement. En plus de faire du tricycle, Elvereene et moi faisions de longues promenades sur la plage, à dix minutes d'auto de chez nous. Nous joignions à cette activité la collection de coquillages, un de mes passe-temps.

Peut-être cherchez-vous plutôt des activités physiques plus structurées? Les centres communautaires locaux offrent-ils les activités qui vous intéressent?

Personne ne connaît votre état physique mieux que votre médecin de famille. Pourquoi ne pas lui demander conseil avant d'entreprendre des activités physiques qui ne faisaient pas partie de vos habitudes?

Enfin, souvenez-vous que pour maintenir votre santé physique, vous devez inclure un régime adéquat d'activités physiques dans votre programme de retraite.

5. Possibilités de développer et de nourrir des intérêts intellectuels et culturels

De la même façon qu'une insuffisance d'exercices peut mener à une mauvaise santé physique, l'ennui et l'absence de stimulation intellectuelle peuvent menacer la santé mentale. L'activité intellectuelle favorise à la fois la santé physique et la santé mentale. N'allez jamais croire que vous êtes trop vieux pour apprendre: toutes les recherches actuelles démontrent que l'âge n'est pas une barrière à l'apprentissage.

Votre retraite doit inclure des possibilités de stimulation mentale, et la région que vous choisirez en Floride ou ailleurs doit pouvoir satisfaire vos intérêts intellectuels. On perd vite tout intérêt pour le macramé, le tissage de paniers ou le bingo.

Cherchez les régions qui offrent des cours de qualité aux adultes, d'exellentes bibliothèques, des galeries d'art et des musées. Se joindre à des classes ou à des groupes d'intérêts communs offre aussi des occasions de rencontrer de nouvelles personnes intéressantes. Les frais d'inscription sont raisonnables; souvent les cours sont gratuits. Les villes universitaires comme Boca Raton ou Gainesville offrent des cours intéressants, et beaucoup plus; partout, en Floride, il y a des écoles publiques d'accès facile en auto et toutes offrent des concerts et d'autres formes de divertissements gratuits ou peu coûteux, en plus de parrainer d'innombrables groupes d'intérêts. Un boni de plus: les excellents repas subventionnés qu'on peut se procurer dans les cafétérias des collèges. Autour des campus, on trouvera également des librairies de livres neufs et d'occasion et des restaurants à prix modiques qui luttent pour s'attirer la clientèle étudiante. Tirez profit de ces possibilités.

La participation à des cours et à des groupes structurés n'est pas la seule façon de promouvoir la motivation intellectuelle. De bonnes bibliothèques et de bonnes librairies vous permettent de faire vos propres plans.

Qu'en est-il du passe-temps que vous avez négligé pendant des années mais que vous êtes tenté de reprendre? Et les nouveaux intérêts? Les heures de rencontres des groupes de passe-temps ou d'intérêts sont publiées dans les journaux. Parfois, les horaires paraissent chaque jour, mais souvent les rencontres de toute une semaine sont publiées dans une seule édition. Le *St.Petersburg Times* les publie tous les lundis alors que le *Fort Myers News-Press* les publie tous les jours. Assistez à une rencontre et vous apprendrez deux choses importantes. La première sera de savoir si vous êtes vraiment tenté de poursuivre cet intérêt ou d'adopter ce passe-temps. De plus, les gens que vous rencontrerez vous en apprendront beaucoup sur la région. Les nouveaux venus sont habituellement bien reçus et sont souvent traités comme des invités d'honneur. Vous y rencontrerez peut-être même vos premiers amis des États ensoleillés.

Pourquoi tout ceci est-il si important? Pour des gens qui ont été actifs toute leur vie, l'impossibilité de remplir leur temps libre avec des activités productives et intéressantes peut mener à l'ennui, à l'isolement et même à l'apitoiement sur soi-même. Pour un grand nombre de retraités, le seul refuge consiste à noyer leur malheur dans l'alcool. En Floride, c'est facile on trouve de l'alcool partout, et à bas prix. L'alcoolisme chez les gens est aujoud'hui un problème social majeur.

6. *Les possibilités d'emploi et d'affaires*
La plupart des retraités vont en Floride en hiver à titre de visiteurs saisonniers et n'ont pas le droit d'accepter d'emploi, que ce soit à temps plein ou à temps partiel; très peu de retraités considèrent la Floride comme un endroit où investir dans une entreprise commerciale. Dans notre cas particulier, nous n'avons aucun intérêt pour les possibilités d'emploi ou d'affaires et nous avons donc omis cet élément de notre liste.

Les Canadiens qui veulent travailler en Floride doivent obtenir la statut de résidant étranger, procédure qui prend beaucoup de temps. (Voir le chapitre 3.) Pour savoir où il y a un marché pour vos compétences, écrivez ou allez rendre visite aux Chambres de commerce pour vous enquérir des industries locales. Les petites annonces et les sections financières des quotidiens vous éclaireront sur l'état de la main-d'oeuvre*.

Au moment où j'écrivais ce chapitre, alors même que l'économie était en détresse, Harris Corporation, à Melbourne, cherchait activement du personnel spécialisé en technologie informatique et électronique. Les salaires sont généralement plus bas en Floride, mais le coût de la vie est aussi moins élevé, ce qui compense.

On peut enquêter de la même manière sur les occasions d'affaires. Pour obtenir des informations sur l'aide du gouvernement aux investisseurs, écrivez à: the Division of Economic Development, Collins Building, Tallahassee, Florida 32304.

7. Coût de la vie

Il y a de substantielles variations du coût de la vie à l'intérieur de chaque région de la Floride. (Voir le chapitre 8.) Ces différences s'expliquent essentiellement par trois facteurs.

Dans les villes et villages côtiers, une grande proportion des habitations sont situées en bordure ou à proximité de l'océan. Ces sites sont très recherchés et donc, plus dispendieux; ils élèvent le prix moyen des habitations de la région, ce qui se reflète dans l'index du coût de la vie. Cependant, les moyennes déforment la réalité. Prenons par exemple deux villes de la région de Fort Lauderdale. Pompano Beach est située en bordure de l'océan et le prix moyen d'une maison est estimé à 125 000 $. Oakland Park est une ville voisine habitée par une classe moyenne; sa frontière municipale, à l'est, n'est qu'à quelques kilomètres de l'océan. Le prix moyen d'une maison à Oakland Park est environ 55 000 $. En fait, il y a de nouveaux condominiums à Oakland Park et dans les localités adjacentes qui se vendent présentement pour beaucoup moins que 55 000 $. Ne vous laissez pas décourager par les grosses annonces dans les journaux qui affichent des condominiums de 200 000 $ en bordure de l'océan. Lisez attentivement

---

• Vous trouverez la liste des Chambres de commerce en appendice.

les annonces plus modestes d'autres agences immobilières et vous trouverez probablement des maisons qui conviendront à votre budget.

Même dans les villes où tout est plus cher, il y a des maisons dans des quartiers désirables qui se vendent en bas du prix moyen. Comme vous le savez déjà, nous avons acheté une maison à Pompano Beach qui nous a coûté seulement un dixième du prix moyen. Le complexe voisin offrait des maisons pour aussi peu que 50 000 $, maisons qu'on pouvait même réserver sans dépôt. Et vivre un peu à distance des plages bondées de touristes peut avoir certains avantages. La circulation est moins congestionnée et les prix sont généralement beaucoup plus bas que dans les magasins pour touristes.

Si vous décidez qu'une région particulière serait idéale mais que, à première vue, le prix des habitations vous semble trop élevé, prenez votre temps et cherchez très attentivement. Harcelez les agences immobilières et scrutez les petites annonces des quotidiens et des hebdomadaires locaux. Avec de la persévérance, il y a de fortes chances que vous trouviez ce que vous cherchez.

Les taxes locales sont un autre facteur de l'index du coût de la vie. Les taxes foncières de la Floride montent rapidement et les plus fortes hausses ont lieu dans les villes plus anciennes, moyennes et grosses, où il y a plus de services municipaux à maintenir et où les dépenses en services sociaux sont plus élevées. Les concentrations de banlieue, plus neuves et plus petites, n'ont habituellement pas à faire les frais d'un aussi grand nombre de dépenses et, en conséquence, l'unité d'évaluation des habitations est plus basse. Vivre dans une petite agglomération peut vous donner accès à un grand nombre de commodités et de services, telles les plages publiques, les marinas, les bibliothèques, qui sont payés à même les taxes d'une ville avoisinante plus grosse. Le quotidien local est le reflet de la localité et l'une des meilleures sources d'information sur ce qu'il y a de bon et de mauvais dans tel endroit en particulier. Si les hausses de taxes, les crimes, les problèmes d'eau et la congestion de la circulation sont des questions controversées, les journaux couvriront ces sujets de façon exhaustive.

En lisant la publicité, vous pourrez vous faire une idée de ce qu'il vous en coûterait en épiceries, en divertissements et autres dépenses. La section consacrée à l'immobilier vous mettra au fait de la situation locale quant au logement. Il n'y a pas de meilleure façon de commencer à chercher votre maison en Floride que d'étudier les journaux de la Floride pendant que vous êtes encore au Canada.

Un troisième facteur qui explique les variations du coût de la vie en Floride est le coût des produits et des services. Les produits achetés dans les secteurs touristiques coûtent plus cher. Si le tourisme est un élément clé de l'économie locale, le coût de la vie sera plus élevé. Toutefois, il n'est pas nécessaire de payer les mêmes prix élevés que paient les touristes, même si vous vivez près des plages. Les prix dans les surpermarchés, les pharmacies, les restaurants, les stations-service et les autres magasins spécialisés sont généralement plus bas dans les secteurs où les résidents locaux vivent, travaillent et magasinent. Lorsque nous vivions à Clearwater, nous n'allions pas dans les restaurants ni les stations-service et n'achetions pas nos épiceries ni aucun autre produit dans les magasins situés sur la plage; nous faisions la plupart de nos courses dans les secteurs non touristiques. Tous les retraités qui vivent avec des revenus fixes devraient garder à l'esprit qu'un bon moyen de combattre l'inflation et la baisse de la valeur du dollar canadien est de surveiller ses «cennes noires».

Pour connaître le coût véritable des produits et des services lorsque vous évaluez une région, consultez les journaux et visitez les centres commerciaux fréquentés par les résidents locaux.

Un dernier facteur à considérer: la différence de coût des services publics dans les villes de la Floride. Il y a dix-neuf compagnies de téléphone en Floride et leurs tarifs de base ont des variations pouvant aller jusqu'à 20 %. Le coût de l'eau et de l'électricité varie tout autant. Le coût total de la vie est le critère le plus important dans votre choix d'une région convenable où vivre en hiver.

N'oubliez pas! Pour éviter une crise financière si vous avez des revenus fixes, vous devez calculer soigneusement vos revenus futurs et les garder en tête lorsque vous évaluez les pour et les contre de n'importe quelle région des États ensoleillés que vous êtes en train d'étudier.

8. *Organisations de services et confréries; bénévolat*

Un grand nombre d'entre nous ont fait partie d'organisations de services et de confréries durant leur vie adulte: les Francs-maçons, les Shriners, B'nai Brith, les Chevaliers de Colomb, les Grands Frères, les Grandes Soeurs et les Lions. Si vos responsabilités familiales et professionnelles vous ont empêché, par le passé, de participer activement à votre organisation ou confrérie particulière, la retraite vous offre le temps et l'occasion de réactiver votre engagement. C'est une chance en or de ranimer de vieilles amitiés et d'en établir de nouvelles. Renouveler votre carte de membre ne vous permet pas seulement de vous adonner à des activités sociales agréables, mais c'est aussi une porte qui s'ouvre sur le bénévolat. Un grand nombre de confréries et d'organisations de services sont fortement axées sur la communauté. Par le biais de leur propre organisation ou des agences locales de services sociaux, elles ramassent des fonds et fournissent des bénévoles pour venir en aide aux membres moins fortunés.

Si vous n'avez jamais fait de bénévolat, vous vous demandez peut-être: «Qu'est-ce que ça va m'apporter?» Vous avez toujours pensé que les bénévoles étaient des gens très altruistes, qui se dévouaient à aider les autres. Il y a des raisons tout à fait égoïstes pour lesquelles on peut décider de faire du bénévolat pour l'un des services sociaux en quête de volontaires.

Un grand nombre de retraités trouvent qu'ils ont plus de temps libre qu'ils n'en avaient prévu ou espéré. Même si vous ne vous ennuyez pas et que vous ne vous sentez pas seul, le bénévolat peut flatter votre ego et, ce faisant, aider au maintien de votre santé physique et mentale. Savoir écouter et offrir son aide à des personnes troublées peut s'avérer une thérapie personnelle bienfaisante.

Une personne qui travaille comme bénévole à titre de Grand Frère ou Grande Soeur peut changer la vie d'un enfant, la faire passer du négatif au positif, en servant de modèle et en s'intéressant au jeune.

Travailler comme bénévole pendant la retraite peut apporter une grande partie du statut, du prestige, du respect, de la satisfaction d'avoir accompli quelque chose et de l'estime de soi que le travail rémunéré avait apporté pendant des années avant la retraite. Si vous faites du bénévolat au Canada, vous pouvez vous adonner au même genre d'activités lorsque vous passez de longues périodes d'hiver en Floride ou dans l'un des autres États ensoleillés. Contactez le United Way local ou une organisation du même genre.

Une autre remarque pour les *Snowbirds:* la plupart des confréries et des organisations de services du Canada ont aussi des loges ou des branches dans nombre de villes américaines. Il serait très utile de visiter le groupe local de la région où vous prévoyez passer l'hiver. Les membres vous conseilleront, vous aideront et vous fourniront des renseignements sur la région. Votre association avec la branche locale vous assurera des liens instantanés dans une communauté où vous êtes un étranger. C'est une technique qui peut aussi s'avérer utile si vous songez à déménager dans une autre région du Canada.

9. La région et la localité continueront-elles de satisfaire vos besoins si votre santé ou votre statut marital changeait?
Il est impossible de parer à toute éventualité dans la vie. Une chose que nous voulons tous lorsque nous prenons notre retraite, c'est de nous installer à l'endroit que nous avons choisi et de ne pas être forcés de déménager subitement à cause d'un changement dans l'état de notre santé ou dans notre statut marital. Mais nos capacités physiques changent avec le temps et il est important de garder cela à l'esprit lorsque vous évaluez le potentiel d'une nouvelle région ou de celle où vous avez vécu avant votre retraite. Histoire d'illustrer, réfléchissez à ces questions. Les magasins et les commodités récréatives du secteur général ont-ils un accès facile par transport en commun au cas où vous ne puissiez plus

conduire votre auto ou, pis encore, au cas où vous ou votre épouse soyez partiellement immobilisé? Vous sentirez-vous abandonné si votre quartier change et que vos vieux amis, vos copains et vos voisins partent? Devriez-vous chercher un endroit comptant plus de résidants de votre âge ou de votre sexe? Un grand nombre d'entre nous préfèrent ignorer la question suivante: «Si l'un de nous meurt, le survivant se sentira-t-il en sécurité dans la maison et dans tel environnement?».

Nous avons rencontré beaucoup de veufs et de veuves qui ont connu ce que c'était que de se retrouver seuls. Certains se sont remariés. Par prévenance mutuelle, bien des couples décident de choisir soigneusement une localité et un foyer où le survivant aura la possibilité de mener une vie bien remplie.

Puisque les femmes vivent plus longtemps que les hommes, il est courant, dans les agglomérations réservées aux adultes, qu'il y ait 2, 3, 4 ou même 10 fois plus de femmes seules que d'hommes. Le problème est particulièrement aigu dans les endroits de la Floride où les activités sociales sont centrées sur le couple et où la personne seule se sent isolée. Dans maints endroits, les femmes seules nous disaient que la plupart des femmes mariées les traitaient avec méfiance et animosité.

Les femmes célibataires qui songent à une retraite en Floride connaîtront les mêmes problèmes que les veuves qui étaient des *Snowbirds* d'hiver depuis longtemps. Dans le cadre de leur exploration de la région, elles devraient entrer en contact avec les organisations locales de célibataires pour voir à quel point les femmes célibataires sont bienvenues dans les activités récréatives, sociales et culturelles du milieu. Si les organisations de célibataires ne sont pas particulièrement actives, une femme seule devrait chercher ailleurs. Une solution possible à ce dilemme est que deux personnes compatibles combinent leurs efforts et partagent une maison en Floride. Les meilleures régions pour célibataires ne sont pas les endroits de retraités de la côte du golfe du Mexique, mais les régions urbaines plus grandes sur la côte de l'Atlantique, la partie septentrionale de la Floride centrale et le nord de la Floride, où les taux de célibataires mâles sont plus élevés. Pour une plus longue discussion sur les personnes seules à la retraite, référez-vous à la page 335.

CHAPITRE 10

Un terrain en Floride est-il un bon investissement?

La vente de lotissements aux Américains d'autres États et aux Canadiens fait partie des programmes de marketing des promoteurs de la Floride depuis plus de soixante ans. Lors du premier boom foncier, qui remonte aux années 20, des milliers d'Américains et de Canadiens ont été victimes de transactions douteuses; bien des gens ont acheté, à leur insu, des terres marécageuses absolument sans valeur. Ce genre de fraude a pris fin après l'effondrement du premier boom, vers la fin des années 20. Vers le début des années 50, les vendeurs de terrains de la Floride étaient revenus en affaires et le marketing exhaustif de lotissements individuels continue, à ce jour, d'être un élément majeur des affaires immobilières. Au cours des années 50 et 60, il y avait peu de règlements du gouvernement fédéral ou des États pour protéger l'acheteur contre les vendeurs et promoteurs sans scrupule. Un grand nombre de projets véreux ont fait faillite; des milliers d'acheteurs se sont retrouvés avec des titres sans valeur. Des enseignes délavées sont tout ce qu'il reste de bien des projets frauduleux.

Les programmes de ventes de terrains n'étaient pas tous des escroqueries flagrantes, mais seules quelques-unes des entreprises majeures qui sont encore en affaires aujourd'hui n'ont pas un passé embarrassant. L'industrie est soumise aujourd'hui à des règlements fédéraux et d'État plus sévères.

Comment fonctionnent les programmes de ventes de terrains aujourd'hui? En 1987, il n'y a probablement pas plus qu'une poignée de grosses entreprises de ventes de terrains en Floride qui tirent la majeure partie de leur volume d'affaires de la vente de lots individuels. Leurs succursales canadiennes sont régies par les lois provinciales et les règlements varient d'une province à l'autre. Ces promoteurs ne peuvent pas, par exemple, faire de la promotion directe en Ontario, mais doivent passer par un agent immobilier détenteur d'un permis de l'Ontario. Cet agent doit respecter les règlements prescrits et administrés par un bureau du ministère des Relations consommateur et commerce. De toutes les entreprises de ventes de terrains des États ensoleillés qui font affaires au Canada, General Development, par le biais de sa filiale Can-Am Realty Ltd., est sans doute la plus accrocheuse.

Ce qui arrive généralement, c'est qu'une compagnie achète un immense bloc de terres vierges, dépourvues de services publics, à des prix très bas — parfois quelques dollars l'acre. Les terres sont ensuite arpentées et divisées en lots; puis les rues principales sont tracées et construites. Il y a plus de vingt-cinq ans, General Development a acheté un ranch à bestiaux de cent mille acres dans la région de Port Charlotte; en 1986, soixante-dix mille personnes vivaient sur ces terres. Les autres grosses propriétés de General Development en Floride ont un passé semblable, de même que celles des compagnies Deltona et Lehigh Acres.

Ces trois entreprises ont construit des milliers de maisons et d'excellentes concentrations communautaires, mais leur vocation principale est la vente de terrains. La seule des trois à n'avoir jamais été impliquée dans un litige avec le gouvernement est Lehigh Acres. Il y a vingt ans, un terrain moyen en Floride se vendait pour quelques mille dollars; un promoteur vendait des lots pour aussi peu que de 10 $ comptant et des paiement men-

270

suels de 10 $. Des programmes ont été construits à partir de promotions du même genre et des centaines de milliers de consommateurs ont cru que leurs investissements leur rapporteraient d'énormes profits. Chaque compagnie prépare une carte géographique pour indiquer lesquels des secteurs du lotissement seront munis des services nécessaires à la construction de maisons au cours des deux, trois ou même dix années à venir. Les terrains qui seront aménagés bientôt ont habituellement été vendus il y plusieurs années; celui que vous achetez aujourd'hui ne sera probablement pas aménagé avant dix ans. Un gérant des ventes, tout fier de lui, m'a montré un secteur qui avait été vendu en grande partie à des Canadiens et qui était situé à plusieurs kilomètres de la subdivision la plus proche. Nous étions contents que le gérant nous ait accompagnés parce que je ne crois pas que nous aurions pu retrouver notre chemin vers la civilisation.

Qu'y a-t-il de mal à acheter un terrain qui fait partie d'un projet géant de ventes de terrains qui ne seront pas aménagés avant dix ans? Un terrain n'est-il pas le meilleur investissement pour se protéger contre l'inflation? Ne peut-on pas revendre le lot quelques années plus tard et faire un bon profit?

Acheter un bon terrain et payer un peu moins que le prix du marché pour un site de choix serait un bon investissement et offrirait d'excellentes chances de faire un profit plus tard. Toutefois, un terrain acheté aujourd'hui dans une région qui sera aménagée dans dix ans — si elle l'est — ne reflète pas le prix courant du marché. Le prix a été fixé de façon arbitraire: il doit défrayer les plus fortes commissions du marché immobilier et des dépenses de promotion très élevées, lesquelles pourraient même inclure les frais de vol par avion des acheteurs éventuels invités à passer une fin de semaine en Floride. Environ la moitié du prix de vente est consacrée à de telles dépenses. Si vous calculez les intérêts composés sur une somme de 10 000 $ déposée à la banque en vous servant des taux d'intérêts des cinq dernières années, le montant auquel vous arriverez sera beaucoup plus élevé que les profits que vous pourriez faire avec votre terrain, si vous en faites.

Si vous avez acheté un terrain il y a deux ou trois ans, vous découvrirez probablement qu'il n'y a pas de marché aujourd'hui pour votre lot — et que des terrains situés dans la même région sont offerts sur le marché immobiler par d'autres agents, pour beaucoup moins que le prix original que vous avez payé. Si jamais les promoteurs construisaient sur tous les terrains qui ont été vendus, le poids des édifices ferait probablement sombrer la péninsule de la Floride dans l'océan Atlantique.

Les seuls terrains faisant partie de projets qui reflètent les véritables prix du marché sont situés dans les régions en train d'être aménagées pour la construction de maisons, et leur prix de vente est habituellement d'au moins 20 000 $.

Supposons que vous décidiez de construire une maison sur votre lot avant la date d'aménagement prévue par le projet. Les compagnies ont des programmes qui vous permettent d'échanger votre lot contre un autre en train d'être aménagé; vous payez la différence de prix entre les deux lots. Vous auriez mieux fait d'acheter le deuxième terrain dès le début, car vous avez perdu les intérêts que vous avez faits sur votre investissement initial. Même lorsque vous achetez le deuxième terrain, votre dilemme n'est pas résolu. Habituellement, le contrat vous engage à faire construire votre maison par le promoteur et les coûts de construction sont généralement plus élevés que le prix d'une maison comparable. Bien des gens ont inscrit en perte leurs investissements dans ces terrains, ou ont essayé de les vendre à n'importe quel prix.

Un grand nombre de compagnies de construction entreprenantes ont acheté de vastes blocs de ces terrains à prix très bas, de propriétaires individuels de lots qui faisaient partie d'immenses projets de ventes de terrains. Une fois que ces compagnies ont acquis suffisamment de terrains, elles procèdent habituellement ensuite à la construction d'un ensemble immobilier plus petit à l'intérieur du plus grand. En conséquence, les maisons sont vendues à des prix plus bas que ceux de maisons comparables vendues par les promoteurs de vastes complexes. Cette situation s'est produite avec les propriétés de General Development dans la région de Port Charlotte et s'est répétée ailleurs en Floride.

Il serait injuste de ne pas souligner que les développements d'un grand nombre de promoteurs sont bien planifiés et offrent d'excellentes commodités récréatives et des habitations de qualité. Port Charlotte et Port St.Lucie ne seraient pas les villes trépidantes qu'elles sont aujourd'hui, n'eût été de General Development.

Afin de protéger l'acheteur éventuel, le ministère de l'Urbanisme et du Logement du gouvernement américain a publié quelques mises en garde.

- soyez aussi prudent quand vous achetez un terrain que vous l'êtes lorsque vous achetez une maison ou une voiture;
- demandez des copies du programme de construction des propriétés, du contrat et des autres documents pertinents. Si on ne vous permet pas de les montrer à votre avocat, ne pensez même pas à acheter le terrain;
- il se peut que la propriété soit enregistrée au gouvernement. Cela ne signifie pas que le gouvernement l'a inspectée, ni évaluée, ni qu'il a endossé en aucune façon la vente de terrains;
- ne croyez pas un vendeur qui vous dit que vous ne risquez pas de perdre de l'argent si vous investissez dans un terrain;
- n'acceptez rien de ce que vous dit un vendeur qui ne soit aussi écrit dans le contrat.

Si vous croyez avoir été dupé lors de l'achat d'un terrain, vous pouvez peut-être obtenir de l'aide. Si l'ensemble des terrains a plus de cinquante acres, si le lot vous a été vendu sans édifice et sans contrat de construction avant deux ans, vous êtes protégé par les lois fédérales américaines. Dans le cas de tous les ensembles de terrains qui correspondent à cette description, le promoteur doit fournir à l'acheteur éventuel une copie du rapport de construction, au moins quarante-huit heures avant la signature du contrat ou de l'entente. Si la copie du programme de construction est reçue moins de quarante-huit heures avant que le contrat soit signé, l'acheteur a le droit d'annuler le contrat dans les trois jours ouvrables qui suivent. Tout l'argent doit être remboursé par le vendeur.

Le ministère de l'Urbanisme et du Logement vous suggère d'examiner attentivement le contrat: il y a peut-être d'autres façons de vous en sortir. Ces dernières sont habituellement conditionnelles à l'inspection personnelle du terrain par l'acheteur, à l'intérieur d'une certaine période de temps limitée.

Les lois canadiennes protègent-elles le consommateur canadien qui s'engage dans l'achat de terrains en Floride par le biais d'agents immobiliers détenteurs de permis canadiens? Le gouvernement fédéral n'a aucune juridiction dans ce domaine. Les vendeurs et les agents immobiliers reçoivent leurs permis des provinces, et les lois varient de l'une à l'autre. Informez-vous dans votre province, auprès du service gouvernemental approprié.

Lorsque vous achetez un terrain en Floride ou dans un autre des États ensoleillés à des fins d'investissements, usez d'autant de prudence que si vous achetiez un terrain à Toronto, à Vancouver ou à Halifax.

CHAPITRE 11

Les quatre autres États ensoleillés les plus populaires: le Texas, le Nouveau-Mexique, l'Arizona et la Californie

LES TREIZE ÉTATS ENSOLEILLÉS
(Les plus populaires pour les canadiens retraités: Floride, Texas, Nouveau-Mexique, Arizona et Californie.)

Lorsqu'on songe à passer les hivers en Floride, au Texas, au Nouveau-Mexique, en Arizona ou en Californie, on est confronté à une variété de questions, de problèmes et de dilemmes fondamentalement universels, peu importe dans lequel des États ensoleillés on a l'intention de s'installer. Par exemple, n'ignorez pas le chapitre 7 (Choisir votre demeure en Floride) parce que vous avez l'intention de passer l'hiver en Arizona. Bien que nous utilisions des exemples basés sur la vie en Floride, les choix d'habitation sont sensiblement les mêmes à Tucson, en Arizona, à Las Cruces, au Nouveau-Mexique, à Brownsville, au Texas, ou à San Diego, en Californie, et l'évaluation critique de chacun est tout aussi utile que pour le *Snowbird* qui a choisi Fort Lauderdale comme destination d'hiver. Même le chapitre 2, qui évalue chacune des cinq régions de la Floride du point de vue d'un investisseur et du point de vue d'un *Snowbird*, est plein d'informations et de conseils qui s'avéreront une aide précieuse pour quiconque songe à passer l'hiver ou à investir dans une maison de n'importe quel État ensoleillé. Le chapitre 9 (La Floride devrait-elle faire partie de nos plans de retraite?) est particulièrement important. Il est axé sur la nécessité de préparer un programme de retraite détaillé, d'explorer les choix de modes de vie qui s'offrent à vous, et sur les techniques spécifiques qui peuvent être utilisées pour trouver le site, dans les États ensoleillés, et le mode de vie qui conviennent le mieux à vos exigences et à vos aspirations. En d'autres termes, chaque chapitre s'adresse à quiconque songe à passer l'hiver ou à investir dans les États ensoleillés.

La Floride attire une très grande majorité de *Snowbirds* canadiens des Maritimes, du Québec et de l'Ontario. Néanmoins, une majorité de retraités de ces provinces préfèrent la côte de la Caroline du Sud, la Georgie, le Texas, l'Arizona et le sud de la Californie. Quelques-uns passent l'hiver en Caroline du Nord, en Caroline du Sud, en Georgie, en Alabama, au Mississippi, en Louisiane, au Nouveau-Mexique, au Nevada et à Hawaii, mais nos discussions se limiteront aux États les plus populaires auprès des retraités canadiens.

L'Arizona, le sud du Nouveau-Mexique et le sud de la Californie sont les plus populaires auprès des résidants de la Colombie britannique et des retraités des provinces de l'Ouest, qui ont tendance à choisir les États ensoleillés les plus rapprochés de la frontière sud de leurs provinces. Les Manitobains préfèrent la Floride et le Texas, alors que les Albertains et les retraités de la Saskatchewan optent généralement pour le Texas, le sud du Nouveau-Mexique, l'Arizona et le sud de la Californie.

J'ai souligné précédemment le fait que chacun de ces États est situé en pays étranger. Cette situation, en soi, met de l'avant bien des problèmes qui ne se présenteraient pas si vous déménagiez quelque part ailleurs dans votre province d'origine ou dans une autre province du Canada. Certaines de ces questions, par exemple combien de temps un visiteur canadien peut rester aux États-Unis ou pourquoi votre régime provincial d'assurance-santé est-il insuffisant, ont fait l'objet de chapitres précédents. Les Canadiens qui possèdent des maisons et qui passent de quatre à six mois à Sun City, en Arizona, ou à Escondido, en Californie, sont dans une situation très différente de celle du touriste de fin de semaine qui séjourne au Caesar's Palace de Las Vegas, au Nevada, ou qui passe quatre semaines dans un centre de villégiature de Palm Springs.

LE TEXAS

Non seulement un grand nombre de lois américaines, de coutumes, de procédures juridiques et d'institutions sont-elles très différentes des nôtres, mais elles varient aussi substantiellement d'un État à un autre, et à l'intérieur même d'un État particulier. L'étendue des États ensoleillés des U.S.A. est immense. Elle couvre 4 500 kilomètres (2 800 milles) de l'Atlantique au Pacifique et comprend les 14 États mentionnés ci-dessus, plus quelques autres. Peu de gens ont le loisir d'explorer adéquatement cette région vaste et variée, et un grand nombre d'entre vous ne savent ni comment ni par où commencer. En plus de rappeler des sujets traités précédemment, ce chapitre fera la lumière sur un grand nombre de pièges imprévus et de surprises déplaisantes que vous pourriez rencontrer.

Le Texas est immense et, en termes de superficie, il est le deuxième plus grand État américain — l'Alaska est le premier. Il est impossible de vraiment apprécier son étendue, à moins de le traverser en automobile. Lors d'un récent voyage de la Floride à Brownsville, tout près de la frontière mexicaine, l'immensité du Texas s'est imposée vivement à notre perception. Après avoir traversé la frontière de la Louisiane à Orange, nous avons emprunté l'autoroute principale qui longe le golfe du Mexique, sur une distance de près de 850 km (500 milles) pour nous rendre à Brownsville. Pour atteindre McAllen sur le Rio Grande — une région qui a la faveur des retraités — les *Snowbirds* de l'Ouest canadien, qui entrent au Texas par l'extrémité nord-ouest de l'État, traversent près de 1 500 km (900 milles) pour atteindre leur destination au sud-est du Texas*.

Le paysage du Texas est un mélange de désert, de montagnes, de collines, de marécages et de prairies semi-arides; les prairies constituent la majeure partie du Texas. Du point de vue culturel, c'est un mélange de Latino-Américains surtout des Mexicains, de Sud-Américains ruraux et de cowboys de l'Ouest, avec de fortes influences d'immigrants de tous les coins des États-Unis. L'influence latino-américaine grandissante se remarque surtout dans les grands centres urbains et dans les régions situées juste au nord de la frontière mexicaine. S'il était nécessaire de décrire en quelques mots les loisirs des Texans, n'importe quelle description soulignerait la vie au grand air, la chasse, la pêche, l'équitation, les barbecues, et ainsi de suite. Pour ceux que cela intéresse, l'événement de l'année pour la petite ville de Sweetwater (on en parle partout dans les médias, au Canada comme aux États-Unis, c'est la chasse annuelle aux serpents à sonnettes, au mois de mars. Un prix est attribué à la personne qui attrape le plus de serpents à sonnettes — on en a attrapé plus 13 000 lors d'une

---

* Rio signifie rivière ou fleuve en espagnol et seuls les «étrangers» parlent du *fleuve* Rio Grande, plutôt que de dire tout simplement le Rio Grande.

récente chasse — et un prix additionnel est donné, dans un autre concours, à la personne qui mange le plus de serpents cuits sur barbecue. Ces coutumes ne sont pas typiques à toutes les régions de l'État, mais elles donnent une bonne idée du caractère unique du Texas.

• Notre choix des meilleures localités pour les *Snowbirds*

Les températures d'hiver ont limité les localités de prédilection des *Snowbirds* au Texas à une région du sud-est délimitée par des lignes imaginaires allant de San Antonio à McAllen, sur le Rio Grande, et de San Antonio à Corpus Christi, sur le golfe du Mexique. Cette région rate habituellement les tempêtes d'hiver et les masses d'air froid en provenance des provinces des prairies, et qui descendent vers le sud jusqu'aux Grandes Plaines. Les hivers sont doux à San Antonio, et vous pouvez vous attendre à pas plus de vingt jours de températures inférieures au point de congélation. Les chutes de neige totalisent rarement plus de deux centimètres de neige, laquelle fond d'ailleurs rapidement. Les «États à bananes» du Texas forment une bande le long de la côte du golfe du Mexique, au sud, et le long de la vallée du Rio Grande, jusqu'à la région de McAllen. À part quelques chaînes de montagnes basses, près de San Antonio et sur la côte du golfe du Mexique — il faut visiter le Padre Island National Seashore — les étendues de terres plates apparaîtront familières aux Canadiens des provinces des prairies.

Corpus Christi, près du golfe du Mexique, projette l'image d'une ville de la Floride en bordure de l'océan, plutôt que celle d'une ville typique du Texas. Elle est située en ligne droite avec St.Petersburg et la Floride, de l'autre côté du golfe, et ses plages sablonneuses, ses palmiers et son mode de vie décontracté sont le reflet d'un climat d'hiver relativement doux. Cette ville, qui a une population de 200 000 personnes, est de plus en plus populaire auprès des *Snowbirds* et des retraités des États du centre-ouest. Ces visiteurs, qui se veulent des «Texans d'hiver» sont attirés à Corpus Christi par les prix hors saison. Durant l'été et l'automne — c'est-à-dire en saison — les plages sont remplies de vacanciers du centre et de l'ouest du Texas, d'Oklahoma, du Nouveau-Mexique et d'ailleurs dans le sud-ouest.

Contrairement aux plus petites villes qui longent la vallée du Rio Grande, Corpus Christi offre un éventail de commodités aptes à satisfaire les appétits de loisirs de la plupart des visiteurs d'hiver. Les frais de logement sont très modestes. Le Gulfstream, un condominium situé sur la plage et qui loue des appartements sur Padre Island, une île avoisinante, est assez représentatif. On peut louer, pendant les mois d'hiver, un meublé de deux chambres à coucher, avec service de bonne limité, pour 675 $ à 840 $ US par mois (moins un rabais pour les gens âgés). Tous les appartements sont semblables, et les variations de prix dépendent de la vue que vous avez de votre appartement — Gulf Front, Gulf View, ou en retrait du golfe du Mexique.

Padre Island, avec ses cent quatre-vingts kilomètres (110 milles) de plage sablonneuse, n'est qu'à vingt minutes du centre-ville de Corpus Christi. Un visiteur peut rester dans un condo à l'extrémité nord de l'île et, en quelques minutes, se retrouver sur une plage solitaire du Padre Island National Seashore. Le parc municipal situé sur Padre Island a un quai de pêche en béton de trois cent soixante-quatre mètres (1200 pieds) ouvert vingt-quatre heures par jour. La truite, le rouget, le requin et le lampris tacheté abondent. De l'autre côté de l'île, face au continent, se trouvent les excellents sites de pêche de Laguna Madre et de l'Intracoastal Canal. Un grand nombre de Canadiens possèdent des condominiums à Padre Isles, à l'extrémité septentrional de l'île. Plus de trois cents condominiums meublés sont disponibles dans ce complexe et les loyers d'hiver sont raisonnables. Si vous êtes intéressé à la région de Corpus Christi et aimeriez avoir plus d'information sur les coûts de location à Padre Isles, écrivez au Padre Isles Rental Clearinghouse, P.O. Box 8809, Corpus Christi, Texas 78412.

Aransas Pass a une population de près de 10 000 habitants et est une ville de retraités populaire, à environ quarante-huit kilomètres (30 milles) au nord-est de Corpus Christi. C'est aussi le refuge d'hiver d'un grand nombre de visiteurs canadiens.

Rockport et Fulton Beach sont deux villes voisines qui présentent un mélange agréable de résidants permanents de tout âge et de *Snowbirds* à la retraite. Des ornithologues amateurs de tous les coins du monde viennent dans cette région pour visiter le Aransas National Wildlife Refuge, où hivernent, de la mi-octobre à avril, les moins de cent vingt et une grue encore existantes. En avril, ces oiseaux rares de 1,5 mètre (5 pieds) de haut commencent leur voyage vers le nord, à destination de leur refuge d'été au parc national Wood Buffalo, en Alberta.

La région de Corpus Christi est une option qui a du mérite comme résidence d'hiver si les coûts sont un facteur majeur pour vous, et si vous ne craignez pas la vague de froid occasionnelle.

La basse vallée du Rio Grande est située à l'extrémité sud du Texas; c'est une bande semi-tropicale, couverte de palmiers, le long de la rive nord du Rio Grande, à environ 400 kilomètres (250 milles) au sud de San Antonio. Elle a environ cent trente kilomètres (85 milles) de long, de Port Isabel, sur la côte, jusqu'à Mission, en bordure de l'autoroute 83, et ne s'étend, au nord du Rio Grande, que sur une distance de vingt-quatre kilomètres (15 milles). Brownsville (85 000 habitants), Harlingen (47 000), McAllen (67 000), et plusieurs villes plus petites comptent, parmi leurs résidants permanents, de grands nombres de retraités, de même que des «foules» de *Snowbirds*. En fait, le tourisme et le marché des retraités fournissent environ un tiers des revenus de la basse vallée.

Si vos goûts incluent l'opéra, les orchestres symphoniques, les restaurants pour gourmets et la vie élégante en condominium, vous trouverez que McAllen, Harlingen, Brownsville et les autres villes et villages de la vallée du Rio Grande sont loin d'être des «temples de la culture». Toutefois, pour les *Snowbirds* dont les intérêts sonts moins sophistiqués, cette région du Texas a beaucoup à offrir. Les centres récréatifs des parcs de véhicules récréatifs et de maisons mobiles et les centres communautaires des villes ont des programmes d'activités complets, de l'artisanat aux tournois de palets. Ici, on est au pays de la musique de folklore et du western — quadrilles, danses carrées, en sabots, et le deux-pas texan. Un repas copieux dans un restaurant mexicain, tex-mex (texan-mexicain) ou familial peut vous coûter aussi peu que 3 $ ou 4 $.

En fait, McAllen est l'une des villes de retraités où les prix sont les plus abordables de tous les États ensoleillés, surtout en ce qui a trait à la nourriture, au logement et autres nécessités. Jusqu'à récemment, la frontière américaine comptait sur la clientèle mexicaine pour environ 50 % de ses revenus commerciaux. Les restrictions monétaires et la dévaluation du peso mexicain ont presque éliminé ce marché lucratif. En conséquence, la concurrence est forte entre les marchands locaux en quête de clients, de sorte que les villes et villages en bordure de la frontière sont devenus un paradis pour les chasseurs d'aubaines.

Il y a au moins cinquante parcs pour véhicules récréatifs dans la région, et l'un deux dispose de 1 500 lots. Vos frais de location de terrain dépendront de la durée de votre séjour, de la qualité et du nombre de services et de commodités que le parc vous offre. Sunshine RV Park, un parc pour véhicules récréatifs à Harlingen, est assez représentatif. Un séjour d'un ou deux mois coûte 245 $ US par mois, électricité comprise. Les locataires qui veulent rester plus longtemps sont responsables des frais d'installation de l'électricité et des paiements mensuels à la compagnie de services publics locale. Le loyer, pour des périodes prolongées, varie de 160 $ US par mois, à 200 $ US par mois pour trois mois. On peut entreposer son véhicule pour l'été, sur place, pour 15 $ par mois. On peut acheter des remorques, des maisons mobiles et des véhicules récréatifs d'occasion à des prix qui conviennent à tous les budgets. Par exemple, on offrait récemment un Holiday Travel Trailer de 8 mètres (27 pieds), datant de 1977, avec jupe, véranda à moustiquaires et hangar de rangement, pour moins de 6 000 $, et un Mallard modèle de 12 mètres (40 pieds) pour parc de véhicules, pleine rallonge, avec abri d'auto en béton de 4 m × 11 m (14' × 38'), deux escaliers, poêle et réfrigérateur grosseur normale, et deux bicyclettes, pour 18 000 $ — négociable.

Les activités sont dirigées par le centre récréatif, et le complexe inclut une piscine chauffée et une station thermale, une grande salle pour la danse et les festivités, des petites salles pour les réunions, des groupes de discussions et d'artisanat, et huit terrains de palets. Les activités physiques vont du yoga et des classes d'exercices aux danses carrées et à la danse sociale. Les cours d'artisanat incluent toutes sortes d'activités comme la peinture, le cuir repoussé, la sculpture du bois, la courtepointe, les cartes (bridge et euchre), et même un groupe d'amateurs d'ordinateurs, et bien d'autres choses encore. Harlingen est le centre du quadrille («danse carrée») de la basse vallée de Rio Grande, et l'on organise un quadrille ou une danse country-western presque à chaque soir. Les soupers communautaires sont un événement social hebdomadaire. Tout ceci est représentatif de la variété de commodités et d'activités offertes par les meilleurs parcs pour véhicules récréatifs et les meilleurs complexes de maisons mobiles.

Pour un changement de rythme, les *Snowbirds* qui demeurent à Brownsville, à McAllen, ou dans les environs, peuvent traverser les ponts internationaux et se rendre à Matamoros ou à Reynosa, au Mexique, pour visiter les restaurants et les magasins, admirer l'artisanat mexicain ou assister à des sepctacles. Un troisième pont relie Progreso, au Texas, à Nuevo Progreso, au Mexique.

• Faites un voyage au Mexique!

Les Canadiens ne devraient pas hésiter à traverser la frontière pour se rendre au Mexique, que ce soit pour une visite d'une journée ou pour s'éloigner davantage de la frontière, dans le cadre d'une promenade prolongée en automobile, loin de leur base du Texas.

On peut se balader en auto en toute sécurité au Mexique et, selon les statistiques, le Mexique est un endroit beaucoup moins dangereux que la plupart des régions des États-Unis. Si vous le désirez, amenez votre animal de compagnie avec vous; tout ce qu'il vous faut, c'est un certificat du vétérinaire attestant que votre animal a été immunisé contre la rage il y a moins de six mois. Les appareils CB sont autorisés et aucun permis n'est requis — trois postes sont alloués aux touristes. Le poste neuf est celui des urgences, le poste onze, celui des caravanes, et le poste treize sert à la communication entre touristes. Au Mexique, on dit *«diez-cuatro, buen compadre* (dix-quatre, mon pote).»

Le Mexique accorde un permis temporaire gratuit pour l'importation d'une automobile ou d'un véhicule récréatif dans le pays pour une période allant jusqu'à cent quatre-vingts jours, mais vous devez prouver que vous êtes propriétaire du véhicule pour qu'on vous permette de traverser la frontière. Les Canadiens doivent produire un passeport ou un certificat de naissance — les Canadiens naturalisés doivent avoir un passeport ou une preuve de citoyenneté canadienne. De plus, tous les visiteurs, peu importe leur âge, doivent détenir des visas de touristes, qu'on peut obtenir facilement au consulat mexicain, à l'Office du tourisme ou à l'Immigration mexicaine lorsqu'on traverse la frontière.

Le gouvernement mexicain n'accepte pas les assurances-automobile étrangères et vous devez vous assurer auprès d'une compagnie mexicaine avant de traverser la frontière. Vous pouvez acheter de l'assurance facilement auprès d'agences privées dans n'importe quelle ville des États-Unis située près de la frontière.

La plus connue de ces agences est Sanborn's, qui a des bureaux dans toutes les villes en bordure de la frontière, de Brownsville, au Texas, à El Centro, en Californie. Sanborn's fournit des «Travelogs» à ses clients. Ces travelogs décrivent, kilomètre par kilomètre, la route que vous empruntez pour votre voyage en auto, soulignent les centres d'intérêt, recommandent des hôtels, des motels, des parcs pour véhicules récréatifs et des restaurants. Les Travelogs vous disent même ou *ne pas* manger ni acheter d'essence; ils fournissent des informations sur les services de santé, des cartes géographiques, des conseils relatifs à la conduite automobile et aux pourboires, et même quelques phrases élémentaires en espagnol.

Les polices d'assurance sont offertes sur une base journalière et les rabais, pour les polices à long terme, commencent à trente jours. Si votre automobile est évaluée à 15 000 $ US, une assurance de dix jours vous coûtera 69,30 $ US, plus 15 % de taxe mexicaine et des frais minimes pour la police d'assurance.

Pemex est la seule marque d'essence disponible au Mexique — il s'agit d'un monopole du gouvernement. Extra est la meilleure essence mexicaine sans plomb, à indice d'octane de 92; Nova est une essence avec plomb, à octane 81, et Pemex-Lub est comparable à nos meilleures huiles à moteur. Vous devez acquitter tout achat d'essence ou d'huile avec des pesos — vos cartes de crédit d'essence, de même que MasterCard et Visa, ne sont pas acceptées.

Voyager au Mexique en véhicule récréatif est devenu très populaire ces dernières années, et des terrains de camping sont apparus comme des champignons le long des autoroutes principales, pour répondre à la demande. Dans les régions fréquentées par les touristes, les commodités des parcs de véhicules récréatifs sont habituellement de première qualité et l'on peut y trouver raccordements, douches, toilettes, piscines, centres récréatifs et ainsi de suite mais, dans les parcs moins fréquentés qui longent le golfe du Mexique et à l'intérieur de l'État, les commodités sont souvent beaucoup plus limitées. Informez-vous auprès de Sanborn's et des bureaux locaux de l'AAA situés du côté des États-Unis, avant d'entreprendre votre voyage au Mexique.

Le Mexique peut vous loger, peu importe votre budget, et les hôtels et motels se comparent favorablement à ceux du Canada et des États-Unis.

À cause de la dévaluation du peso, le dollar canadien peut vous mener beaucoup plus loin au Mexique qu'aux États-Unis. L'hospitalité mexicaine et l'expérience agréable et stimulante d'une culture très différente, combinées à des coûts relativement bas pour la nourriture, le logement et le magasinage, font d'un voyage au Mexique une expérience mémorable.

Je vous recommande de songer à un petit voyage du côté du Mexique si vous avez l'intention de passer l'hiver au Texas, au Nouveau-Mexique, en Arizona ou au sud de la Californie. Cela en vaut la peine!

San Antonio est l'une des villes des États ensoleillés que nous préférons. On y trouve de bonnes bibliothèques, des musées, un orchestre symphonique important, un opéra, et un calendrier complet d'événements artistiques. Bien qu'il offre d'excellentes commodités pour une gamme complète d'autres activités extérieures, le complexe de plaisance qui longe la rivière San Antonio fait la joie et la fierté des citadins — on peut faire du bateau sur la rivière et l'on y trouve, pour piétons, des passages ombragés par les arbres, des cafés-terrasses, un théâtre de plein air, et beaucoup d'autres choses encore. La ville reflète avec élégance un mélange excitant de culture hispanique et de culture américaine. De plus, San Antonio possède des commodités médicales hors pair et, en général, les frais de logement sont moins élevés que dans la plupart des autres villes des États ensoleillés de mêmes dimensions. Bien que les chutes de neige ne soient pas un problème, San Antonio a le même climat déficient que le reste du Texas, à l'exception de la basse vallée du Rio Grande. L'air froid de l'hiver, poussé parfois par des vents violents, balaie les plaines, et une journée chaude peut passer rapidement à des températures de manteau d'hiver. Il y a quelques années, nous étions à San Antonio en mars, en maillots de bain, à prendre du soleil. En quelques heures, la température est descendue de 40 °F. Le lendemain, nous sommes allés à Corpus Christi et à Padre Island en auto et nous avons dû porter des manteaux et des gants. Ces vagues de froid ne sont pas la norme, mais elles peuvent se produire entre décembre et mars.

Voici quelques-uns des bons complexes pour retraités situés dans le sud du Texas et qui sont ou des développements pour maisons mobiles seulement, ou pour maisons mobiles et véhicules récréatifs: dans la région de Corpus Christi — Aransas Oaks Mobile Home Park, à Aransas Pass; Gateway Park, à Corpus Christi; Kings Manor Estates, Oasis RV and Mobile Home Park et Rolling W Mobile Home Ranch, à Kingsville; Four Seasons Mobile Home and RV Park, Harrison's Mobile Home Park, Honeydale Mobile Home and RV Park, Palm Resaca Mobile Home Park, Royal Poinciana Mobile Homes, Siesta Mobile Home Park et Winter Haven Mobile Home and RV Park, à Brownsville; Citrus Mobile Home Park, Live Oak Mobile Home Park et Triple B Mobile Home Park, à Edinburg; Country Boy Mobile Home and RV Park, Dixieland Manor Mobile Home Park, Emerald Groves Mobile Country Homes Retirement Village, Fair Park Estates, Palm Garden Mobile Estates et Sunshine Country Club Estates, à Harlingen; Baldwin Mobile Home Manor, McAllen Mobile Park, Texas Mobile Park, Twin Palms Mobile Park, Valley Grande Mobile Home Park et Westway Mobile Home Park, à McAllen; Liano Grande Lake Park, à Mercedes; «J» Five Mobile Home and RV Park, Martin's Valley Ranches and Country Club et Mobile Gardens Community, à Mission; Citrus Trails Mobile Home Park, Plantation South, Sugar Palms Mobile Home Subdivision et Tropic Star Park, à Pharr; El Camino Real Mobile Home Park, Palmdale Village Mobile Home and RV Park, à San Benito; Ballard's Lakeview Park, Leisure World Park, Siesta Village, Inc. et Snow to Sun RV and Mobile Park, à Weslaco; Port Isabel Mobile Courts, à Port Isabel, dans l'île South Padre Island. Dans la région de San Antonio — Indian Hills Mobile Home Park, Lazy Oaks Ranch et Placid Mobile Home.

Pour les lecteurs qui seraient intéressés à se renseigner sur les commodités pour véhicules récréatifs et pour caravanes dans la basse vallée du Rio Grande, voici une liste de quelques parcs de cette région. Les chiffres entre parenthèses indiquent le nombre de terrains ou de lots.

Crooked Tree Campland (200), Gulf Breeze Trailer Park (151), Paul's Trailer Park (186), River Bend Resort (150) et Trailer Village (100), à Brownsville; Citrus Valley RV Park (512) et Orange Grove RV Park (528), à Edinburg; East Gate RV Park (273), Fig Tree RV Resort (200), Paradise Trailer Park (600) et Sunshine RV Park (878), à Harlingen; Paradise South Park (493), à Mercedes; Canyon Lake Resort and Park (418) et Green Gate Grove (424), à Mission; Paradise Park (390), Tip-O-Texas RV Village (800) et Winter Haven Village (227), à Pharr; Fun N'Sun Resort (1450), à San Benito; Outdoor Resorts/South Padre (690), à South Padre Island; Country Sunshine Park (345), Magic Valley Park (400), Trails End Park (400) et Weslaco Tailer Park (265), à Weslaco.

Si cette partie du Texas a suscité votre curiosité, ne visitez pas cet État avant d'avoir lu le roman passionnant de 1 200 pages de James Michener, *Texas*. Ce livre raconte de façon remarquable les événements et les circonstances qui ont moulé le caractère unique, la personnalité et l'histoire du Texas. Même si vous n'avez aucunement l'intention de mettre le pied dans l'État de l'Étoile solitaire, je recommande ce livre à tous les amateurs de romans historiques.

NEW MEXICO

De tous les États ensoleillés du sud-ouest, le Nouveau-Mexique est probablement le moins familier aux *Snowbirds* canadiens qui s'envolent chaque hiver vers la Floride, le Texas, l'Arizona et le sud de la Californie. Après notre dernier voyage dans cet État, nous avons réalisé que, même s'il n'est pas encore très populaire auprès des Canadiens, le Nouveau-Mexique a beaucoup a offrir et est en train d'être «découvert» par les retraités américains.

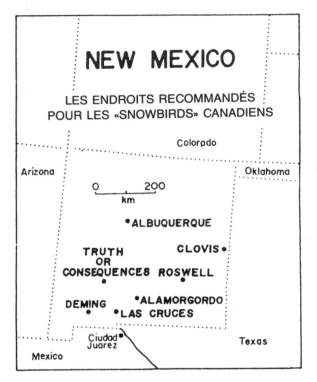

Peut-être vaut-il mieux que je vous le situe. Regardez une carte géographique des États-Unis — le Nouveau-Mexique se trouve dans la portion sud-ouest. Il est entouré par l'Arizona à l'ouest, par le Colorado au nord, par le nord de l'Oklahoma à l'est, par le Texas et le Mexique au sud.

L'est du Nouveau-Mexique fait partie des hautes plaines et est consacré à l'élevage du bétail et au pétrole. Le nord-ouest est habité par les Navajos, les Apaches, les Utes et les Indiens pueblos — c'est la région la plus montagneuse de l'État et c'est là que certaines montagnes gardent leur capuchon de neige toute l'année. Le Nouveau-Mexique du centre-sud et du sud-ouest est occupé par le désert et surplombé par d'imposantes mesas. Ce rapide aperçu vous fait peut-être penser à une brochure d'agence de voyage, mais tout est vrai, et même davantage: l'impressionnante beauté de la nature au Nouveau-Mexique est quelque chose que le *Snowbird* n'oubliera jamais.

Bien qu'il soit l'un des plus grands États, le Nouveau-Mexique n'est pas très peuplé: environ 1,5 million d'habitants. Les retraités américains déménagent au Nouveau-Mexique en nombre de plus en plus grand chaque année, ainsi qu'en font foi les statistiques, qui accusent une augmentation du pourcentage d'habitants de 65 ans et plus, augmentation qu'il est impossible de mettre au compte de la population indigène.

Les *Snowbirds* qui fuient le froid feraient bien de s'en tenir aux régions situées au sud d'une courbe imaginaire partant juste au nord de Roswell et allant jusqu'à Truth or Consequences et Deming. Alburquerque, au nord de la ligne, est un excellent lieu de retraite où vivre à l'année longue, mais cette ville reçoit environ 25 cm de neige chaque année et les hivers peuvent être plutôt froids. Les villes situées plus au sud et moins élevées, Las Gruces par exemple, ont des hivers plus doux et la neige, qui tombe et s'accumule habituellement durant la nuit, fond rapidement avec le lever du jour. La pauvreté de la couverture végétale naturelle, des altitudes d'environ 955 mètres (3 000 pieds) et plus, et la situation mi-continentale, résultent en températures nocturnes qui descendent souvent en bas du point de congélation et en températures diurnes de 10, 16 et 21°C — une combinaison de températures agréables et d'une humidité très basse. De plus, l'hiver est la saison sèche dans la région désertique du Nouveau-Mexique.

En plus du bon climat d'hiver, le coût de la vie, y compris le logement, est généralement beaucoup plus bas au Nouveau-Mexique que dans n'importe quel autre État ensoleillé. Parce que la population est clairsemée et éparpillée, les services de santé ne sont pas aussi bons qu'ils pourraient l'être. Toutefois, dans les régions où les retraités sont concentrés, les services médicaux sont parmi les meilleurs de l'État. Un conseil! Si vous souffrez de problèmes coronariens ou respiratoires, certaines des régions les plus élevées de l'État pourraient nuire à votre bien-être physique. Les villes que nous recommandons sont toutes à des altitudes de 900 à 1 200 mètres. Demandez à votre médecin s'il a des objections à ce que vous visitiez Sante Fe (2 000 mètres) ou Alburquerque (1 600 mètres).

Le mélange unique des cultures américaine, mexicaine et amérindienne du Nouveau-Mexique se reflète partout, dans la nourriture, l'architecture et les modes de vie.

Bien qu'il existe des complexes pour adultes seulement dans chacune des régions qui attirent les *Snowbirds* d'hiver, les retraités du Nouveau-Mexique ne se regroupent pas autant qu'ils le font dans les autres États ensoleillés.

• Notre choix des meilleures localités pour retraités au sud du Nouveau-Mexique

Clovis est une ville de plus de 30 000 résidants, située à environ seize kilomètres de la frontière ouest du Texas, en bordure des autoroutes 60 - 74 - 84. L'altitude moyenne de la ville est de plus de 1 220 mètres et les chaînes de montagnes avoisinantes créent les températures imprévisibles qui ont contribué à la célébrité de Clovis. Durant les mois d'été, quand les *Snowbirds* sont repartis vers le Nord, les températures d'après-midi dépassent habituellement 32 °C (80 °F). Toutefois, à cause de l'altitude, les températures nocturnes descendent habituellement en bas de 18 °C (65 °F) même pendant les périodes les plus chaudes.

Les températures d'hiver sont relativemnt douces: le maximum moyen est bien au-dessus de 10 °C (50 °F) et la température nocturne moyenne est au-dessus de -3 °C (25 °F). Les vagues de froid sont de courte durée et plus faciles à supporter à cause d'une humidité extrêmement basse. Ceci vaut pour tout le sud du Nouveau-Mexique.

Comme les vens dominants viennent du sud-ouest, les chutes de neige sont rares et les accumulations disparaissent rapidement. Il y a des jours, au début du printemps, où le vent atteint une vélocité de 65 à 80 km (40 à 50 milles) à l'heure et est accompagné des tempêtes de poussière. C'est là un des ennuis climatiques qui agacent les visiteurs d'hiver.

Le prix des maisons est relativement bas. Il en coûte en moyenne de 25 000 $ à 40 000 $ pour une maison d'environ 1 200 pieds carrés. Il y a un certain nombre de localités réservées aux maisons mobiles.

La ville et la commission scolaire assurent un éventail de services, de commodités et de programmes pour adultes. À Portales, seulement trente kilomètres plus loin, se trouve l'une des branches de l'Eastern New Mexico University, qui donne des cours du soir où les retraités sont bienvenus. Si vous êtes intéressé à des cours de formation professionnelle, l'université offre un programme varié à son campus de Clovis. De plus, il y a deux centres pour personnes âgées qui offrent des programmes de première qualité.

En résumé, Clovis est une ville plaisante, tranquille, avec un coût de la vie peu élevé et un accès facile aux parcs fédéraux et publics, à la pêche et au camping, et aux centres urbains plus importants, tels que Lubbock et Amarillo, au Texas. En passant, si vous avez envie d'un steak gratuit, allez visiter Amarillo, au Texas, à moins de deux heures d'auto de Clovis. On vous offre un steak de surlonge gratuit de 2 kg au restaurant Big Texan, à la condition que vous puissiez le finir en moins d'une heure. Pendant que nous soupions de buffaloburgers, Elvereene et moi avons vu plusieurs personnes tenter vainement d'accomplir cet exploit gastronomique.

Roswell est située en bordure de la rivière Pecos, dans la région de plaines semi-désertiques du sud-est du Nouveau-Mexique. Cette ville a une population permanente de 40 000 habitants, ce qui en fait le plus grand centre du secteur est des États de prédilection des retraités. Autrefois consacrée à l'élevage du bétail, Roswell est une oasis attrayante en plein centre des hautes plaines. À environ 80 km (50 milles) à l'ouest, d'imposantes montagnes bloquent l'horizon. Depuis dix à quinze ans, de plus en plus de retraités affluent vers cette ville agréable. En conséquence, les services médicaux et autres se sont améliorés rapidement pour répondre à la demande. Les centaines de clubs et d'organisations qu'on y trouve peuvent satisfaire la plupart des goûts et des intérêts. On encourage les *Snowbirds* à participer à toutes les activités, à se joindre à toutes les associations, de Chaparral Rockhounds les collectionneurs de minéraux de Chaparral, au Writer's Guild (Guilde des écrivains).

En plus de groupes de musique et de théâtre et d'un orchestre symphonique, Roswell a deux musées et une bonne bibliothèque. À environ une heure d'auto, se trouvent un terrain de course de chevaux à Ruidoso, la piste de ski Sierra Blanca Ski, les cavernes Carlsbald, et le parc national de Guadalupe.

Je ne suis pas le seul à être impressionné par la qualité de la vie qu'on trouve à Roswell. La revue *Money Magazine* l'a choisie comme «l'une des dix meilleures villes américaines qui méritent d'être appelées un chez-soi», et l'un des endroits les plus paisibles où prendre sa retraite. De plus, le U.S. Conference of Mayors (le Congrès des maires américains) a honoré cette petite ville pour son dévouement aux arts et pour sa qualité de vie. Roswell est fière de son taux de criminalité très bas et de ses taxes peu élevées. Si vous voulez visiter Roswell et envisagez la possibilité d'y passer l'hiver, la Chambre de commerce vous offrira une tournée personnalisée, adaptée à vos intérêts particuliers. Tout ce que vous avez à faire, c'est d'entrer en contact avec cette organisation avant votre arrivée.

De l'avis de tout le monde, le prix des maisons est abordable. Il existe un bon choix de maisons unifamiliales conventionnelles de 40 000 $ à 50 000 $ US, et les loyers sont aussi très raisonnables; on peut louer un meublé de deux pièces pour aussi peu que 300 $ US par mois. Roswell dispose également de plusieurs complexes de maisons mobiles et de parcs de caravanes.

Alamogordo a une population à peu près égale en nombre à celle de Clovis, et est située dans le secteur centre-sud de l'État, à la jonction des autoroutes 54 et 70 - 82. Elle a la même altitude que Clovis et est dominée par les montagnes Sacramento, immédiatement à l'est de la ville. Le climat est sensiblement le même qu'à Clovis, mais les hivers sont plus doux. La neige est rare et ne s'accumule jamais à Alamogordo, mais les montagnes avoisinantes en reçoivent suffisamment pour faire du ski et pratiquer d'autres sports d'hiver. L'humidité extrêmement basse et le chaud soleil d'Alamogordo sont une excellente combinaison pour soulager les douleurs arthritiques, de même que l'asthme et les autres problèmes respiratoires. Et ceci s'applique aussi à toutes les autres régions du Nouveau-Mexique qui font l'objet de ce chapitre.

La notoriété d'Alamogordo provient de différentes sources. La base de l'aviation militaire d'Holloman est un centre d'opération des bombardiers géants du Contrôle stratégique de l'air et est munie d'une piste d'atterrissage d'urgence de la navette spatiale. Tout près, à White Sands, se trouve un champ de missiles de l'armée américaine, où sont testés des missiles téléguidés. À vingt minutes de la ville, en bordure des autoroutes 70-82, on peut voir un phénomène naturel unique, le White Sands National Monument, où s'élèvent, jusqu'à quinze mètres dans certaines régions, des dunes de sable d'un blanc pur. Ces dunes de «sable» blanc s'étendent sur plusieurs kilomètres et ne sont pas vraiment du sable, mais du gypse. Elles sont particulièrement imposantes vues des montagnes situées à l'est d'Alamogordo. Dès que vous vous éloignez de l'observatoire des visiteurs, vous entrez dans une mer de «vagues» mouvantes qui changent continuellement sous l'effet du vent. Les visites sont auto-guidées, c'est-à-dire qu'on fournit aux visiteurs de l'équipement qui leur indique avec précision et leur explique chacun des points d'intérêt de l'excursion. À mesure que vous avancez sur la route sinueuse, la civilisation disparaît rapidement et vous vous retrouvez entouré uniquement de dunes. Le paysage rappelle alors les scènes de désert du film *Lawrence of Arabia,* sauf que les dunes de «sable» sont blanches. Même les adultes peuvent difficilement se retenir d'enlever leurs souliers et de courir pieds nus sur les dunes en suivant les traces des animaux nocturnes, des oiseaux et des reptiles. Le camping n'est pas permis dans ce magnifique lieu d'évasion hors du monde civilisé, mais on y trouve un joli abri à pique-nique. À notre avis, le White Sands National Monument vaut le déplacement et surpasse, comme merveille naturelle, le Grand Canyon trop touristique.

Lors de notre voyage à Alamogordo, nous avons traversé les montagnes Sacramento, à l'est de la ville, pour une courte visite au petit village montagneux de Weed, qui tenait son «concours annuel des jeunes violonneux». À notre grande surprise, non seulement n'y avait-il pas de frais d'entrée au spectacle, mais les bonnes gens de Weed ont servi un repas gratuit à tout le monde.

Partout où il y a des bases militaires dans les États ensoleillés, on trouve, en grand nombre, d'anciens soldats américains à la retraite dans les villes avoisinantes. S'ils reçoivent une pension d'invalidité, sous une forme ou une autre, ils ont le droit de magasiner au poste d'échange PX de la base militaire. Ces postes d'échange sont, en réalité, de grands magasins où l'on trouve de tout, des épiceries aux meubles, et ceux qui ont le droit d'y faire leurs achats sont exemptés de toutes taxes fédérales ou d'État y compris la taxe sur le tabac et l'alcool. Vous lier d'amitié avec un Américain qui peut faire vos achats au PX peut vous sauver beaucoup de dollars américains. Le PX de la base d'aviation militaire d'Holloman a attiré bien des retraités à Alamogordo. En conséquence, on y trouve un bon choix de maisons de tous genres à prix raisonnables, de même que des commodités destinées aux résidants retraités et aux visiteurs d'hiver. Dans la région d'Alamogordo, il y a au moins une douzaine de bonnes concentrations de maisons mobiles et autant de parcs pour caravanes et de parcs pour véhicules récréatifs.

À cause de la présence des soldats et de leurs familles, Alamogordo est une ville plus vibrante et plus enjouée que les paisibles villes de Roswell et Clovis.

Alors que nous étions en voyage d'étude en vue de l'écriture de ce chapitre, nous avons été tellement charmés par Las Cruces que nous avons confié à des amis que si jamais nous étions déçus de notre future maison de retraite d'hiver à Pompano Beach, en Floride, nous quitterions la Floride pour Las Cruces. Cette ville, au sud-est de Roswell, a une population de plus de 50 000 habitants — ce qui en fait la troisième plus grande ville de l'État — et est située dans une région désertique, entourée sur trois côtés par les montagnes. Si on désire les services spécialisés de grandes villes, on peut se rendre à El Paso, au Texas, à 75 km (45 milles) seulement vers le sud, en bordure de l'autoroute 1-10, ou à Juarez, au Mexique, quelques kilomètres plus loin. Le voyage à Juarez se fait assez facilement, compte tenu surtout qu'on peut y acheter de l'artisanat mexicain, manger au restaurant et acheter de l'essence pour environ la moitié des prix en vigueur aux États-Unis, juste de l'autre côté de la frontière.

Les hivers sont doux et plaisants. De décembre à mars, les températures de jour peuvent atteindre 27 °C (80 °F) mais, le plus souvent, elles oscillent entre 12 °C et 18 °C. Le plus souvent, les températures de nuit tournent autour ou descendent en bas du point de congélation — l'idéal pour dormir. Les légères accumulations de neige tombée durant la nuit fondent rapidement sous le soleil du matin.

L'université New Mexico State University est située à Las Cruces, avec le résultat qu'on y trouve de bonnes librairies de livres neufs et d'occasion, des restaurants à prix modiques, des spectacles gratuits ou peu coûteux et l'occasion de participer à un grand nombre d'activités culturelles et de programmes éducatifs. Le service des parcs et des loisirs parraine un grand nombre de programmes d'activités et dirige le centre Robert B. Munson, destiné aux personnes de cinquante-cinq ans et plus. Vous pouvez faire beaucoup de choses au centre, y compris apprendre l'espagnol et participer à un groupe de cinématographie. Un excellent dîner ne coûte que 0,50 $.

La vallée Mesilla, bien irriguée et fertile, où se situe la ville, est une région de fermes de cultivateurs et les cantaloups juteux qu'on y fait pousser portent à croire que ceux qu'on achète au supermarché ne sont que de la mousse de plastique!

Las Cruces a été désignée comme l'une des cinquante meilleures villes où vivre aux États-Unis — Roswell aussi — dans le livre de Hugh Bayless intitulé *The Best Towns in America: A Where-to-Go Guide for a Better Life.*

À une courte distance de Las Cruces par automobile, on trouve de magnifiques sites naturels pour les loisirs extérieurs, le tourisme et le camping, y compris plusieurs parcs fédéraux et publics. Vous pouvez, par exemple, moyennant un petit effort de votre part, chercher des agates, du jaspe et des opales au Rock Hound State Park.

Imaginez un instant un paysage de campagne sans affiches publicitaires, sans restaurants de prêt-à-manger, sans cimetières d'automobiles — un paysage composé uniquement de montagnes, de mesas, de cactus, de couchers de soleil dans le désert, et de nuits illuminées d'un million d'étoiles scintillantes.

Nous avons aussi été impressionnés par le coût de la vie peu élevé et par les excellents magasins. On peut facilement dénicher une maison unifamiliale conventionnelle à deux chambres à coucher pour aussi peu que 50 000 $ US, comme on peut louer un appartement ou un duplex pour aussi peu que 300 $ US par mois. Il y a au moins trente complexes de maisons mobiles dans la ville ou à proximité et la location de terrains coûte entre 60 $ et 150 $ US par mois. Nous avons été particulièrement impressionnés par l'Encantada Mobile Home Park et les commodités qu'il avait à offrir aux résidants. Il y en a plusieurs autres qui méritent d'être pris en considération, si vous êtes tenté de vivre dans une maison mobile. Pour n'en nommer que quelques-uns, il y a Alameda Acres Mobile Home Park, Miller's Mobile Manor et Sunnyacres Mobile Village. Il y a aussi plus d'une douzaine de parcs pour les *Snowbirds* propriétaires de véhicules récréatifs ou de caravanes. En résumé, Las Cruces a tout sauf l'océan!

Alors que nous roulions sur la 1 -10, de Las Cruces à destination de Deming, nous nous sommes heurtés au problème des immigrants mexicains illégaux. La patrouille de la frontière américaine avait organisé un barrage routier pour surprendre les immigrants illégaux et j'ai appris plus tard que nous correspondions à l'une des descriptions de suspects — plaques d'immatriculation de source obscure et lointaine (l'Ontario), grosse automobile, le conducteur (moi-même) portait une chemise de style mexicain et mâchouillait un cigare, et le siège arrière de notre auto était rempli jusqu'au toit. On nous a invités fermement, mais poliment, à sortir de l'auto, à présenter nos pièces d'identité et à expliquer pourquoi nous étions sur la route menant à Deming. On a fouillé la valise de l'auto et le siège arrière et puisque nous ne transportions ni narcotiques, ni immigrants illégaux, on nous a remerciés pour notre coopération et nous avons pu continuer vers Deming et Tucson, en Arizona.

Cette expérience m'amène à souligner que les Canadiens qui visitent les États-Unis doivent réaliser qu'ils sont des invités dans ce pays et que s'ils sont incommodés par la police ou par les officiers de l'Immigration, la dernière chose à faire, s'ils veulent s'éviter des problèmes, c'est de faire de l'esprit ou de se montrer belliqueux. Et si nous avions été des *Snowbirds* qui avaient excédé leur permis de résidence de six mois? Cette rencontre fortuite avec les officiers de l'Immigration ou la police aurait pu aboutir à notre déportation des États-Unis et à un interdit de séjour illimité.

Si le sud du Nouveau-Mexique semble convenir à vos plans de retraite, avant de décider d'une région vous devriez aussi visiter Silver City, Truth or Consequences — qui a emprunté son nom à l'émission de radio et de télévision — Ruidoso, Deming — site de la course de canards qui attire les paris les plus élevés du monde — et Carlsbad.

L'ARIZONA

À cause de sa situation au sud-ouest des États-Unis et adjacente à la Californie, l'Arizona attire surtout les retraités canadiens de la Colombie britannique, des provinces des prairies et, en plus petits nombres, de l'Ontario.

Le magnifique paysage de désert est dominé par les cactus et autres plantes désertiques, les lits de rivières séchés et rocailleux, les canyons, les mesas et les montagnes. Mère Nature ne cesse jamais d'impressionner le nouveau venu, autant que le résidant.

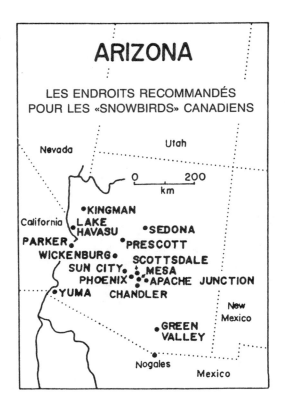

ARIZONA

LES ENDROITS RECOMMANDÉS
POUR LES «SNOWBIRDS» CANADIENS

• Le climat

Du point de vue de ceux qui cherchent à fuir la neige et le froid de l'hiver, l'Arizona est divisée en deux parties à peu près égales. Les retraités en quête d'hivers doux et agréables sont concentrés dans les villes au sud-ouest des hautes altitudes du plateau du Colorado, dans une région qui s'étend de Tucson, au sud-est, à Kingham, au nord-ouest. Ici, le soleil brille en moyenne 85 % du temps les jours d'hiver — pourcentage beaucoup plus élevé que dans n'importe quel autre État ensoleillé — et l'humidité peu élevée rend même confortables les jours d'hiver les plus chauds. Les jours d'hiver sont généralement doux et janvier est le mois le plus froid. La température diurne moyenne pour le mois de janvier est d'environ 18 °C (65 °F). Comme la plus grande partie de la région est occupée par le désert, la température baisse de façon dramatique la nuit, parfois même de 40 °F en quelques heures. Vous pouvez tenir pour acquis que, durant les mois de décembre, janvier et février, au moins le tiers des nuits auront des températures inférieures au point de congélation. Pour être à l'aise, assurez-vous d'apporter une variété de vêtements qui vous permettront de vous adapter aux variations de température. Bien que les montagnes et le plateau du Colorado, au nord-est, reçoivent des chutes de neige abondantes, la région dont nous parlons ne voit pas de neige, selon les statistiques. Si vous avez l'intention de passer les mois d'octobre à avril en Arizona, préparez-vous à des températures de 32 °C, lesquelles sont rendues un peu plus tolérables par des taux d'humidité faibles.

De point de vue population, l'Arizona croît à un taux plus rapide que celui de n'importe quel autre État, ce qui crée un problème de plus en plus sérieux. Il n'y a pas de masses d'eau courante permanentes dans le désert et les réserves d'eau proviennent essentiellement de puits artésiens. Le niveau des puits baisse continuellement parce que l'eau est consommée beaucoup plus rapidement qu'elle n'est pas remplacée. Les pénuries d'eau constituent un problème majeur et les frais de services publics d'approvisionnement en eau sont de plus en plus élevés. Enquêtez sérieusement avant d'acheter quelque lot que ce soit, puisque n'importe quel terrain qui n'est pas déjà assuré d'un approvisonnement d'eau n'a presque aucune valeur. L'Arizona est l'un des États ensoleillés où les programmes de ventes de terrains font l'objet de promotions tapageuses. Soyez sur vos gardes si on vous offre un vol gratuit en vue d'une visite de fin de semaine à un projet de lotissement dans le désert.

Au cours des années, bon nombre de gens sont déménagés en Arizona pour des raisons de santé. Le désert aride est réputé apporter du soulagement aux personnes qui souffrent d'asthme, de rhumatisme, d'arthrite et de tuberculose. Un membre de ma famille souffrait de sérieux problèmes d'asthme chronique qui l'immobilisaient régulièrement. Son médecin de Toronto lui a conseillé de déménager en Arizona s'il espérait pouvoir vivre une vie normale. Il a déménagé à Tucson et son état s'est tellement amélioré qu'il a pu vivre une vie remplie et active pendant trente-cinq ans, jusqu'à ce qu'il meure à l'âge de quatre-vingt-douze ans.

• Les villes de l'Arizona qui attirent les retraités et les *Snowbirds*

On appelle «frontière du désert» la partie de l'Arizona qui attire la grande majorité des résidants d'hiver. Elle occupe le quart de l'État au sud-est et est dominée principalement par deux villes — Tucson et Phoenix — par la flore du désert et les montagnes escarpées. De plus, il y a des concentrations de *Snowbirds* dans plusieurs régions de la moitié sud de l'Arizona.

La vallée du Soleil — le lieu de retraite le plus populaire dans tout l'État — est une grande région de l'Arizona centrale, composée d'un système de vallées entourées de montagnes. Au sud se trouve le désert Donoran. La Vallée du Soleil s'étend de Sun City à Litchfield Park à l'ouest, jusqu'à Apache Junction à l'est, une distance de 86 km (52 milles). Du nord au sud, elle couvre 48 km, de Carefree au sud de Chandler. Bien que Phoenix soit le centre, la région inclut quelque quarante municipalités et chacune d'elles a attiré des retraités, résidants permanents ou *Snowbirds*.

Toute la gamme des modes d'habitations dont il a été question au chapitre 7 est disponible dans la Vallée du soleil, à des prix qui conviennent à tous les budgets, qu'il s'agisse de maisons unifamiliales conventionnelles, des maisons mobiles, de parcs à caravanes, de logements à louer ou de condominiums. Les commodités récréatives sont excellentes et, combinées à d'autres facteurs, aident à rendre la région extrêmement attirante pour les *Snowbirds*. Voici un exemple et une liste partielle de bons complexes pour adultes.

La ville pour adultes la plus connue est Sun City, juste au nord-ouest de Phoenix. Elle a été mise sur pied il y a quelque trente ans par la Del E. Webb Corporation et les résidants permanents doivent être âgés d'au moins dix-huit ans. Aujourd'hui, cette ville auto-suffisante a une population de près de 50 000 habitants et offre à ses résidants des magasins, des services médicaux, des commodités récréatives et des loisirs de première qualité — on peut choisir parmi plus de trois cents organisations sociales et culturelles. La ville est complète, mais il ne manque pas de maisons à revendre. Il s'agit surtout d'un complexe de maisons unifamiliales traditionnelles, mais on y trouve aussi des duplex attachés de un étage. Ce dernier type d'habitation est très répandu dans tous les États ensoleillés et sa popularité s'explique par le fait qu'il permet d'être propriétaire à des coûts modestes. Ne confondez pas cette définition d'un «duplex» avec celle que lui donnent les Canadiens, à savoir un type de logement loué. Les maisons se vendent pour aussi peu que 50 000 $ US sur le marché de Sun City. Sun City West, une ville jumelle de condominiums et de maisons unifamiliales, a été inaugurée en 1978 et, si elle maintient son taux de croissance actuel, elle dépassera probablement Sun City en étendue.

Les Casa del Sol 1 et 2 sont d'impressionnants complexes de maisons mobiles situés à Peoria et Glendale, des villes voisines de Sun City. Lors d'une récente visite, nous avons été tellement impressionnés par ces deux centres que nous serions prêts à les classer parmi les meilleurs de tous les États ensoleillés.

Pour trouver des maisons, à part celles qui sont inscrites aux agences immobilières, consultez les petites annonces du *Phoenix Gazette* et du *Arizona Republic*.

Voici quelques-uns des nombreux autres complexes qui offrent des commodités attrayantes aux résidants permanents et aux *Snowbirds:* Apache East Estates (parc pour maisons mobiles et caravanes), Apache Villa (condominiums), Lost Dutchman Travel Trailer Resort, Queen Valley RV Resort et Rock Shadows Travel Trailer Resort, à Apache Junction; Casita Verde RV Park, à Casa Grande; Valley Mobile Home Estates, à Chandler; Casita Hermosa Resort Condominiums et Florence Gardens Mobile Home Community, à Florence; Citrus Gardens Mobile Home Park, Good Life Travel Resort, Heather Brook Apartments, Mesa Shadows Mobile Home Park, Monte Vista Travel Trailer Resort, Silver Spur Village (maisons mobiles), Sunland Towers (condominiums), Sunrise Village (maisons mobiles), University Green Apartments et Valle Del Oro RV Resort, à Mesa; Peoria Palms Adult Mobile Home Park, à Peoria; Central Park (maisons mobiles), Michigan Trailer Park, Papago Peaks Village (maisons mobiles) et Western Palms Mobile Home Community, à Phoenix; Pueblo Sereno (maisons mobiles) et Shadow Mountain Village Mobile Home Park, à Scottsdale; Casa Fiesta RV Park et Tempe Cascade Mobile Estates, à Tempe.

Tucson est située à 190 km (112 milles) au sud-est de Phoenix, sur la I-10, et est le coeur de la région des retraités du sud de l'Arizona. En hiver, les températures de jour sont à peu près les mêmes qu'à Phoenix, mais les températures de nuit sont plus basses parce que la ville est située à une plus haute altitude que Phoenix. Toutefois, pour les *Snowbirds* qui se trouveront dans la région de Tucson à la fin d'avril ou en octobre, une plus haute altitude signifie des températures plus plaisantes que celles de jour de 32 °C (90 °F) de la Vallée du Soleil.

Il n'y a pas de complexes du genre de ceux de Sun City à Tucson et la plupart des retraités vivent dans des maisons privées ou des appartements qui ne sont pas spécialement destinés aux retraités*. Phoenix et Tucson sont toutes deux des villes en pleine expansion et, au cours des dix dernières années, la population des deux s'est accrue de plus de 50 %. Les retraités sont responsables d'une part importante de cette croissance. À l'exception des maisons mobiles — les prix des maisons mobiles sont étonnamment uniformes dans l'ensemble des États ensoleillés — les frais de logement, de même que les coûts de services publics, sont élevés dans ces deux grandes villes. L'eau est une commodité dispendieuse et des factures d'eau de 50 $ par mois en hiver sont chose courante. Il vous faudra souvent chauffer votre maison durant les nuits d'hiver et le conditionnement de l'air est une nécessité en octobre et à la fin d'avril.

Tucson et Phoenix ont toutes deux des services médicaux excellents, parmi les meilleurs des États ensoleillés. Les deux villes offrent aussi un excellent choix d'aménagements récréatifs, entre autres: un grand nombre de terrains de golf, des musées (ne ratez

---

* Les promoteurs de Sun City ont commencé récemment à construire une communauté pour adultes seulement dans la région de Tucson. Sun City Vistas est située sur la I-89, au nord de la ville.

pas le Musée du désert à Tucson), un excellent système de bibliothèques publiques, des théâtres et des opéras, et une vaste gamme d'activités extérieures. Tucson n'est qu'à 100 km (65 milles) de Nogales, au Mexique, où vous pouvez goûter à une autre culture, acheter des produits du pays et de l'essence à des prix fort intéressants. Voyez les pages 283 à 286 pour savoir ce qui vous attend lorsque vous visiterez le Mexique.

Green Valley est une ville de retraités à peu près semblable à Sun City. Elle est située à environ 40 km (25 milles) au sud de Tucson sur la I-19 et à moins de 70 km (45 milles) de la frontière mexicaine. Des collines divisent Green Valley en «villages» et les choix d'habitations sont plus variés qu'à Sun City: maisons unifamiliales, maisons mobiles, maisons de ville et appartements à louer. Les frais de logement sont moins élevés qu'à Tucson et cette ville active offre une gamme complète de commodités récréatives et de loisirs. Chaque village a aussi son propre centre communautaire muni d'une salle de jeux, de courts de tennis, d'une piscine, et ainsi de suite. Comme Green Valley est à proximité de Tucson, ses résidants jouissent d'un accès facile aux commodités de la grande ville, sans avoir à subir les problèmes typiques aux régions métropolitaines.

À part Green Valley, les villes qui suivent sont représentatives des centres d'adultes ou à orientation adulte du sud de l'Arizona: Arizona City (juste au sud de Phoenix, sur la I-10): Rio Rico (19 km au nord de Nogales, sur la I-19): Acacia Gardens Mobile Home Park, Artesian Springs Mobile Home Estates, Carefree Village, Copper Country Estates, Desert Willows, El Frontier Mobile Home Park, Friendly Village Estates, Mountain Vista Mobile Home Community, Park West Mobile Home Estates, Swan Lake Estates et Tucson Estates, toutes situées à Tucson.

D'autres régions en Arizona méritent d'être prises en considération. Lake Havasu City est un développement organisé, en bordure de la rivière Colorado, près de la frontière californienne. Il n'a pas été planifié pour les retraités, mais sa vaste gamme de commodités les a attirés en grand nombre. La population de Lake Havasu City dépasse 20 000 habitants, dont un tiers sont des retraités, un tiers des soldats américains, et un tiers des personnes qui font encore partie du marché du travail. C'est à Lake Havasu City que se trouve le célèbre Pont de Londres, qu'on a reconstruit après l'avoir importé de Londres, en Angleterre, en pièces détachées.

Yuma est la ville d'Arizona la plus chaude en hiver et elle est située dans le coin sud-ouest de l'État, adjacent aux frontières mexicaine et californienne. L'humidité relative de jour est la plus basse en Arizona et c'est la ville la plus ensoleillée aux États-Unis, avec 93 % des 4 400 heures par année de possibilité d'ensoleillement. Elle est un refuge de *Snowbirds* depuis longtemps et sa population en hiver, passe de 80 000 à 125 000 résidants. Yuma est unique en ce sens qu'une très grande proportion de ses visiteurs d'hiver s'amènent avec des remorques de voyage ou en véhicules récréatifs. En fait, Yuma compte plus de 15 000 espaces pour véhicules récréatifs et caravanes, et leur location varie de 60 $ à 250 $ US par mois. Il y a même des maisons mobiles et des caravanes meublées à louer et un grand nombre de parcs pour maisons mobiles. Si vos goûts sont plus conventionnels en matière de mode d'habitation, vous pouvez louer des appartements, meublés ou non, à la semaine, au mois ou pour la saison, à des prix beaucoup plus bas que ceux de Phoenix ou de Tucson pour des logements comparables.

Voici quelques-uns des parcs de caravanes et de véhicules récréatifs pour adultes seulement: Arizona West, Atlasta, Capri, Desert Holiday Ranch, Friendly Acres, Mesa Verde, Siesta, Spring Garden et Winter Garden.

Une grande partie des loisirs à Yuma est centrée sur la vie au désert: chasse, pêche, camping, collection de minéraux, excursion en bateau, golf et tennis. Par exemple, dans un rayon de cinquante-six kilomètres les pêcheurs à la ligne ont un vaste choix de poissons dans la rivière Colorado et dans les nombreux lacs artificiels qui fourmillent de crappies, de perches et de poissons-chats.

Les quadrilles (danses carrées) et les courses de stock-cars se classent parmi les formes de récréation populaires communes à tout le sud-ouest des États-Unis. Yuma possède tout de même une certaine culture, comme en font foi son orchestre de musique de chambre, son association de concerts communautaires, son association des beaux-arts et sa compagnie de ballet. L'Arizona Western College organise également des événements culturels ouverts au public. Si vous songez à l'Arizona comme destination d'hiver et que vous vouliez fuir l'atmosphère des grandes villes de Phoenix (800 000 habitants) et de Tucson (600 000 habitants), renseignez-vous sur Yuma — mais préparez-vous à des températures de 32 °C (90 °F) en avril, et à des chaleurs constantes de 37 °C (100 °F) aussi tard que le début d'octobre. Au moment où je complétais ce chapitre, à la fin d'avril, la moyenne de température maximale de jour était d'environ 39 °C (105 °F).

Prescott, avec sa population d'environ 20 000 habitants, est une jolie petite ville située à plus de 1 500 mètres au-dessus du niveau de la mer, entre les montagnes et le désert. À cause de son altitude, les nuits d'été sont fraîches et les chutes de neige courantes — la neige fond rapidement durant les journées claires et ensoleillées — et la température varie habituellement entre 10 °C et 15 °C (50 °F à 60 °F). Si vous voulez un hiver sans neige, Prescott n'est pas pour vous. Les frais de logement son relativement modérés et les choix vont des maisons unifamiliales aux maisons mobiles et même aux chalets rustiques en bois rond. Pour une petite ville, Prescott est munie d'une variété de commodités récréatives sans commune mesure avec sa grosseur. On y trouve, entre autres, un collège public, une association des beaux-arts et une ligue des artistes montagnards, ce qui en fait un bon endroit où passer l'hiver, en dépit du climat plutôt frais.

Kingman, Parker, Sedona et Wickenburg sont d'autres petites villes qui méritent peut-être qu'on s'y intéresse.

• Une visite au Mexique

Référez-vous aux pages 283 à 286 pour avoir un aperçu de ce qu'il faut faire et ne pas faire si vous avez l'intention de visiter le Mexique durant votre séjour d'hiver dans le sud-ouest des États-Unis. Dans le présent chapitre, nous nous contenterons d'indiquer les principales villes mexicaines frontalières et leurs voisines de l'Arizona les plus importantes.

San Luis, au Mexique, est à trente-sept kilomètres (23 milles) de Yuma via l'autoroute 95 et c'est la plus grande ville mexicaine adjacente à la frontière de l'Arizona. De Tucson, il faut rouler vers le sud pendant soixante-cinq milles sur la I-19 pour atteindre Nogales, en Arizona, près de la frontière, puis traverser la frontière pour atteindre Nogales, au Mexique. Le seul autre endroit d'importance où l'on peut passer la frontière est celui qui mène de Douglas, en Arizona, à l'extrémité sud-est de l'État, à Agua Prieta, au Mexique.

En résumé, avec ses montagnes, ses déserts, son climat d'hiver habituellement doux et plaisant, et ses nombreuses cités munies de commodités adaptées aux exigences des *Snowbirds*, le sud de l'Arizona a beaucoup à offrir, à part le climat, aux visiteurs d'hiver.

• Si vous n'avez jamais visité Las Vegas!

Un grand nombre de Canadiens qui n'ont jamais visité Las Vegas sont convaincus que cette ville est l'ultime symbole de maintes caractéristiques décadentes de notre civilisation. Pourtant, des milliers de Canadiens de tout âge font de fréquents pèlerinages à cette ville qu'on a surnommée la Sodome et Gomorrhe moderne — et ce n'est pas pour convaincre les résidants et les visiteurs de se convertir. La plupart d'entre eux ne sont pas des joueurs invétérés, accrochés aux tables de blackjack ou de zanzi pendant tout leur séjour. Ils viennent en foule risquer quelques dollars dans les machines à sous, regarder les spectacles, jouir des luxueuses commodités, des repas de gourmet à prix ridiculement bas, et regarder les gens défiler. Où ailleurs pouvez-vous vous remplir la panse au déjeuner, au dîner et au souper et aux collations en soirée pour aussi peu que 10 $ US par jour? Un grand nombre de ceux qui hésitent même à risquer 0,05 $ dans les machines à sous semblent apprécier «l'amusante décadence» de Las Vegas. Il n'y a pas un journal important au Canada qui ne publie régulièrement des annonces offrant des forfaits de quatre jours, vol d'avion et hôtel compris, pour 300 $ à 400 $. Elvereene et moi-même avons certainement la fièvre de Las Vegas. Nous ne sommes pas vraiment parieurs, mais nous attendons toujours impatiemment notre prochain voyage à la «ville du péché».

Si vous passez l'hiver en Arizona ou au sud de la Californie, vous pouvez vous rendre facilement à Las Vegas, au Nevada, en auto. Le voyage, de Los Angeles par les autoroutes 10 et 15, ou de Phoenix par la U.S. 93, prend de cinq à six heures. Si vous n'avez pas le goût de conduire, surveillez les forfaits vol, hôtel et extra dans les journaux locaux. Surveillez les panneaux d'affichage de votre localité: il arrive souvent que différentes organisations cherchent des personnes pour compléter des vols nolisés. De plus, Trailways et Greyhound offrent souvent des services d'autobus vers les terminus du centre-ville de Las Vegas.

Les congrès, les événements spéciaux et les rabais signifient que les séjours dans les meilleurs hôtels sont à leur sommet les fins de semaines et lors de congés statutaires. Bien que Las Vegas soit ouvert à l'année, les mois les plus occupés vont de mars à octobre. Par conséquent, les *Snowbirds* peuvent profiter des périodes moins occupées, alors que toutes sortes de forfaits attrayants sont offerts par les hôtels et les casinos, sur semaine et durant les mois d'accalmie. De plus, la concurrence d'Atlantic City a réduit la clientèle et la compétition est très forte entre les hôtels et les casinos, ce qui est tout à l'avantage du consommateur.

Chaque hôtel est auto-suffisant avec ses propres restaurants, ses bars et ses salles de spectacles. Les commodités d'usage incluent des piscines olympiques et des salles de cure de rajeunissement, des cafés ouverts jour et nuit et des salles de jeux vidéo pour les enfants (ils n'ont pas le droit de jouer à l'argent). Les casinos ne ferment jamais et offrent toutes sortes de machines à sous et de jeux de blackjack, de poker, de zanzi et de roulette, de même que des paris sur les courses et sur les événements sportifs. Dans la plupart des hôtels, il vous faut traverser le casino pour vous rendre au bureau d'enregistrement et aux ascenseurs et vous trouverez des machines à sous dans des endroits aussi invraisemblables que les salles de toilette publiques et les restaurants express.

Plusieurs gros hôtels ont des parcs adjacents pour véhicules récréatifs et caravanes. Par exemple, on peut louer un terrain avec électricité et autres commodités pour aussi peu que 8 $ US par nuit au Stardust.

Les hôtels et casinos sont concentrés dans trois régions, Strip South (la plus récente), Central Strip sur le boulevard Las Vegas South, et le centre de la ville, sur ou près de la rue Fremont, pour les plus vieux hôtels-casinos. On trouve généralement les meilleures aubaines dans la région la plus vieille du centre-ville, et les aménagements les plus élégants et les plus coûteux dans la région du Strip.

Pour vous donner une meilleure idée de ce que vous pouvez trouver et de certains des prix, voici quelques exemples:

Circus Circus est un hôtel-casino à orientation familiale; il compte 2 800 chambres et l'espace total occupé par le casino est beaucoup plus grand qu'un terrain de football. Il offre ses chambres à des prix très bas — de 17 $ à 39 $ US par jour, pour deux personnes — et des amusements excitants pour la famille «et les enfants de tout âge», mais il n'a pas de spectacles de variétés comme on en trouve ailleurs. Toutefois, il a son propre thème distinctif, avec son décor bonbon rose et blanc, son enseigne arborant un énorme clown, et son Big Top, qui donne sur le Strip. Au Big Top se trouvent le casino et «la Mecque» des enfants, séparée par une rampe. Des clowns, des acrobates, des acrobates-cyclistes, des artistes de la corde raide et des animaux entraînés déploient leurs talents sur une scène centrale, de 11 heures à 24 heures. Il n'y a pas de frais d'entrée et les visiteurs peuvent rester aussi longtemps qu'ils le désirent. Sur la mezzanine qui entoure la salle sont alignées des boutiques de jeux de carnaval où l'on remet des prix, et les enfants sont surveillés discrètement par le personnel. Il n'y a pas de machines à sous ni d'autres jeux d'argent sur la mezzanine (le domaine des enfants).

L'hôtel dirige un parc de 420 lots pour véhicules récréatifs et caravanes (les tentes ne sont pas admises). Le terrain de camping et les cinq blocs de chambres économiques avec cuisinettes sont reliés à l'hôtel-casino par un téléphérique. Les prix des repas au buffet de l'hôtel sont raisonnables à tous points de vue, et le buffet est composé à chaque repas de quarante-cinq plats différents. Un déjeuner coûte 2,29 $, un brunch 2,49 $ et le souper 3,69 $. Le coin du buffet est presque toujours encombré de chasseurs d'aubaines qui viennent de partout sur le Strip. De plus, il y a une chapelle de mariage ouverte vingt-quatre heures par jour (nous reparlerons plus loin des mariages à Las Vegas) et des explications des jeux de hasard sont offertes dans chacune des chambres, sur vidéo en circuit fermé.

Les autres hôtels fonctionnent quelque peu différemment, mais ils sont tous très compétitifs en ce sens que les repas de qualité peu coûteux semblent attirer les clients vers les tables de jeux. Même l'élégant mais quelque peu excessif Caesars Palace offre un brunch-buffet pour 6,95 $. Le Holiday Casino du Holiday Inn sert un déjeuner complet au prix spécial de 1,27 $ et un dîner-buffet pour 2,57 $. Ce ne sont là que quelques exemples typiques des prix des repas.

Deux de nos occupations favorites dans les casinos sont les spectacles gratuits dans les bars et l'observation des gens. Je suis intrigué par les réactions imprévisibles des joueurs qui gagnent ou qui perdent à cause d'une seule carte au baccara, au poker ou au blackjack. Le passe-temps d'Elvereene, c'est de risquer quelques dollars à jouer au draw poker dans les machines à sous. Chaque casino a au moins un ou deux bars où les spectacles ne coûtent que le prix d'un verre.

La plupart des hôtels ont leurs spectacles particuliers, mettant en vedette des célébrités du show biz telles que Frank Sinatra, Kenny Rodgers, Redd Foxx, Charo, Wayne Newton, ou des spectacles de variétés élaborés. Le même jour, le Riviera présentait une troupe de travestis 6,95 $, alors que la tête d'affiche du Sahara était Redd Fox 13,95 $. D'autres hôtels offrent des spectacles de variétés somptueux à longue échéance. Le spectacle du Lido de Paris est à l'affiche du Stardust depuis près de trente ans (10 $ - 15 $).

Le Landmark offre de la musique country et le Riviera, un spectacle aquatique (14,50 $ - 17,50 $, breuvages inclus). Ce ne sont là que quelques exemples de ce qui s'offre à tous les goûts et à tous les budgets.

Toutefois, Las Vegas n'est pas qu'un ensemble d'hôtels et de casinos. Les Pages Jaunes citent plus de vingt chapelles de mariage et chacune d'elles arbore des enseignes lumineuses illustrant ce qu'elles offrent de spécial — certaines sont plutôt exotiques — et c'est amusant de se promener et de regarder les couples entrer et sortir des chapelles. Quatre des plus gros hôtels ont leurs propres chapelles et un motel, la Villa Roma, offre aux nouveaux mariés l'usage d'une limousine de 32 pieds, équipée d'un jacuzzi et d'un appareil de télévision. La plupart des chapelles sont ouvertes vingt-quatre heures par jour et plus de soixante mille couples, la plupart californiens, se marient chaque année à Las Vegas. Elvereene et moi caressons l'idée de renouveler nos voeux lors de notre prochaine visite.

À Las Vegas, vous pouvez visiter le musée Liberace et un grand nombre d'attractions culturelles, si vous vous lassez du tintamare du Strip. Un petit saut du côté de Hoover Dam est une expérience impressionnante dont vous vous souviendrez peut-être plus que des casinos. Le lac artificiel et la centrale hydro-électrique qui l'accompagne forment un spectacle incroyable au beau milieu des rochers et des montagnes stériles du désert aride. De nombreux guides ont été publiés sur Las Vegas et les environs; vous les trouverez au rayon des voyages de votre librairie favorite.

Je me plais à penser que je suis un citadin sophistiqué qui a tout vu, mais la première fois que j'ai vu le Strip illuminé, la nuit, par les marquises des hôtels-casinos, je suis resté bouche bée. Par comparaison, le spectacle de néons de Honest Ed, à Toronto, est une ampoule de 25 watts.

Voici un échantillon des frais d'hôtel et de quelques boni!

Stardust — depuis 10 $ par nuit, par personne, pour deux personnes, de dimanche à jeudi.

Continental Hotel — 15 $ par nuit, par personne, pour deux personnes, dimanche à jeudi (boni de 40 $ par chambre à jouer au casino et aux machines à sous).

Dunes — à partir de 15 $ par nuit, par personne, pour deux personnes, de dimanche à jeudi.

Sahara — 49 $ par personne pour deux nuits, deux personnes, de dimanche à jeudi.

Bally's — 77,50 $ par personne, pour deux nuits, deux personnes, de dimanche à jeudi; comprend le spectacle de variétés en vedette et deux cocktails gratuits.

Tropicana — 59,95 $ par personne pour deux nuits, deux personnes, dimanche à jeudi; inclut le spectacle en vedette, le dîner et un souper.

En résumé, bien que Las Vegas ne soit pas au goût de tout le monde, une visite à ce lieu de perdition est une expérience que personne n'est prêt d'oublier.

LA CALIFORNIE

La Californie a attiré tellement de Canadiens de tout âge qui sont devenus résidants *permanents* que Los Angeles a été surnommée «la troisième plus grande ville canadienne». La très grande majorité de ces résidants n'appartiennent pas au groupe de cinquante-cinq ans et plus, mais à celui des jeunes professionnels — médecins, infirmiers et ceux qui occupent des professions associées au monde du spectacle.

Comme pour la Floride, le climat d'hiver doux et les modes de vie décontractée attirent des milliers de retraités canadiens qui cherchent à fuir les journées humides et nuageuses de la côte de la Colombie britannique, et la glace, la neige et les bourrasques de l'Alberta, de la Saskatchewan et du Manitoba. Pour toutes sortes de raisons, la Californie n'est pas aussi populaire que la Floride, le Texas et l'Arizona, auprès des *Snowbirds* de l'est du Canada. Les frais de transport vers la Californie sont une dépense majeure et il existe des régions comparables beaucoup plus près de Toronto, de Montréal ou de Halifax. Les frais de logement et le coût de la vie en général dans le sud de la Californie sont parmi les plus élevés aux États-Unis, à l'exclusion de l'Alaska.

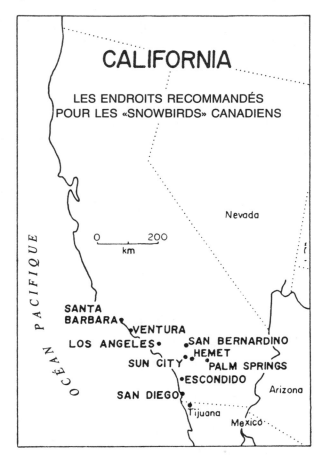

La Californie est environ trois fois plus vaste que la Floride et a une population à peu près égale à celle du Canada, sans compter les foules de *Snowbirds* en provenance du Canada ou d'ailleurs aux États-Unis. Toutefois, les températures inclémentes de l'hiver, les hautes altitudes abruptes et les étendues de désert aride et sans eau éliminent tout le sud de la Californie, sauf le centre-sud et le sud-ouest, au titre de sites désirables où passer l'hiver. Les *Snowbirds* sont concentrés dans les villes situées en bordure ou près de la côte du Pacifique, de Santa Barbara à San Diego près de la frontière mexicaine, dans les vallées à l'est de la côte

(San Bernardino, Riverside, Sun City, San Marcos et Escondido) et dans la partie aménagée du désert, près et autour de Palm Springs.

Ce secteur du sud de la Californie n'a pas une étendue négligeable. Il faut rouler sur 367 km (228 milles) pour se rendre de Santa Barbara, au nord, à San Diego, au sud; de Los Angeles à Palm Springs, dans le désert situé à l'est de la chaîne de montagnes côtière, la distance est de 166 km (103 milles) en automobile.

• Le climat et le smog

Le long de la côte du sud de la Californie, il y a très peu de variations dans les températures maximales de jour en janvier, qui sont d'environ 17 °C (63 °F), mais les températures *minimales* de jour sont beaucoup plus élevées à San Diego 8 °C (46 °F) qu'à Santa Barbara, 340 km (230 milles) plus loin vers le nord. Les villes situées plusieurs kilomètres à l'intérieur du continent ont un climat un peu plus doux et celles qui sont situées à des altitudes plus élevées sont plus fraîches. San Diego est réputée avoir le meilleur climat de l'Amérique du Nord, pour toute l'année — pas de neige et des températures qui ne descendent jamais jusqu'au point de congélation. Contrairement à la Floride, c'est durant l'hiver que le sud de la Californie a ses mois pluvieux. Au cours des quelques dernières années, la côte de la Californie a été secouée par les plus violentes tempêtes de son histoire.

Si vous êtes à la recherche d'une maison, voici quelques mises en garde. La jolie vallée sèche adjacente à votre maison peut devenir un torrent d'eau pendant et après une tempête. Demandez-vous combien de fois vous avez vu, aux nouvelles du soir, des maisons de la Californie se faire arracher de leurs fondations et transporter par des inondations. Évitez tout terrain bas qui pourrait être inondé! Ironiquement, les merveilleux sommets des montagnes, couverts d'arbres et de végétation, devraient aussi être évités. Les feux de forêt durant la saison sèche — les mois d'été — représentent un danger mortel.

Le cours des phénomènes atmosphériques est altéré par les montagnes. Des brises puissantes peuvent être détournées par la configuration des montagnes. Un endroit peut ne connaître que des brises calmes alors qu'un autre, seulement quelques kilomètres plus loin, est constamment balayé par des raffales. Tout citoyen de Winnipeg qui s'est tenu à l'intersection des rues Portage et Main en hiver comprend ce phénomène.

Le smog est un problème de pollution majeur, surtout dans le bassin entourant Los Angeles. Toute personne souffrant de problème respiratoire devrait éviter la région métropolitaine de Los Angeles. Bien que la Californie ait maintenant les lois anti-pollution les plus sévères aux États-Unis, le smog est encore un problème. La radio diffuse des bulletins spéciaux sur la pollution pour avertir les parents de ne pas laisser les enfants jouer dehors et pour déconseiller aux personnes âgées de sortir de chez elles. La ville de San Bernardino — 100 km (62 milles) à l'est de Los Angeles — a décroché le titre peu enviable de pire ville de l'État en termes de pollution. À un degré moindre, le smog est un problème sérieux dans les régions urbaines à circulation dense et dans les régions rurales situées à moins de 160 km (100 milles) de la côte du Pacifique.

Au nord et au sud de la mer Salton, seulement un peu plus de 160 km à l'est de San Diego, se trouve une région désertique qui a attiré vacanciers et retraités. Palm Springs est la ville la plus connue de la région. Le climat du désert est très différent de celui des régions plus proches de l'océan. Ici, le soleil plombe furieusement durant le jour et la température dépasse souvent 37 °C (100 °F) même en octobre. Octobre venu, les nuits sont plus supportables et peuvent refroidir de 30 °F. Vers la fin de décembre et le début de janvier, la température maximale moyenne, durant le jour, varie de 21 °C (70 °F) à Indio, à 18 °C (65 °F) à Palm Springs. Le climat est généralement doux le jour en hiver, mais les vagues de froid intermittentes font partie du cours normal du climat. Les nuits ont été décrites comme étant «l'hiver du désert» parce que les variations de température entre le jour et la nuit sont habituellement plus grandes que d'un jour à l'autre. En janvier, des écarts de 50 °F entre les températures de jour et de nuit, de même que des températures nocturnes inférieures au point de congélation, sont monnaie courante.

Bien que le désert ne reçoive pas beaucoup de pluie, l'hiver est une saison pluvieuse. Lorsqu'il pleut, il pleut «à boire debout» et les lits de cours d'eau secs deviennent des torrents tumultueux qui balaient tout sur leur passage. Toutefois, les jours chauds sans nuages et l'air propre et sec font de cette partie du désert de la Californie une région idéale pour une vie de loisirs.

Lors d'un récent voyage qui nous a menés dans tous les coins de la Californie, le facteur financier nous a frappés. Les frais de logements, le coût de la nourriture, des loisirs et autres nécessités sont plus élevés que dans n'importe quel autre des États ensoleillés américains. Les prix des maisons sont même généralement plus élevés qu'à Toronto ou à Vancouver; par comparaison, Miami et West Palm Beach, en Floride, ont l'air de comptoirs d'aubaines. Nous recommandons aux Canadiens qui ont l'intention d'hiverner dans le sud de la Californie d'enquêter sérieusement sur les complexes de maisons mobiles avant de décider d'un mode d'habitation. Une maison conventionnelle moyenne avec deux chambres à coucher coûte environ 150 000 $ US. Les prix des maisons mobiles sont seulement un peu plus élevés en Californie que ceux de maisons comparables en Floride ou en Arizona.

La Californie a les meilleurs services de santé de tous les États ensoleillés et quiconque a besoin de services médicaux spécialisés devrait pouvoir trouver les services nécessaires sans grande difficulté.

La Californie est le principal État producteur de vin et si la dégustation de vins est votre passe-temps favori, vous avez frappé le gros lot! Sans même sortir du sud de la Californie, vous pouvez visiter au moins six établissements vinicoles. Voici les villes où sont situés quelques-uns de ces établissements qui offrent des visites organisées et des dégustations de vins: Escondido, Los Angeles, San Pasqual, Santa Barbara, Solvang et Temecula. Pour une tournée plus élaborée, visitez la région de Napa Valley au nord.

• La région de San Diego

San Diego, avec sa population d'un million d'habitants, est le grand centre urbain le plus propre, le moins congestionné et le moins pollué de la Californie. Il est situé à environ une demi-heure d'auto de la frontière mexicaine, au coeur des lieux de retraite les plus méridionaux de l'État. Les températures de jour sont habituellement d'environ 18 °C en hiver et les nuits sont environ 20° plus froides. Ce qui rend San Diego si populaire auprès des retraités, en plus de son climat, c'est son mélange local des cultures espagnoles, mexicaines et américaines, et ses agréments culturels, ses loisirs et ses aménagements récréatifs presque illimités. De plus, San Diego a un meilleur service de transport en commun que n'importe quelle autre grande ville de cet États généralement mal pourvu en services de transport. C'est un véritable boni pour les retraités qui ne conduisent pas ou qui hésitent à se servir de leur auto chaque fois qu'ils se promènent dans la ville.

À cause du prix des maisons et du coût de la vie en général, vivre à San Diego coûte cher. Une maison moyenne de deux chambres à coucher coûte environ 150 000 $ US et les prix des condominiums ne sont pas très loin en arrière. Par conséquent, de plus en plus de retraités optent pour un mode d'habitation beaucoup moins cher. On peut acquérir une maison mobile à deux chambres à coucher dans un complexe attrayant pour aussi peu que 25 000 $ US. Il y a plus de quatre cents parcs de maisons mobiles dans la région de San Diego.

Cette déficience majeure mise à part, les experts-conseillers en retraite s'accordent à dire que la région de San Diego est l'un des meilleurs lieux de retraite des États ensoleillés. On estime à deux cents le nombre d'organisations de citoyens âgés qui existent dans la région et la vaste gamme d'activités accessibles aux adultes devrait satisfaire tous et chacun. *Senior World* est une publication mensuelle qui donne le détail des activités et des événements susceptibles d'intéresser les personnes âgées.

De décembre à mars, on peut voir clairement, de n'importe quel point situé sur la côte de San Diego, l'une des merveilles de la nature. C'est durant cette période qu'a lieu la migration des baleines grises de la Californie, ces impressionnantes créatures qu'on peut voir nager vers le Sud et les eaux chaudes de Magdalena Bay à Baja California, au Mexique. Des bateaux nolisés sont disponibles pour transporter les personnes intéressées à voir les baleines de plus près. C'est un spectacle dont vous vous souviendrez le reste de votre vie!

Si vous avez la nostalgie de la révolution hippie des années 60, il y a encore des mâles à cheveux longs et des femmes-enfants hippies qui fréquentent Ocean Beach, l'une des plus vieilles villes situées sur la plage. Au nord de la Jolla (prononcez La Hoya) se trouve la célèbre Black's Beach, autrefois une plage nudiste légale mais où, aujourd'hui, le port du maillot de bain n'est plus facultatif. Les habitués ne respectent pas l'interdiction de se faire bronzer à poil et attirent donc des foules de voyeurs vers cette plage isolée.

Un voyage à San Diego ne serait pas complet sans plusieurs visites à Balboa Park, une oasis récréative et culturelle de cent soixante hectares. Les fins de semaine, Balboa Park est bondé de pique-niqueurs, de patineurs à roulettes, de musiciens errants et d'amuseurs publics. Le parc contient plusieurs excellents musées et théâtres, de même que le San Diego Zoo, de renommée mondiale. Le zoo de Toronto s'est d'ailleurs largement inspiré de celui qui fait la joie et la fierté de San Diego.

Coronado, La Jolla, Del Mar, Soluna Beach, Rancho Bernardo, Lake San Marcos, Chula Vista, La Mesa et Escondido sont toutes situées à moins de 80 km (50 milles) du centre-ville de San Diego. Toutes ces petites villes ont de fortes majorités de retraités et chacune s'adresse à des budgets différents. Nous sommes particulièrement impressionnés par Escondido — à 50 km seulement de San Diego, au nord-est. La ville est située dans une vallée entourée de montagnes et cet agréable centre urbain a presque tout ce que désire un *Snowbird*. De plus, les frais de logement sont beaucoup plus bas qu'à San Diego. Moins d'une douzaine de kilomètres au nord, dans les montagnes, se trouve Champagne Village, un impressionnant complexe de maisons mobiles pour adultes seulement. Ce développement a été mis sur pied par Lawrence Welk et s'appelait à l'origine Lawrence Welk Village. En passant, juste à l'extérieur d'Escondido se trouvent deux établissements vinicoles qui offrent des visites organisées et qui encouragent la dégustation de leurs produits.

Voici quelques-uns des nombreux complexes intéressants dont les prix des maisons varient de raisonnables à modestes: Rancho Carlsbad (parc de maisons mobiles); Campland On The Bay (parc de véhicules récréatifs), De Anza Harbor Resort (parc de maisons mobiles et de véhicules récréatifs), Kearney Lodge Mobile Home Park et Summit Ridge Resort Park (parc de maisons mobiles et de véhicules récréatifs), à San Diego; Lamplighter Village (parc de maisons mobiles et de véhicules récréatifs), à Spring Valley; Champagne Village (parc de maisons mobiles), près d'Escondido; Rancho Valley Village (parc de maisons mobiles), à El Cajon; Rancho Monserate (parc de maisons mobiles), près de Fallbrook.

• Tijuana et Northern Baja, au Mexique

Référez-vous aux pages 283 à 286 pour connaître ce qu'il faut faire et ne pas faire quand on visite le Mexique.

La frontière mexicaine n'est qu'à 28 km (17,5 milles) au sud du centre-ville de San Diego et, de là, il ne faut que quelques minutes de plus en auto pour se rendre à Tijuana. Sur l'Avenida Revolucion (la rue principale), on trouve des douzaines de bars qui offrent des margaritas à 0,50 $, des groupes de musiciens mariachi, des discothèques et des spectacles pornographiques «live». Toutefois, la ville a autre chose à offrir que la décrépitude de l'Avenida Revolucion. Le Tijuana Culture Center est un immense complexe doté d'une exceptionnelle collection d'art populaire, de reliques, d'artisanat et de copies d'objets façonnés. De l'autre côté de la rue se trouve le plus grand centre commercial du nord-ouest du Mexique et si vous y allez, vous pouvez être assuré d'en ressortir le portefeuille vide. La raison? Baja California est une région hors taxe et tous les produits importés sont beaucoup moins chers qu'à San Diego. Juste au sud-ouest de la ville se trouvent une superbe plage et une arène de taureaux. Il y a également une corrida dans la région du centre-ville. Toutefois, la plupart des visiteurs d'hiver canadiens qui s'attendent à voir des combats de taureaux seront déçus puisque la saison des combats dure de mai à septembre.

• La région métropolitaine de Los Angeles

La région métropolitaine de Los Angeles a une population de plus de 12 millions d'habitants et le comté de Los Angeles, à lui seul, comprend 78 villes. Il y a tellement de centres où l'on peut vivre et une telle variété de modes de vie possibles dans cette ville sophistiquée que notre exposé est limité par l'espace. Los Angeles est le coeur du pays de la pollution et si vous êtes enclin aux maladies respiratoires, cette région n'est pas pour vous — sauf pour les villes situées le long de la côte qui ne sont presque pas polluées parce que les vents en provenance de l'océan poussent l'air pollué vers les villes voisines situées à l'est. Les services de transport en commun sont tellement minables qu'ils sont un objet de risée et il est pratiquement impossible d'aller où que ce soit dans la région sans automobile (les autoroutes sont engagées jour et nuit). L'étendue de la ville et l'organisation apparemment désordonnée des rues pourraient servir d'exemple d'un cauchemar d'ingénieur civil.

Malgré tout, Los Angeles, comme New York, a été décrite comme étant l'une des deux villes les plus sophistiquées des États-Unis. Sa population est composée d'un tel nombre de groupes ethniques différents que la revue *Time* a publié un long article approfondi sur les problèmes que soulève ce mélange de cultures. Bien qu'elle ne soit pas aussi chaotique, Toronto est en quelque sorte une version miniature de Los Angeles. Les deux villes sont fascinantes et sont les produits actuels de l'immigration de groupes ethniques de presque tous les coins du monde. S'il y a une ville des États ensoleillés qui puisse offrir des activités culturelles et récréatives aux goûts de tous et de chacun, c'est Los Angeles. Disneyland et Hollywood sont la cerise sur le sundae. Si l'idée d'hiverner en Californie vous tente, mais que vous craignez de vous ennuyer de vos petits-enfants, acheter une maison à Los Angeles résoudra votre problème. Pourquoi? Parce qu'avant même que vos valises soient prêtes pour votre voyage dans le Sud, vos petits-enfants harcèleront leurs parents et leur demanderont sans cesse: «Quand pourrons-nous visiter grand-maman et grand-papa pour qu'ils puissent nous amener à Disneyland?»

L'hiver est la saison des pluies et la saison fraîche. Toutefois, le climat est plus chaud et plus sec juste un peu plus loin de la côte, vers l'intérieur, dans les vallées des montagnes. Des vents chargés d'humidité apportent ce climat frais et humide aux régions côtières, du côté des montagnes exposé aux vents.

Le problème du logement est aussi sérieux à Los Angeles qu'à Vancouver ou à Toronto, et tout citoyen de Vancouver qui lit les petites annonces du *Los Angeles Times* trouvera les prix qu'on demande pour les maisons aussi ridicules que ceux de sa propre ville. Toutefois, loin de l'océan, dans les secteurs extérieurs à la région métropolitaine de Los Angeles, où les terrains sont abondants et moins chers, il y a des maisons à prix abordables dans un grand nombre de complexe pour adultes — y compris un grand nombre de parcs de maisons mobiles.

À part le logement, le coût de la vie est raisonnable. Les grands magasins, les comptoirs d'aubaines et les supermarchés se livrent une concurrence sans merci. On peut manger à très peu de frais dans les centaines de restaurants ethniques. De plus, un grand nombre de centres sont d'excellents pourvoyeurs de choses à faire, à peu ou pas de frais.

Si vous avez envie des choses que seule une ville géante peut vous offrir, les désavantages de la vie à Los Angeles sont compensés largement par les possibilités et les activités qu'elle offre aux *Snowbirds*.

• Le nord de Los Angeles jusqu'à Santa Barbara

Ventura, sur la côte, est située à 41 km (69 milles) au nord de Los Angeles. Comme elle est trop éloignée de Los Angeles pour qu'on puisse faire la navette, son rythme de vie est beaucoup plus lent et le coût de la vie est un peu plus bas. Bien que Ventura n'ait ni l'élégance ni les terrains coûteux qu'on trouve plus au nord ou au sud, elle est située en bordure de l'océan et possède plusieurs kilomètres de superbes plages. Le coût du logement est très raisonnable et le choix est vaste: appartements à louer, maisons unifamiliales conventionnelles et vingt centres de maisons mobiles.

Au nord de Ventura, à seulement 43 km (27 milles) se trouve Santa Barbara, une ville qui est depuis fort longtemps un important centre de retraite. Cette jolie ville repose sur un plateau étroit entre les montagnes et la côte du Pacifique. Ses magnifiques plages et son atmosphère relativement peu polluée sont d'importants attraits touristiques, surtout durant les mois d'été. Les activités culturelles et récréatives qu'on y trouve sont aussi nombreuses que celles des plus grandes villes de l'État: un orchestre symphonique, des troupes de théâtre, d'excellentes bibliothèques, des galeries d'art et des musées, des terrains de golf et un choix remarquable de restaurants.

La nuit, les lumières qui clignotent sur l'océan semblent indiquer la présence d'îles avoisinantes. En réalité, il s'agit plutôt de plates-formes pétrolières. De bien des façons, la vue de l'océan, de jour comme de nuit, nous rappelait Corpus Christi au Texas, avec ses plates-formes pétrolières dans le golfe du Mexique.

En général, le coût de la vie est plus élevé qu'à Ventura, au sud, parce que les revenus plus élevés des résidants ont donné lieu à des prix plus élevés pour les maisons et à des coûts généralement plus élevés pour les nécessités de la vie. À Buelton et à Goleta, des villes voisines, il y a plusieurs îlots de maisons mobiles attrayantes où l'on trouve à se loger à des prix raisonnables. Il est donc possible pour le *Snowbird* de trouver une demeure agréable à proximité de cette ville désirable qu'est Santa Barbara. L'université de la Californie à Santa Barbara a un campus à Goleta; par conséquent, cette ville universitaire offre toutes sortes de commodités attrayantes aux retraités: librairies de livres neufs et d'occasion, programmes culturels et éducatifs et logements à loyers modestes.

• Les villes de la vallée intérieure: de San Bernardino à Sun City

Bien que ces villes soient situées de 50 à 80 km (de 35 à 50 milles) de l'océan Pacifique en ligne droite, et à une distance encore plus grande de Los Angeles ou de San Diego, toutes sont des centres importants qui attirent les retraités.

Tout près de la I-15, au nord-est de San Bernardino dans le désert de Mojava, se trouvent Apple Valley et Victorville. Apple Valley était une région désertique isolée et stérile jusqu'après la Seconde Guerre mondiale, alors qu'on s'est mis à exploiter la nappe d'eau souterraine. Au cours des trente-cinq dernières années, cette région est devenue un centre de retraite et de villégiature avec ses propres magasins et une clinique médicale. Un grand nombre de retraités y vivent sur de petits ranches et dans des parcs de maisons mobiles. L'une des attractions touristiques principales d'Apple Valley est un musée western qui appartient à Roy Rogers, cowboy et chanteur du cinéma et de la télévision. Tout près, Victorville est une petite ville offrant le genre de services auxquels on peut s'attendre dans une ville dont la population est de 27 000 habitants. Il y a plusieurs complexes pour adultes à Victorville et dans les alentours. Victor Villa Mobile Home Park n'est que l'un de ses attrayants parcs de maisons mobiles.

En dépit de sérieux problèmes de pollution, San Bernardino est populaire auprès des employés de l'armée américaine parce qu'ils peuvent tirer profit des services médicaux et de l'Intendance de la base de l'armée aérienne de Norton. Il est ironique qu'une ville aussi polluée ait des aménagements de loisirs extérieurs aussi exceptionnels, y compris des terrains de golf, des piscines, des courts de tennis et d'excellentes commodités culturelles. Les prix des maisons sont inférieurs à ceux de San Diego et de Los Angeles — une maison conventionnelle moyenne coûte environ 80 000 $ US. On peut se loger pour moins cher à l'un ou l'autre des quelque trente parcs de maisons mobiles de la région.

Sun City a été développée au début par Del E. Webb Development Company, qui a aussi fondé Sun City à Phoenix, en Arizona, et Sun City Center à Ruskin, en Floride. Dans le complexe même, les résidants doivent être âgés d'au moins cinquante ans — certains complexes adjacents n'ont pas de restrictions d'âge. Ce centre de retraite non incorporé est situé à 56 km au sud de San Bernardino sur la I-19E et, à l'heure actuelle, la population est d'environ 10 000 résidants.

Quant au climat, les journées sont très douces durant l'hiver mais les nuits peuvent être assez froides.

Le complexe offre une gamme complète d'activités récréatives et chaque foyer paie 40 $ par année pour pouvoir utiliser les équipements, évalués à plus d'un million de dollars. Ces équipements comprennent deux grands auditoriums, des allées de bowling sur gazon, des ateliers d'artisanat, des salles de réunion, des terrains de golf et des piscines. Les frais de logement, y compris un parc de maisons mobiles, sont raisonnables selon les normes de la Californie. On peut louer un logement à Sun City à partir de 450 $ US par mois. Les maisons neuves se vendent à prix raisonnables selon les normes de la Californie. Par exemple, une maison-patio (pas une maison mobile) de deux chambres à coucher avec garage à deux places, air conditionné, foyer et appareils de cuisine, se vend pour aussi peu que 67 990 $ US.

Les magasins et les services médicaux sont très bons, mais il y a un inconvénient majeur. Le seul hôpital de Sun City est un hôpital pour convalescents et l'hôpital général le plus proche est à Hemet, 31 km (20 milles) plus loin. Sun City et sa voisine Hemet ont attiré un grand nombre de retraités qui cherchaient à fuir les problèmes de la grande ville de Los Angeles. Les Canadiens sont nombreux à Sun City et une bonne partie de ce nombre sont des Torontois.

Hemet, au pied des montagnes San Jacinto, est un lieu de retraite de tout premier choix. C'est une ville bien planifiée qui grandit rapidement et qui n'est qu'à environ 140 km (185 milles) de l'océan Pacifique. C'est une ville où les gens ont des revenus moyens et où le taux de criminalité est très bas. Comme Sun City, Hemet a un climat sec idéal pour quiconque souffre de problèmes respiratoires ou d'arthrite.

Les services médicaux, les magasins et les aménagements récréatifs sont excellents à Hemet, et les frais de logements sont les plus bas de toutes les régions de retraite de la Californie. Il y a, à Hemet et dans les environs, beaucoup de complexes à prix raisonnables pour adultes, entre autres le Sierra Dawn Estates, un parc de maisons mobiles dirigés par Art Linkletter.

• La région de Palm Springs

Palm Springs et les villes avoisinantes dans la vallée Coachella sont une oasis dans le désert, sur la I-10, 170 km (100 milles) au sud-est de Los Angeles. Palm Springs est un lieu de villégiature important, où le coût de la vie est élevé, mais où il y a des tas de choses à faire. Un grand nombre de vedettes du cinéma possèdent des maisons dans cette région. C'est aussi un excellent refuge pour des retraités à revenus élevés et des touristes.

Les prix des condominiums et des maisons privées vont de 100 000 $ US en montant — beaucoup plus haut. Le climat désertique donne lieu à des soirées plutôt froides en hiver et à des températures de jour agréables. La température maximale de jour en octobre et en novembre est en moyenne de 26 °C et plus; en avril, des températures de 32 °C ne surprennent personne.

La ville en question est un terrain de jeux pour riches et, à moins que vos revenus annuels de retraite se chiffrent dans les environs de 50 000 $ US, Palm Spring est hors de votre portée financière.

Rancho Mirage est à quelques kilomètres plus loin sur l'autoroute 111; c'est une ville où les maisons coûtent cher; on y retrouve des clubs de loisirs, des courts de tennis et des clubs de golf. Frank Sinatra et l'ex-président des États-Unis, Gerald Ford, demeurent à cet endroit.

Palm Desert, une petite ville au Sud de Palm Springs dans la vallée, est en train d'essayer de se transformer en clone de Palm Springs afin d'attirer des résidents et des vacanciers riches.

Indio est très différente des autres villes de la région de Palm Springs. Ce n'est pas un terrain de jeux pour célébrités ni un lieu de villégiature de premier choix pour vacanciers riches. C'est plutôt une ville à revenus moyens, à la porte de la riche région agricole de Lower Coachella Valley. À cause de la relation particulière qui existe entre le sol et le climat, c'est la seule région des États-Unis où l'on fait pousser des dattes. Le festival national des dattes a lieu en février à Indio et inclut une représentation des Milles et Une Nuits, des spectacles, des expositions et des courses d'autruches et de chameaux.

Les prix des maisons sont beaucoup plus abordables à Indio et dans les environs, et les choix de modes d'habitation incluent plusieurs excellents complexes de maisons mobiles et des parcs pour véhicules récréatifs. Par conséquent, un grand nombre de retraités à temps plein et à revenus moyens et de *Snowbirds* vivent à Indio, tout en profitant des aménagements culturels et récréatifs de Palm Springs.

Avec son grand choix de modes de la vie possibles, le sud de la Californie va continuer d'attirer les *Snowbirds* canadiens. Toutefois, à mon avis, le coût de la vie généralement élevé, les températures d'hiver souvent imprévisibles et les problèmes de pollution rendent le sud de la Californie moins attrayant, pour les *Snowbirds*, que le sud de l'Arizona, l'État voisin.

Comme les prix changent rapidement,
tous les prix courants mentionnés
dans ce livre ne devraient être utilisés
que pour fins de comparaison.

La plupart des questions et des problèmes reliés
à la vie dans les États ensoleillés sont universels.

Les exemples cités illustrent des points spécifiques, mais la signification de chacun s'applique
généralement à *toutes* les régions des États ensoleillés.

CHAPITRE 12

Quelques derniers conseils
sur les plaisirs et les inconvénients d'une
vie de retraité dans les États ensoleillés

Si vous êtes à la diète ou allergique à certains condiments, comment bien manger à l'étranger?

Je souffre d'hypertension artérielle et je dois surveiller ma consommation de sodium. J'ai eu de la difficulté à trouver des restaurants qui offrent des repas à la fois nutritifs et intéressants, mais sans être bourrés de sodium caché. De plus, Elvereene a un problème de cholestérol. Nous sommes en mesure de manger à notre faim à l'intérieur des limites de nos diètes respectives — même quand nous sommes en voyage — grâce à l'initiative innovatrice d'une des plus grandes chaînes de restaurants. Denny's, qui a plus de 1 200 restaurants en bordure de presque toutes les routes des États-Unis et dans chacun des États ensoleillés, a préparé une série de dépliants qui énumèrent les quantités de sodium, de calories et de cholestérol de la plupart des plats de ses menus. La chaîne offre également une quantité de repas et de casse-croûte pour ceux de ses clients qui désirent suivre les recommandations diététiques de l'American Heart Association. Un dépliant additionnel fournit des informations essentielles sur les aliments du menu qui contiennent des quantités, si minimes soient-elles, de glutamate de sodium, de sulfure ou de lactose, pour le bénifice des clients qui sont allergiques à n'importe lequel de ces composés chimiques.

Denny's est une chaîne de restaurants à orientation familiale qui offre des repas appétissants à des prix raisonnables, de même que des salles de toilette brillantes de propreté. Je ne suis pas maniaque du gâteau aux carottes, mais je n'en ai pas encore trouvé de meilleur ailleurs. Espérons que d'autres restaurants suivront l'exemple de Denny's, de sorte que ceux d'entre nous qui sont à la diète sauront ce qu'ils mangent lorsqu'ils sont à l'étranger.

L'assurance que vous achetez lorsque vous louez une auto vous assure-t-elle une protection complète?

C'est ce que nous croyions, mais notre naïveté en a pris un coup à la suite d'une mésaventure que nous avons eue en juillet 1986, en Floride. Nous avons loué une voiture de la compagnie Alamo, à Orlando, payé pour un modèle de luxe, acheté une assurance au prix de 6 $ U.S. par jour et tenu pour acquis (erreur!) que nous étions protégés contre toute éventualité. Quelques jours plus tard, après une violente tempête, j'ai ouvert le coffre et aperçu plusieurs centimètres d'eau. Le coffre avait une fuite et nos deux sacs pleins de vêtements étaient détrempés. Nous avons communiqué avec le bureau d'Alamo le plus proche, nous avons échangé l'auto et le gérant d'Alamo nous a assurés qu'il nous dédommagerait à bref délai pour les dépenses nécessaires à la remise en état de notre garde-robe. On m'a dit de parler «au directeur à veston rouge» à Orlando quand viendrait le temps de rapporter l'auto et que tout serait arrangé à notre satisfaction.

Quand nos vêtements sont revenus du nettoyage, on nous a dit qu'un de mes pantalons et une des robes d'Elvereene avaient de grosses taches brunes qu'il était impossible de faire disparaître. Quand nous avons rapporté l'auto à Orlando, le directeur s'est montré compréhensif et poli; il a photographié les vêtements tachés et nous a assurés que nous aurions des nouvelles de notre plainte d'ici quelques semaines.

Nous n'avons reçu aucune communication d'Alamo et, à la mi-septembre, nous avons écrit à la compagnie au sujet de notre plainte. Toujours pas de réponse. Nous avons envoyé une autre lettre à la fin de novembre. Finalement, en décembre, nous avons reçu une réponse laconique, une lettre sans excuses pour le long délai, qui déclinait toute responsabilité, mais qui offrait de prendre notre plainte en considération, à la condition que nous leur fassions parvenir les factures d'achat des deux vêtements gâchés.

Il était évident que la compagnie comptait sur le fait que nous serions dans l'incapacité de produire lesdites factures (ce qui était le cas), que nous étions à 2 400 km (1 500 milles) de chez eux, dans un autre pays, et que nous n'insisterions pas pour poursuivre notre plainte. Nous nous sommes certainement fait «avoir» par des employés de la Floride bien entraînés et je serais curieux de savoir combien d'autres personnes se sont fait servir le même scénario astucieux.

Il semble que nous ne soyons pas les seuls clients à avoir reçu le traitement du délai interminable de Alamo Rent A Car. Dans la chronique Star Probe du *Toronto Star*, il s'agit d'une chronique sur les problèmes des consommateurs du 28 février 1987, on a publié un long article sur les difficultés qu'un lecteur éprouvait avec la compagnie Alamo. Il a fallu plus d'un an, même avec la persévérance du chroniqueur, avant que la compagnie de location d'autos fasse le remboursement approprié.

La morale de cette histoire, c'est que vous devriez vous enquérir sérieusement de l'étendue précise de la responsabilité d'une compagnie (surtout Alamo) lorsque vous louez une voiture.

La vie dans les États ensoleillés est aussi accessible aux personnes handicapées

Si vous ou votre épouse devez utiliser un fauteuil roulant ou une marchette, ne désespérez pas. À la condition de bien vous préparer, passer l'hiver ou vos vacances dans les États ensoleillés est une option qui vous est accessible.

Toutes les compagnies de transport aérien vous offriront des aménagements pour votre fauteuil roulant si vous les avertissez d'avance au moment des réservations. Amtrak (service de transport ferroviaire) a des sièges spéciaux pour les voyageurs handicapés, mais il faut réserver. Toutes les stations de Amtrak sont équipées de fauteuils roulants. Pour plus d'information sur les voyages en train vers votre destination des États ensoleillés, écrivez à la compagnie et demandez sa brochure gratuite intitulée *Access Amtrak*, à l'adresse suivante: Amtrak Distribution Center, Box 7717, Itasca, Il 60412. Au moins trois des plus importantes compagnies de location d'automobiles — Avis, National et Hertz — ont un nombre limité de voitures à contrôle manuel, mais elles recommandent toutes de réserver longtemps à l'avance.

Il est même possible de se rendre dans le Sud en auto et d'être raisonnablement à l'aise si le voyage est planifié avec précision. La Canadian Automobile Association vous fournira des guides de voyage pour tout votre itinéraire; vous trouverez dans ces guides des listes de motels, d'hôtels et de restaurants accessibles et aménagés pour répondre aux besoins des voyageurs en fauteuils roulants — la CAA se chargera aussi de faire les réservations nécessaires. Si vous désirez une demeure plus permanente que les hôtels ou les motels, écrivez aux Chambres de commerce des villes des États ensoleillés que vous voulez visiter et demandez-leur une liste des appartements, des maisons mobiles et des condominiums accessibles aux fauteuils roulants. Si vous vous demandez comment et où vous allez dîner durant le long voyage en auto, épargnez-vous des ennuis en demandant au restaurant de votre motel de vous préparer un lunch à emporter, que vous pourrez manger lors d'un arrêt à une aire de repos en bordure de l'autoroute.

Chaque fois que vous passez la frontière d'un État, arrêtez-vous au Centre d'information touristique situé en bordure de l'autoroute pour demander où se trouvent les aires de repos dont les salles de toilette vous sont accessibles. Commandez la brochure qui énumère la plupart des aires de repos situées en bordure des autoroutes américaines. Cette brochure est intitulée *Highway Rest Areas for Handicapped Travelers* et on peut l'obtenir gratuitement en écrivant au President's Committee on Employment of the Handicapped, Washington, D.C. 20210.

Pour apprendre comment traiter avec les agents de voyages, comment planifier un voyage, ou pour obtenir plus d'information sur les transports par avion, par autobus ou par train, procurez-vous une copie de *Travelability — A Guide for Physically Disabled Travelers in the United States*, de Lois Reamy, Ed. Collier-MacMillan. Il n'y a pas de meilleur livre où trouver les réponses à la plupart des problèmes d'accessibilité.

Où s'insèrent vos parents dans vos plans de retraite dans les États ensoleillés?

Les gens âgés d'aujourd'hui vivent plus longtemps que ceux des générations précédentes: c'est une réalité de notre époque prouvée par les statistiques. En fait, le groupe des gens âgés de 75 à 85 ans est, en termes de pourcentage, le segment de la population canadienne qui augmente le plus rapidement. Lors d'un récent colloque que j'ai dirigé, sur la planification de la retraite, plus de la moitié des participants, qui étaient dans la cinquantaine ou la soixantaine, avaient au moins un parent ou un beau-parent encore vivant. Ceux qui sont dans cette situation doivent donc prendre en considération la nécessité de définir clairement le rôle de leurs vieux parents dans leur programme de retraite. La question à savoir si votre vieux parent dépendant devrait, ou non, vivre avec vous est trop complexe pour que nous en discutions ici. Pour une analyse détaillée de ce sujet, consultez mon livre intitulé *It's Never Too Early: A Guide To Planning and Enjoying Your Retirement Lifestyle*.

Lorsque sonne l'heure de la retraite et que vous partez à la recherche de votre maison des États ensoleillés, vous aurez peut-être à partager un problème commun à beaucoup d'autres qui aspirent à devenir des *Snowbirds*. Devriez-vous tenir compte des besoins de vos parents ou des parents de votre épouse lorsque vous choisissez une maison en Floride? C'est là une décision que les couples doivent prendre eux-mêmes, car chaque relation est unique. Toutefois, la situation où un vieux parent vit avec un couple de retraités est tellement répandue dans tous les États ensoleillés que les fabricants de maisons mobiles ont produit ce que l'industrie appelle «une maison de belle-mère». Pour assurer le plus d'intimité possible à toutes les personnes concernées, la chambre à coucher principale et une salle de bains sont situées à un bout de la maison, et la deuxième chambre et une salle de bains sont situées à l'autre bout. Gardez ceci à l'esprit si vous planifiez de modifier ou d'acheter une maison qui puisse accommoder un parent. À long terme, l'intimité et la paix de l'esprit que vous en retirerez compenseront largement toute dépense additionnelle!

Derniers conseils sur les avantages et les inconvénients de la vie dans les États ensoleillés

Pour ceux d'entre vous qui sont sur le point de décider s'ils veulent inclure, dans leur programme de retraite, une vie saisonnière ou permanente dans les États ensoleillés, j'ai rassemblé quelques pour et quelques contre que vous voudrez peut-être prendre en considération. L'ordre de leur présentation ne reflète pas l'importance individuelle des facteurs, puisque ce qui est prioritaire pour une personne peut n'avoir aucune importance pour une autre. Pourquoi ne pas préparer votre propre liste pour vous aider à prendre votre décision finale?

Quelques facteurs négatifs:

1. Les services médicaux de nombreuses régions où se rassemblent les *Snowbirds* n'ont pas la qualité de ceux qu'on trouve au Canada. De plus, les services médicaux coûtent extrêmement cher et une assurance-santé supplémentaire est une nécessité absolue et une dépense additionnelle.
2. Les Canadiens qui émigrent aux États-Unis en permanence renoncent au statut de résidant de leur province natale et perdent, de ce fait, la sécurité du plan de santé de leur province. Ils sont alors obligés d'acheter de l'assurance d'une compagnie privée. Malheureusement, on ne peut obtenir, à aucun prix, une assurance qui offre une protection comparable d'une compagnie d'assurance américaine.

3. La valeur plus élevée du dollar américain a pour effet que tout coûte plus cher, et il est impossible de prédire jusqu'où le dollar canadien peut descendre. Actuellement, 1 $ U.S. vaut entre 1,35 $ et 1,38 $ canadien. Cette situation pose un problème pour les retraités qui songent à acheter une maison en Floride ou en Arizona. Même les retraités relativement riches vivent habituellement de revenus fixes et hésitent à s'engager financièrement sans connaître les coûts à long terme.

4. Les *Snowbirds* qui achètent des maisons dans les États ensoleillés pour y vivre cinq ou six mois par année ont des déboursés réguliers à faire le reste de l'année. En d'autres termes, ils auront à entretenir deux maisons durant toute l'année.

   Si vous croyez pouvoir louer votre maison d'hiver durant les périodes où vous êtes au Canada, n'y comptez pas trop. La demande n'est pas forte pour les maisons à louer des bonnes villes des États ensoleillés. Les seules exceptions sont les maisons qui donnent sur les plages du nord de la Floride et du sud de la Californie — ces deux régions sont bondées de vacanciers durant l'été.

5. S'il y a un facteur — autre que financier — qui empêche bien des *Snowbirds* de passer plusieurs mois dans les États ensoleillés, c'est l'idée d'être séparés longtemps, et par de longues distances, de leurs enfants, de leurs petits-enfants ou de leurs vieux parents dépendants. Cette question peut devenir un problème familial majeur lorsqu'un des époux fait des pressions sur l'autre pour qu'il ou elle accepte de passer l'hiver dans les États ensoleillés. Passer plusieurs mois avec un partenaire malheureux peut tourner au cauchemar vos rêves de retraite. Un condominium en bordure de l'océan, utilisé comme pot-de-vin ou appât, arrive rarement à compenser une relation familiale spéciale qui transcende toutes les choses matérielles. Plus souvent qu'autrement, le stress qui en résulte provoque une vente rapide, à perte, de la maison de vacances. Pourquoi mettre votre mariage en péril?

6. Puisque devenir un *Snowbird* nécessite le maintien de deux foyers, le problème de sécurité durant votre absence de l'un ou de l'autre est cause d'inquiétude. Le vol et le vandalisme

ne sont que deux des problèmes majeurs. Imaginez que vous arrivez à votre maison en Californie, en octobre ou en novembre, pour vous apercevoir que le toit avait développé une fuite récemment et que les pluies torrentielles ont endommagé vos tapis et vos meubles. Vous devez alors passer plusieurs des semaines qui suivent à nettoyer et à remettre les choses en ordre. Un grand nombre de compagnies d'assurances hésitent à vendre de l'assurance aux *Snowbirds*. Il est possible qu'elles exigent des primes excessives aux clients qui s'absentent de leurs maisons plusieurs mois d'affilée. Vérifiez votre contrat avant de tenir pour acquis que vous êtes protégé contre de lourdes pertes financières.

7. Malheureusement, un grand nombre d'Américains ont eu à s'adapter aux dangers de violence physique, qui font partie de leur vie beaucoup plus que celle des Canadiens. Un grand nombre de régions des États ensoleillés favorisées par les retraités attirent des individus louches et des criminels qui font leurs proies des touristes et des gens âgés. C'est le cas, particulièrement, pour les centres urbains et les villes situées sur les plages. Les taux de crime et de violence sont beaucoup plus élevés qu'au Canada. Les fusils, les systèmes complexes de protection des maisons et les femmes qui transportent du mace (gaz incapacitant) dans leur sac à main sont acceptés comme faisant partie des normes de la vie quotidienne. Au risque de sembler alarmiste, j'insiste sur ces faits pour souligner la nécessité d'ajuster votre mode de vie en conséquence et de choisir un lieu de retraite où vous pourrez vous sentir en sécurité. Les *Snowbirds* qui acceptent ces réalités et y répondent par une conduite appropriée peuvent jouir des fruits de la vie dans les États ensoleillés. Si ce sujet vous occasionne de sérieuses appréhensions, passer l'hiver dans les États ensoleillés n'est peut-être pas pour vous.

8. Malheureusement, un grand nombre de gens s'imaginent qu'un environnement subtropical exotique peut résoudre une variété de problèmes personnels. Les États ensoleillés ne sont pas une panacée automatique pour une relation maritale à la dérive, pour la frustration d'une retraite indésirée ou pour

la solitude et l'ennui. En fait, vivre dans un lieu qui n'est pas familier peut même aggraver les problèmes.

Un grand nombre des discussions que j'ai eues avec d'anciens *Snowbirds* m'ont appris que, dans bien des cas, ils n'avaient pas réalisé qu'ils avaient apporté, avec leurs bagages, des problèmes personnels non résolus.

C'est le cas, en particulier, des femmes célibataires d'un certain âge, en quête de compagnons mâles, qui s'imaginent que les complexes pour adultes de la Floride ou de l'Arizona sont des places idéales où rencontrer des hommes seuls de leur âge. Cette illusion est souvent encouragée par des personnes qui veulent vendre leur maison. Dans la plupart des centres d'adultes des États ensoleillés, les activités et les affaires sociales sont centrées sur les couples et les femmes seules sont souvent tenues à l'écart, ou tolérées, ou prises en pitié. Les femmes célibataires qui tentent de socialiser avec des couples risquent d'être victimes de rumeurs et sont souvent considérées comme des menaces par les épouses jalouses. Déçues et souvent reléguées au rang des autres femmes célibataires qui se sont résignées à être des marginales, un grand nombre d'entre elles abandonnent tout projet de continuer à passer l'hiver dans les États ensoleillés.

De plus, un mariage qui manifeste des symptômes de désintégration aura de meilleures chances de réconciliation dans un milieu confortable et familier et où l'on peut obtenir de l'aide professionnelle. Quelle sorte d'aide professionnelle pourriez-vous obtenir à Escondido, en Californie, ou à Sun City, en Arizona?

Si votre retraite s'avère insatisfaisante, ennuyeuse et frustrante, consultez des conseillers professionnels de votre région avant de risquer votre argent dans l'espoir que la Floride ou l'Arizona changera votre vie pour le mieux.

Quelques facteurs positifs:

1. Les températures d'hiver des États ensoleillés favorisent une bonne santé physique et mentale. Du point de vue de la santé physique, les statistiques nous disent que les hivers canadiens sont souvent débilitants et même sérieusement dangereux pour les personnes âgées. Les décès dus à des infections respiratoires sont plus nombreux en hiver et les crises cardiaques attribuables au pelletage de la neige sont chose courante partout. La neige, le froid et la glace empêchent et limitent la participation aux activités physique si nécessaires au maintien de notre santé.

   De plus, l'air de nos maisons surchauffées a tendance à être tellement sec que les personnes renfermées pendant de longues périodes de temps sont plus sujettes aux infections respiratoires.

   Par contre, le climat généralement doux et l'absence de neige dans les États ensoleillés encouragent la vie et les activités au grand air, telles que la marche, la bicyclette et le jardinage, qui aident à maintenir notre bien-être physique. Le climat du Canada, inclément partout sauf dans le sud-ouest de la Colombie britannique, oblige souvent les gens à s'enfermer dans leurs maisons, ce qui les isole de leurs amis, de leurs familles et des activités qui donnent un sens à la vie et qui font qu'on se sent utiles. La solitude et la frustration sont deux conséquences de l'isolement social qui, à long terme, sont productrices de stress et d'une santé mentale défaillante.

   Par contre, le climat agréable des États ensoleillés facilite l'interaction sociale et la participation aux activités et aux relations sociales, importantes pour tout le monde.

2. Cela en surprendra plusieurs, mais beaucoup trépignent d'impatience à l'idée qu'offre la retraite, et je ne parle pas seulement d'être libérés des obligations professionnelles. Après une vie de sacrifices pour la famille, les enfants et les petits-enfants, être libéré des responsabilités familiales, pouvoir faire ce qu'on veut, devient une priorité importante. Ce

n'est pas tout le monde qui aime garder des enfants et jouer aux grands-parents, qu'on l'admette ou non. Passer l'hiver dans les États ensoleillés, loin des enfants et des petits-enfants, permet de jouir de cette liberté chérie.

3. Le cercle d'amis change habituellement de façon dramatique quand arrive la retraite, et les centres d'adultes des États ensoleillés sont des endroits privilégiés où se faire de nouveaux amis, de partout à travers le Canada et les États-Unis, qui partagent nos intérêts et nos antécédents. Beaucoup de retraités me disent que, depuis qu'ils sont devenus *Snowbirds*, ils ont de nouveaux amis à qui ils écrivent lorsqu'ils sont au Canada. Une de mes expériences personnelles illustre ce point. Ma femme et moi sommes des anglophones de Toronto. Notre maison de Floride était située dans un complexe où le tiers des résidants était composé de *Snowbirds* francophones du Québec. Malgré l'obstacle de la langue, nous nous sommes fait beaucoup d'amis que nous visitons chaque fois que nous allons à Montréal. Il est ironique qu'il nous ait fallu voyager dans un pays étranger pour apprendre à comprendre et apprécier l'autre nation canadienne.

4. Il existe un vaste choix de modes d'habitation adaptées aux besoins et aux intérêts de retraités d'antécédents et de niveaux de revenus différents — des modestes parcs de caravanes pour adultes aux luxueux condominiums en bordure de l'océan.

5. Pour bien des couples qui ont passé la majeure partie de leur vie d'adultes dans la maison familiale, c'est une expérience émotionnelle satisfaisante que de partager le défi stimulant d'organiser un foyer à deux, pour eux seulement, sans considérations ni interférences familiales.

6. Malgré la dévaluation du dollar canadien, nos recherches et nos expériences personnelles nous ont amenés à la conclusion que la plupart des nécessités et des articles de luxe coûtent quand même moins cher que leurs équivalents au Canada. Ceci est particulièrement important puisque la plupart des retraités vivent de revenus fixes qui, souvent, ne sont pas indexés sur l'inflation canadienne.

7. Les modes de vie sont plutôt décontractés et l'absence de formalité est la règle générale. Les valeurs et les attitudes de

leurs villes natales obligent les personnes âgées à se conformer à une certaine image stéréotypée. Un homme de soixantedix ans me racontait l'anecdote suivante: «Ici, à Tucson, je porte un short et, plus souvent qu'autrement, je me promène torse nu. Les gens ne me font pas de remarques parce que j'ai le ventre qui pend par-dessus la ceinture. Chez nous, à Winnipeg, quand je portais mon short, ma fille était scandalisée et bouleversée, c'est le moins qu'on puisse dire, et elle me disait que je ne pouvais pas me promener ainsi accoutré: «Qu'est-ce que les voisins vont penser?»

8. Que ça vous fasse plaisir ou non, vous verrez probablement vos enfants et vos petits-enfants plus souvent que vous ne les voyez chez vous. Nos hivers ont cet effet de motiver les enfants à visiter leurs parents installés pour l'hiver en Floride ou en Californie. De plus, vos petits-enfants harcèleront probablement leurs parents pour qu'ils les envoient en visite chez vous, de façon à pouvoir aller à Disneyland, Disney World, Busch Gardens ou quelque autre attraction touristique.

Chambres de commerce
FLORIDE

State of Florida:
136 South Bronough Street
Tallahassee
P.O. Box 11309
32302
Tél. (904) 222-2831

Altamonte Springs:
(Seminole County)
P.O. Box 784
32715-0784
Tél. (305) 843-4404

Altamonte Springs:
(Greater Seminole County)
291 Maitland Avenue
P.O. Box 784
32701
Tél. (305) 834-4404

Apopka:
(Apopka Area)
180 East Main Street
32703
Tél. (305) 886-1441

Arcadia:
(DeSoto County)
2 South DeSoto Avenue
P.O. Box 149
33821
Tél. (813) 494-4033

Bartow:
(Greater Bartow)
510 North Broadway Avenue
P.O. Box 956
33830
Tél. (813) 533-7125

Boca Raton:
(Greater Boca Raton)
1800 North Dixie Hwy.
P.O. Box 1390
33432
Tél. (305) 395-4433

Bonita Springs:
(Bonita Springs Area)
27850 U.S. 41 S.W.
P.O. Box 104
33923
Tél. (813) 992-2943

Boynton Beach:
(The Greater Boynton Beach)
639 East Ocean Blvd.
Suite 108
33435
Tél. (305) 732-9501

Bradenton Beach:
(Anna Marie Island)
P.O. Box 336
33510
Tél. (813) 778-1541

Bradenton:
(Manatee)
222 10 th St. W.
P.O. Box 321
33506
Tél. (813) 748-3411

Brandon:
(Greater Brandon)
Vicki Vega, Exec. Vice Pres.
408 West Brandon Blvd.
33511
Tél. (813) 689-1221

Brooksville:
(Hernando County)
101 East Fort Dave Avenue
33512
Tél. (904) 796-2420

Cape Coral:
(Cape Coral Area)
2051 Cape Coral Pkwy.
33904
Tél. (813) 542-3721

Clearwater:
(Greater Clearwater)
128 North Osceola Avenue
P.O. Box 2457
33517
Tél. (813) 461-0011

Clearwater:
(Pinellas Suncoast)
3696 Ulmerton Road
33520
Tél. (813) 576-2770

Merritt Island:
(Cocoa Beach Area)
400 Fortenberry Road
32952
Tél. (305) 636-4262

Coral Gables:
50 Aragon Avenue
33134
Tél. (305) 466-1657

Coral Springs:
7305 W. Sample Road
33065
Tél. (305) 752-4242

Dade County (Miami):
(Greater Miami)
1601 Biscayne Blvd.
Omni Complex
P.O. Box 527083
33132
Tél. (305) 350-7700

Dania:
102 W. Dania Beach Blvd.
P.O. Box 838
33004

Davie:
(Davie/Cooper City)
4185 South West 64 Avenue
33314
Tél. (305) 581-0790

Daytona Beach:
(The Chamber, Daytona Beach & Halifax Area)
P.O. Box 2775
32015-2775
Tél. (904) 255-0981

Daytona Beach Shores:
3616 South Atlantic Avenue
Suite A
32019
Tél. (904) 761-7163

Deerfield Beach:
(Greater Deerfield Beach)
1601 E. Hillsboro Blvd.
33441
Tél. (305) 427-1050

De Land:
(DeLand Area)
336 North Woodland Blvd.
(17-92)
P.O. Box 629
32721-0629
Tél. (904) 734-4331

Delray Beach:
(Greater Delray Beach)
64 South East 5th Avenue
33444
Tél. (305) 278-0424

Deltona:
(Deltona Area)
1130 Deltona Blvd.
P.O. Box 152
32725
Tél. (305) 574-5522

Destin:
209 U.S. Hwy. 98
P.O. Box 8
32541
Tél. (904) 837-6241

Dunedin:
434 Main Street
33528
Tél. (813) 733-3197;
736-5066

Dunnellon:
(Dunnellon Area)
108 South Williams Street
P.O. Box 868
32630
Tél. (904) 489-6290

Englewood:
(Englewood Area)
601 South Indiana Avenue
33533
Tél. (813) 474-5511

Eustis:
One West Orange Avenue
P.O. Box 1210
32727
Tél. (904) 357-3434

Fort Lauderdale:
(Fort Lauderdale - Broward County)
208 South East 3 Avenue
P.O. Box 14516
33302
Tél. (305) 462-6000

Fort Lauderdale:
(Fort Lauderdale/Broward
County C of C West Broward
Division)
Suite N, 4850 North State
Road 7
33319
Tél. (305) 735-3842

Fort Meade:
Ms. Tammy Woods, Secy.
615 North Charleston Avenue
P.O. Box 91
33841
Tél. (813) 285-8253

Fort Myers:
(Metropolitan Fort Myers)
2254 Edward Dr.
P.O. Box CC
33902
Tél. (813) 334-1133

Ft. Myers Beach:
(Greater Ft. Myers Beach
Area)
1661 Estero Blvd.
P.O. Box 6109
33931
Tél. (813) 463-6451

Ft. Pierce:
(St. Lucie County)
2200 Virginia Avenue
33450
Tél. (305) 461-2700

Ft. Walton Beach:
34 Miracle Strip Pkwy.
P.O. Box 640
32548
Tél. (904) 244-8191

Gainesville:
(Gainesville Area)
300 East University Avenue
P.O. Box 1187
32602-1187
Tél. (904) 372-4305

Hallandale:
2100 East Hallandale Beach
Blvd.
P.O. Box 249
33009
Tél. (305) 454-0541

Hialeah:
(Hialeah-Miami Springs
Northwest Dade Area)
59 West 5th Street
33010
Tél. (305) 887-1515

Hollywood:
(Greater Hollywood)
330 North Federal Hwy.
P.O. Box 2345
33022
Tél. (305) 920-3330

Homestead:
(Greater Homestead/Florida
City)
650 U.S. Hwy. #1
33030
Tél. (305) 247-2332

Homasassa Springs:
(Homasassa Springs Area)
North Hwy. 19
P.O. Box 1098
32647
Tél. (904) 628-2666

Islamorada:
P.O. Box 915
33036
Tél. (305) 664-4503

Jacksonville:
3 Independent Dr.
32202
P.O. Box 329
32201
Tél. (904) 353-0300

Key Largo:
(Florida Upper Keys)
Ginna Tomas, Dir.
P.O. Box 274-C
MM 105.5
33037
Tél. (305) 451-1414

Key West:
(Greater Key West)
402 Wall Street
33040
Tél. (305) 294-2587

Kissimmee:
(Kissimmee/Osceola County)
320 East Monument Avenue
32741
Tél. (305) 847-3174

Lakeland:
35 Lake Morton Dr.
P.O. Box 3538
33802
Tél. (813) 688-8551

Lake Mary:
165 North Country Club Road
P.O. Box 817
32746
Tél. (305) 322-1213

Lake Wales:
(Greater Lake Wales)
152 East Central
P.O. Box 191
33853
Tél. (813) 676-3445

Lantana:
(Greater Lantana)
212 Iris Street
33462
Tél. (305) 585-8664

Largo:
(Greater Largo)
395 1st Avenue, South West
P.O. Box 326
33540
Tél. (813) 584-2321

Lauderdale-by-the-Sea:
(Lauderdale-by-the-Sea C of C
Inc. & Visitors Center)
4201 Ocean Dr.
33308
Tél. (305) 776-1000

Leesburg:
(Leesburg Area)
North Hwy. 27
P.O. Box 269
32749
Tél. (904) 787-2131

Lehigh Acres:
1300 Homestead Road
P.O. Box 757
33936
Tél. (813) 369-3322

Madeira Beach:
501-150th Avenue
33708
Tél. (813) 391-7373

Marathon:
(Greater Marathon)
3330 Overseas Hwy.
33050
Tél. (305) 743-5417

Melbourne:
(The C of C of South Brevard)
1005 East Strawbridge Avenue
32901
Tél. (305) 724-5400

Merritt Island:
(Cocoa Beach Area)
400 Fortenberry Road
32952
Tél. (305) 459-2200

Miami:
(Coconut Grove)
3437 Main Hyw.
33133
Tél. (305) 444-7270

Miami:
(Greater Miami)
1601 Biscayne Blvd.
7th Level
33132
Tél. (305) 350-7700

Miami:
(North Dade)
17601 North West
2nd Avenue
P.O. Box 69-3116
33169
Tél. (305) 652-3371

Miami:
(South Dade)
900 Perrine Avenue
33157
Tél. (305) 238-7192

Miami Beach:
1920 Meridian Avenue
33139
Tél. (305) 672-1270

Miami Beach:
(Sunny Isles)
18230 Collins Avenue
P.O. Box 630662
33160
Tél. (305) 932-0530

Miami Shores:
Ann Vigneron, Gen Mgr.
174 North East 96th Street
33138
Tél. (305) 754-5466

Miramar:
(Miramar-Pembroke)
7156 Pembroke Road
33023
Tél. (305) 962-3302

Mount Dora:
341 Alexander Street
P.O. Box 196
32757
Tél. (904) 383-2165

Naples:
(Naples Area)
Tamiami Tr.
33940
Tél. (813) 262-6141

New Port Richey:
(West Pasco)
407 West Main Street
33552
Tél. (813) 842-7651

New Smyrna Beach:
(New Smyrna Beach-
Edgewater)
115 Canal Street
P.O. Box 129
32070
Tél. (904) 428-2449

North Palm Beach:
(Northern Palm Beach
County)
1983 PGA Blvd.
Suite 104
33408
Tél. (305) 694-2300

Ocala:
(Ocala-Marion County)
110 East Silver Springs Blvd.
P.O. Box 1210
32678
Tél. (904) 629-8051

Orlando:
(East Orange)
10111 East, Colonial Dr.
P.O. Box 27027
32868-7027
(Union Park Branch)
Tél. (305) 277-5951

Ormond Beach:
165 West Granada Blvd.
P.O. Box 874
32074
Tél. (904) 677-3454

Palm Beach:
45 Cocoanut Row
33480
Tél. (305) 655-3282

Palm Harbor:
(Greater Palm Harbor Area)
Sharon M. Naumann, Exec.
Dir.
100 U.S. 19 N
Suite 300
33563
Tél. (813) 785-5205

Panama City:
(Bay County)
235 West 5th Street
P.O. Box 1850
32402
Tél. (904) 785-5206

Panama City Beach:
(Resort Council)
12015 West Hwy. 98
P.O. Box 9473
32407
Tél. (904) 234-6575

Pembroke Pines:
(See Miramar)

Pinellas Park:
(Greater Pinellas Park)
Rita G. Bott, Exec. Vice Pres.
5851 Park Blvd.
33565
Tél. (813) 544-4777

Plantation:
(Greater Plantation)
7401 North West 4th Street
33317
Tél. (305) 587-1410

Plant City:
(Greater Plant City)
303 North Warnell Street
P.O. Drawer CC
33566
Tél. (813) 754-3707

Pompano Beach:
(Greater Pompano Beach/
North Broward County)
2200 East Atlantic Blvd.
33062
Tél. (305) 941-2940

Port Orange:
(Port Orange—South Daytona)
Ellen K. Dodge, Exec. Dir.
3431 Ridgewood Avenue
32019
Tél. (904) 761-1601

Port St. Lucie:
1626 South West Port St.
Lucie Blvd.
33452
Tél. (305) 335-4422

Saint Augustine:
(St. Augustine & St. Johns
County)
P.O. Box Dr. 0
32085
Tél. (904) 829-5681

Saint Cloud:
(Saint Cloud)
Gail M. Hunter, Exec. Vice
Pres.
923 New York Avenue
P.O. Box 5
32769
Tél. (305) 892-3671

Saint Petersburg Beach:
(St. Petersburg Beach Area)
6990 Gulf Blvd.
33706
Tél. (813) 360-6957

Sanford:
(Greater Sanford)
400 East First Street
P.O. Drawer CC
32772-0868
Tél. (305) 322-2212

Sanibel:
(Sanibel-Captiva Islands)
Causeway Road
P.O. Box 166
33957
Tél. (813) 472-3232

Sarasota:
(Siesta Key)
P.O. Box 5188
33579
Tél. (813) 924-9696

Sebastian:
(Sebastian River Area)
1302 U.S. Hwy.1
P.O. Box 385
32958
Tél. (305) 589-5969

Sebring:
(Greater Sebring)
309 South Circle
33870
Tél. (813) 385-8810

Seminole:
(Greater Seminole Area)
7283 113 Street North
P.O. Box 3337
33542
Tél. (813) 392-3245

Stuart:
(Stuart/Martin Co.)
400 South Federal Hwy.
33497
Tél. (305) 287-1011

Sun City Center:
Route 1, Sun City Center Inn
P.O. Box 5203
33571-5203
Tél. (813) 634-1507

Sunrise:
3124 North Pine Island Road
33321
Tél. (305) 741-3300

Tampa:
(North Tampa)
P.O. Box 8247
33674
Tél. (813) 935-7200

Tampa:
(West Tampa)
3005 West Colombus Dr.
33607
Tél. (813) 870-3144

Tampa:
(Ybor City)
1513 8th Avenue
33605
Tél. (813) 248-3712

Tarpon Springs:
115 South Ring Avenue)
33589
Tél. (813) 937-6109

Tavares:
P.O. Box 697
32778
Tél. (904) 343-2531

Titusville:
(Titusville Area)
2000 South Washington
Avenue
32780
Tél. (305) 267-3036

Venice:
(Venice Area)
257 Tamiani Trail North
33595-9990
Tél. (813) 488-2236

Vero Beach:
(Vero Beach-Indian River
County)
1216 21st Street
P.O. Box 2947
32961
Tél. (305) 565-3491

West Palm Beach:
(C of C of the Palm Beaches)
501 North Flagler Dr.
P.O. Box 2931
33401
Tél. (305) 833-3711

Winter Garden:
(West Orange)
1450 Hwy.50
P.O. Box 522
32787
Tél. (305) 656-1304

Winter Haven:
(Winter Haven Area)
101 6th Street, North West
P.O. Box 1420
33882-1420
Tél. (813) 293-2138

Winter Park:
150 North New York Avenue
P.O. Box 280
32790
Tél. (305) 644-8281

TEXAS

State of Texas:
(Texas State)
1012 Perry Brooks Blvd.
Austin
78701
Tél. (512) 472-1594

Aranasas Pass:
452 Cleveland
78336
Tél. (512) 758-2750

Brownsville:
1600 E. Elizabeth St.
78520
Tél. (542) 542-4341

Corpus Christi:
1201 N. Shoreline
P.O. Box 640
78403
Tél. (512) 882-6161

Edinburg:
521 S..12th P.O. Box 1314
78540
Tél. (512) 383-4974

Harlingen:
(Harlingen Area)
311 E. Tyler P.O. Box 189
78551
Tél. (512) 423-5440

McAllen:
10 N. Broadway P.O. Box 790
78501
Tél. (512) 682-2871

Mission:
220 E. 9th P.O. Box 431
78572
Tél. (512) 585-2727

Pharr:
308 W. Pork St.
Drawer X
78577
Tél. (512) 787-1481

Rockport:
(Rockport Area)
404 Broadway P.O. Box1055
78382
Tél. (512) 729-6445

San Antonio:
(Greater San Antonio)
602 E. Commerce
78 205
P.O. Box 1628
78296
Tél. (512) 229-2100

San Antonio:
(North San Antonio)
45 North East Loop,
410 Ste. 100
78216
Tél. (512) 344-4848

Weslaco:
(Rio Grande Valley)
P.O. Box 1499
78596
Tél. (512) 968-3141

NOUVEAU-MEXIQUE

Alamogordo:
1301 White Sands Blvd.
P.O. Box 518
88310
Tél. (505) 437-6120

Albuquerque:
(Greater Albuquerque)
401 Second Street North West
P.O. Box 25100
87125
Tél. (505) 842-0220

Cloudcroft:
Hwy. 82 East
P.O. Box 125
88317
Tél. (505) 682-2733

Clovis:
215 Main Street
P.O. Drawer C
88101
Tél. (505) 763-3435

Deming:
(Deming-Luna County)
Sharon Henderson, Ofc. Mgr.
800 East Pine
P.O. Box 8
88031
Tél. (505) 546-2674

Las Cruces:
760 West Picacho
P.O. Drawer 519
88004
Tél. (505) 524-1968

Portales:
(Roosevelt County)
Sandi Usrey, 7th & Abilene
88130
Tél. (505) 356-8541

Roswell:
131 West Second Street
P.O. Box 70
88201
Tél. (505) 623-5695

Ruidoso:
(Ruidoso Valley)
720 Sudderth
P.O. Box 698
88345
Tél. (505) 257-7395

Silver City:
(Silver City Grant Country)
1103 North Hudson Street
88061
Tél. (505) 538-3785

Truth or Consequences:
(Truth or Consequences
Sierra County C of C
500 McAdoo
P.O. Box 31
87901
Tél. (505) 894-3536

ARIZONA

State of Arizona:
(Arizona Chamber of
Commerce
3216 North 3rd Street
Suite 103, Phoenix
85012
Tél. (602) 248-9172

Apache Junction:
1001 North Idaho Road
P.O. Box 1747
85220
Tél. (602) 982-3141

Carefree:
(Carefree/Cave Creek)
P.O. Box 734
85377
Tél. (602) 488-3381

Chandler:
218 North Arizona Avenue
85224
Tél. (602) 963-4571

Glendale:
7125 North 58th Dr.
85301
Tél. (602) 937-4754

Green Valley:
101-73 South LaCanada
P.O. Box 566
85614/85622
Tél. (602) 625-7575

Kingman:
(Kingman Area)
333 West Andy Devine
Avenue
P.O. Box 1150
86402-1150
Tél. (602) 753-6106

Mesa:
10 West 1st Street
P.O. Drawer C
85201
Tél. (602) 969-1307

Peoria:
8322 West Washington
P.O. Box 70
85345
Tél. (602) 979-3601

Phoenix:
(Greater Paradise Valley)
3509 East Shea Blvd. #117
85028
Tél. (602) 996-6560

Phoenix:
(Phoenix Metropolitan)
834 West Monroe Street
85003
Tél. (602) 254-5521

Phoenix:
(West Phoenix-Maryvale)
4355 West Indian School
Ste. C-2
85031
Tél. (602) 247-7099

Prescott:
117 West Goodwin Street
P.O. Box 1147
86302
Tél. (602) 445-2000

Scottsdale:
7333 Scottsdale Mall
P.O. Box 130
85252
Tél. (602) 945-8481

Sedona:
(Sedona-Oak Creek Canyon)
P.O. Box 478
86336
Tél. (602) 282-7722

Tempe:
504 East Southern
85282
Tél. (602) 967-7891

Tucson:
(Tucson Metropolitan)
465 West St. Mary's Road
P.O. Box 991
85702
Tél. (602) 792-2250

Wickenburg:
P.O. Box CC
85358
Tél. (602) 684-5479

Yuma:
(Yuma County)
377 South Main Street
P.O. Box 230
85364
Tél. (602) 782-2567

CALIFORNIE

State of California:
(California Chamber of
Commerce)
1027 Tenth Street Fourth
Floor
P.O. Box 1736, Sacramento
95808
Tél. (916) 444-6670

Anaheim:
100 South Anaheim Blvd.
Ste. 300
92805
Tél. (714) 758-0220

Apple Valley:
21812 Hwy. 18 A.V.
P.O. Box 1073
92307
Tél. (619) 247-3202

Coronado:
720 Orange Avenue
P.O. Box 396
92118
Tél. (619) 435-9260

Del Mar:
(Greater Del Mar)
1442 Camino Del Mar
92014
Tél. (619) 755-4844

Escondido:
720 North Broadway
P.O. Box C
92025
Tél. (619) 745-2125

Hemet:
2627 West Florida Avenue
Suite 200, Bell Towell Plaza
92343
Tél. (714) 658-3211

Indio:
82-503 Hwy. 111,
P.O. Box TTT
92201
Tél. (619) 347-0676

La Jolla:
(La Jolla Town Council)
1055 Wall Street
P.O. Box 1101
92038
Tél. (619) 454-1444

Los Angeles:
(Century City)
2020 Avenue of the Stars
Plaza Level
90067
Tél. (213) 553-4062

Los Angeles:
(Avalon-El Segunda)
12811 South Avalon
90061
Tél. (213) 321-9071

Los Angeles:
(Crenshaw)
4716 Crenshaw Blvd.
90043

Los Angeles:
(Highland Park)
131 South Avenue 57
90042
Tél. (213) 256-0920

Los Angeles:
(Los Angeles Area)
404 South Bixel Street
P.O. Box 3696
90017-1487
Tél. (213) 629-0711

Los Angeles:
(Wilshire)
3875 Wilshire Blvd.
Suite 200
90010
Tél. (213) 386-8224

Napa:
(Lake Berryessa)
4310 Knoxville Road
P.O. Box 9164
94558
Tél. (707) 966-2101

Napa:
1900 Jefferson Street
P.O. Box 636
94559
Tél. (707) 226-7455

Palm Desert:
72990 Highway 111
92260
Tél. (619) 346-6111

Palm Springs:
190 West Amado Road
92262
Tél. (619) 325-1577

San Bernardino:
(San Bernardino Area)
546 West 6th Street
P.O. Box 658
92402
Tél. (714) 885-7515

San Diego:
(Greater San Diego)
10 West «C» St., Ste. 1600
92101

San Diego:
(Peninsula)
P.O. Box 7018
92107
Tél. (619) 223-9767

San Diego:
(Rancho Bernardo)
12425 Rancho Bernardo Road
#204
P.O. Box 28517
Tél. (619) 487-1767

San Fernando Valley:
(San Fernando Valley
Regional
C of C and Visitors Bureau)
8238 Louise Avenue,
Northridge
91325
Tél. (818) 708-2391

Santa Barbara:
1330 State Street
P.O. Box 299
93102
Tél. (805) 965-3023

Sun City:
(Sun City Area)
28051 Bradley Road
P.O. Box 37
92381
Tél. (714) 679-1290

Victorville:
14173 Green Tree Blvd.
P.O. Box 997
92392
Tél. (619) 245-6506

Situations des camps d'entraînement des équipes de la Ligue majeure de baseball

(Les camps d'entraînement débutent vers la fin de février.)

FLORIDE

Équipe	Ville
Atlanta	West Palm Beach
Baltimore	Miami
Boston	Winter Haven (au sud d'Orlando)
Chicago (AL)	Sarasota
Cincinnati	Tampa
Detroit	Lakeland (au sud-ouest d'Orlando)
Houston	Kissimmee (près d'Orlando)
Kansas City	Fort Myers
Los Angeles	Vero Beach
Minnesota	Orlando
Montréal	West Palm Beach
New York (AL)	Fort Lauderdale
New York (NL)	St. Petersburg
Philadelphia	Clearwater
Pittsburg	Bradenton (près de Sarasota)
St. Louis	St. Petersburg
Texas	Port Charlotte (entre Sarasota et Ft. Myers)
Toronto	Dunedin (juste au nord de Clearwater)

ARIZONA

Équipe	Ville
California	Mesa (près de Phoenix)
Chicago (NL)	Mesa (près de Phoenix)
Cleveland	Tucson
Milwaukee	Chandler (entre Phoenix et Tucson)
Oakland	Phoenix

San Diego   Yuma (sud-ouest de l'Arizona)
San Francisco   Scottsdale (au nord de Phoenix)
Seattle   Tempe (près de Phoenix)

© 1987, Sidney Kling
© 1988, Les Éditions Quebecor, pour la traduction française
© 1992, Les Éditions Quebecor, pour l'édition dérivée

Dépôt légal, 1er trimestre 1992
Bibliothèque nationale du Québec
Bibliothèque nationale du Canada
ISBN 2-89089-486-X
ISBN 2-89089-878-4

Conception et réalisation graphique de la page
couverture: Bernard Langlois

IMPRIMERIE QUEBECOR
L'ÉCLAIREUR
21125